All Voices from the Island

島嶼湧現的聲音

各方推薦

我向讀者們推介此書，不是希望讀者們在半個多世紀後，背負或痛心於前人家屬都不得以見的最後心聲；但求我們這些後人能夠體會臨刑前這些人明知其「遺書」很可能不爲家屬所見，更可能永無得見世人之一日，卻仍不能不發聲明志的實存景況——有感於我景美獄中對摯愛親人書函從未被收到的經驗，贅言如上！

——丘延亮（中原大學設計學院原住民專班及輔大心理系兼任副教授）

我必須不時停頓，思索，回到歷史現場，讓眼睛上下左右移動，緩慢的撫摸這書中的每一個字，每一個名。——其中，至少有十個是我的二崙同鄉。

從一九五〇年就讀永定國校開始，同鄉與他們親人的受難故事伴著我懷疑，驚恐，成長。即使長大離鄉，即使今已年老，他們的故事從未在我的記憶裡消失；甚且不曾有一日消失。

在書中的「變色」遺書裡，我屢屢拂去層層塵埃，看到一隻隻上下左右移動的手，以文字，以繪畫，以影像（或者口紅），相互呼喚，乞求，吶喊。執教於二崙隔壁貓兒干國校的郭慶校長，尤其讓我敬佩不已。他與我的堂叔李日富同案，同時被槍決。李日富沒有留下最後的遺書，郭慶則於一九五二年一月四日得知死亡判決後，深情而冷靜的先後給妻子，岳父母，母親，哥哥。寫了一至多次遺書；不但有年月日，甚至寫於不同的囚室，亦清楚注明。理念如此精湛的人才，卻不幸三十一歲就被「國家」奪去了生命！

——季季（作家）

經由那些被扣押掩蓋了許多年的受難者遺書，經由那些因受思想檢查而只能吞多吐少的單薄信函的字裡行間，以及經由家屬親人破碎而零散飄搖的陰暗記憶，五位年輕的寫作者，試著潛入那歷史的霾霧深處，在其中艱難穿行，時而一再撿拾起那散亂蒙塵的一片一片殘骸，深情端詳，一再揣度和設想，思索和唏噓，敬謹感受，然後用他們各自不同的敘述方式，試著去辨識和理解人的勇氣和脆弱，生者和死者之間的情意，去拼湊一個恐怖的時代。這些生命故事，這些作者的書寫，都在似乎被歸檔化和研究論述化的書寫之外，別致而生動地提升了我們對這一段不遠的過去歷史的認知和感情。

——陳列（作家）

讀歷史是希望知道眞相，並能以史爲鑑。但統治者總是把歷史寫成對自己有利的一面。臺灣民間眞相與和解促進會多年來一直在爲追求眞相與推動轉型正義努力，本書作者根據受難者的遺書、判決書，以及受難者風燭殘年的家屬與朋友們殘缺的回憶辛苦拼湊，整理出這本紀錄。本書用字遣詞的謙沖謹愼，以及唯恐落入主觀臆測的態度，令人敬佩。雖然這只是對少數幾位受難者的陳述，但我願向讀者大力推薦，尤其年輕的一代更應該瞭解半個世紀之前臺灣這段重要歷史的眞相。在課外教學時，學生在六張犁公墓發現學長前輩們被亂葬在草叢中時，往往激動不已，久久不能自已。相信他們如果看了這本書，發覺熱愛國家、同胞的熱血青年被如此殘暴對待、受難者家屬受到的終身羞辱、煎熬以及轉型正義至今仍未達成，應會認眞思考自己的社會責任。

——張則周（板橋社區大學主任、臺大農化系兼任教授）

推薦序

穿越迷霧之旅

唐香燕

讀這本書的感受很特別，一面讀，一面彷彿試圖跟隨幾位作者，穿行過我自己出生、成長的一九五〇、六〇年代的迷霧森林，極力要看清隱藏於霧中的人影，但是讀完最後一個字以後，雖然覺得在空茫迷霧中看見星點火光，那些霧中人影卻還是似近似遠地游移著，不太能爲他們找到明白的定位，看清楚他們的精神面貌。我想，這一趟穿越之旅還沒有結束。或許，才剛開始。

會有這種感覺，也許是因爲在書裡面，十位於白色恐怖年代被槍決的政治犯透過寫給家人的遺書與書信，留存下來的身影太稀薄，太模糊，無法在當權者刻意製造的、超過半甲子的政治暗夜中明確凸顯其存在。他們，是怎麼一路走到刑場來的？生命中發生了什麼決定性的事件，讓他們涉險赴難？他們沒辦法說，只能簡短寫下安慰家人與交代後事的遺書。如此簡短的遺書，竟也被統治當局扣於檔案櫃中幾十年不放。

犧牲者如同草芥，被棄於時代的荒漠，他們留在身後的父母妻兒也橫遭打壓，失去說話的能量，只能長夜飲泣。犧牲的人和活著的人都被奪去了生命。而身處五〇、六〇那個時代的青壯臺灣人，擅長使用的語文未必是中文，很可能是被禁用的日文，欲將眼淚化爲被准許使用的文字，往往不是一件容易的事。我們看到書中的受難者劉耀廷曾特別交代妻子施月霞不要用日文寫信給他，因此施月霞努力用中文書寫既能傳達她深濃的情意，又可以讓人檢查的信給丈夫。

施月霞用中文寫的信和她用日文寫的日記，或許是這本書中最讓人動容的部分。她握起筆，運用了文字，甚至是她無法純熟運用的文字，寫她的愛情與傷痛。時日過去，數十年後，當獨裁集權者終於鬆手謝世時，她的愛情與傷痛還鮮活地保存在她的文字裡。

要留下身影，不能只有眼淚。要安逝者之魂，也不能只有眼淚。然而我們不可以強求那些在恐怖年代中失落的人，都如施月霞般握起筆。施月霞自己也在先生被槍斃後封口不言，她無信可寫，也不再寫日記。

因此讀這本書的時候，特別覺得焦慮、不甘，一直在問：要如何起逝者於地下？如果他們自己無能爲力，如果他們的妻兒同志也無能爲力，誰能？

這本書的五位作者，透過訪談、追查、拼圖，努力呈現一個無言的時代，和活在那個時代的傷悲。他們的努力像是在遮掩那個時代的重重迷霧中點燃星星之火。也經由他們的敘述，我們看見第三代起來了。第三代，無言年代犧牲者的孫輩，挖掘出祖父外公輩的臨終遺書，讓後世略能據以揣想他們的精神面貌。

在恐怖年代失落的人，彷彿是空無的存在，但確實曾經存在過。他們存在的意義，或許會逐漸顯現。通過一次比一次深入的努力，我們這個時代的人或許會有能力爲他們譜寫出安魂曲。

穿越之旅，已經開始。

無法送達的遺書

記那些在恐怖年代失落的人

◆增訂版◆

林易澄　林傳凱　胡淑雯　楊美紅　羅毓嘉——著

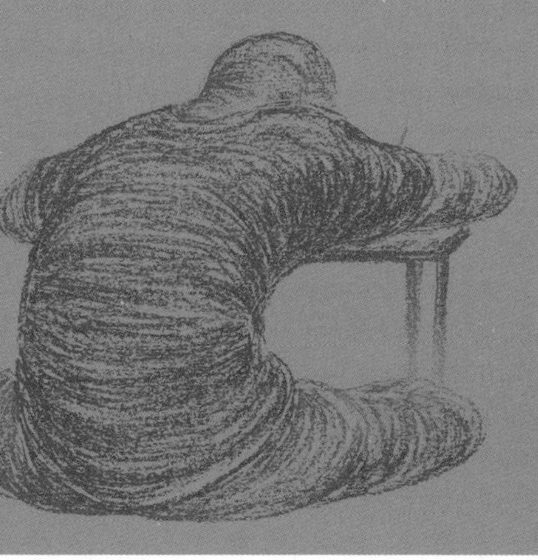

目次

新版序
開啟記憶的契機

黃長玲（臺灣民間真相與和解促進會理事）

二〇一五年初《無法送達的遺書》第一版出版後，我買了很多分送朋友。當時我擔任「臺灣民間眞相與和解促進會」理事長，買這本書送朋友，一方面認爲是職責所在，應該盡力宣傳自己組織的出版品，另一方面則確實想跟更多人分享這本書，彷彿記得這些人這些事，是我們爲逝去的人以及他們的家人所遭受的傷痛，唯一能做的事。

那幾年，我常用這本書當小禮物。有時是與久未碰面的朋友見面時順道送出，有時是爲了某個事情想對朋友表達一點微小的謝意，也有時是朋友送了點什麼給我，我就拿這書回贈，算是禮尚往來。林林總總大約送出幾十本。這些朋友，無論族群身分、黨派立場或是專業背景，沒有什麼特別相同之處。我送書的時候也沒什麼特別考慮，覺得可以送就送了，許多朋友既未參與社會運動，也並非學界中人。我私心認爲這叫作擴大宣傳。然而，書陸續送出之後，讓我意外的是許多朋友或是來信或是來電，在道謝之餘提及他們的父母或是親族長輩在白色恐怖中的遭遇。

這些朋友的分享，在某個程度上，呈現了臺灣白色恐怖記憶的常見樣態。個人及家庭在白色恐怖中所遭受的傷痛，是既眞實又私密的記憶。因政治而受苦的記憶，不只很難與外人分享，即使是夫妻、父母、子女之間也很難分享。記得的往往是父母長輩的某種樣貌，或是某種生活中的氛圍，而非事件的細節。許多人知道長輩曾經遭難，嚴重者身亡監禁，輕微者約談騷擾，但是多半不清楚細節。這些記憶的分享，說明了在沒有契機的情形下，人們不會輕易分享自身或家人在白色恐怖中的遭遇。於是我明白了一件事，我一直以爲這本書的目的是讓人們記得，但也許它眞正的作用是提供一個契機，一個讓人們願意觸碰白色恐怖記憶的契機。

《無法送達的遺書》第一版出版時，學界對當時已公布的一百七十七位受難者的遺書還缺乏整體性的研究。第一版呈現了一九五〇年代和一九七〇年代九位受難者的故事，但是他們的遺書在七百四十七頁已經公布的遺書中，終究只占一小部分。這次的新版增加了林傳凱教授的兩篇作品，分別是關於王大銘、王文培父子的故事，以及逾三十封遺書的整體分析。

王大銘及王文培父子的故事，令人覺得傷痛之外，十分典型。兒子被槍決後，父親因知匪不報，也被判刑入獄，在獄中精神失常乃至過世。當年被槍決的受難者，其家人即使不像王大銘一般入獄，也都無可避免地帶著精神性的損傷。無論是在獄中或是獄外，獨裁體制對現實的扭曲，是可以將人逼瘋的。當年的受難者中，已經有人預見遺書可能不會被送至親人手中。來自廣東陸豐的黃賢忠，在遺書中提到：「如果您以爲你們的政府比專制腐敗的滿清較好一點的話，你應該替我投去。因爲滿清政府還讓林覺民烈士等的絕筆書寄出去。難道你們連這點寬容的態度亦沒有嗎？」當時的獨裁政權確實連這點寬容也沒有。

在這次的新版中，具有整體分析意義的是〈白色畫廊——一九五〇年代的遺書群像〉一文。在這篇文章中，我們更爲清楚地看到一九五〇年代許多受難者留下遺書時的樣貌。這群擁有相同政治信念的人並不覺得自己有罪，對於自己生命的意義多有思考，盼望著自由平等的到來，希望家人不要爲他們的身後事費神，即使有著唯物主義的思維，也希冀自己的亡魂能護佑家人。遺書內容既呈現了群像，也呈現了共相，那是曾經具備中共地下黨身分的受難者的共相。

二〇一五年迄今，有更多受難者的遺書被清查出來，根據檔案局在二〇二一年底提出的報告，留下遺書的人數已累計至二百零八人，總頁數也達九百零六頁。政府也在二〇一八年成立「促進轉型正義委員會」（促轉會）。促轉會運作的四年中，陸續撤銷近六千件政治案件的判決。撤銷的判決中，引起最多爭議的正是一九五〇年代，具備中共地下黨身分的政治受難者。促轉會在總結報告中，說明了撤銷判決的依據。促轉會的設立基礎是《促進轉型正義條例》（促轉條例），而促轉條例的核心意旨是「促進轉型正義及落實自由民主憲政秩序」。促轉會對於威權時期違反自由民主憲政秩序的不法行爲與結果，可以規劃與推動符合轉型正義的相關事宜，法定任務包括了平復司法不法與行政不法。也因此，政治案件中被促轉會認定是爲了保衛獨裁政權而產生的判決，就是違反自由民主憲政秩序的判決。促轉會強調撤銷判決並非以現在的正義來清理過去的不正義，而是以過去的正義清理過去的不正義。關於過去的正義，促轉會的論證指出，中華民國在憲法制定前已經實施的刑法，蘊含了與自由民主憲政秩序至爲相關的人權保障原則。該會也援引相關研究，說明行憲一年後就通過的臨時條款，是戰爭狀態下爲了護憲而非毀憲所制定的規範。《中華民國刑法》一九三五年制定施行，《中華民國憲法》一九四六年制定，一九四七年施行，《動員戡亂時期臨時條款》一九四八年通過，而國民黨政府在一九四九年五月宣布臺灣進入戒嚴體制。就促轉會的論證而言，在臺灣民主化之前，中華民國的刑法和憲法的正常運作雖然短暫，但是其中所蘊涵的自由民主憲政秩序的價值是重要的，而這些價值代表了當時已經存在的正義原則。這樣的論證，是否能說服臺灣社會，尚不可知，但是撤銷中共地下黨人的判決所引發的困惑與爭議，顯然跟國共內戰的遺緒至今仍牽動臺灣政治有關。

對於促轉會撤銷判決表達憂慮的人，認爲當年這些具備中共地下黨身分的人都是「紅統」，他們的判決若被撤銷，形同提供了今天臺灣還可能存在的紅色統派正當性，直接威脅臺灣安全。對於促轉會撤銷判決語帶譏誚的人，則是認爲政府自相矛盾，既然撤銷當年對中共地下黨人的判決，今天又爲何要持續偵辦共諜。兩種觀點都將七十年前的歷史情境和今日臺灣的政治情境直接連結。然而，七十年前懷抱著社會主義的理想，參與組織，採取行動，追求一個良善國度的人們，七十年後對今天的社會主義中國會是何種情感與評價，我們其實無從知曉。我們唯一確知的是，這些遺書讓我們看到，七十年前他們之中很多人認為犧牲自己的生命能成就其他人的生命得以有自由與尊嚴。

遺書所開啟的記憶，終究是要與臺灣人的自我追尋有關。留下遺書的人，並非全然是臺灣子弟，留下遺書的臺灣子弟，也有許多在當時夢想著新的中國。然而，這些遺書得以重見天日，這些年輕生命終結前所展現的精神價值，得以跟這個社會分享，只能發生在民主化後的臺灣。不存在於現在的，就不存在於過去，歷史記憶與當代價值往往互為表裡。這些關於遺書的故事，既是開啟個人記憶的契機，也是形塑集體記憶的來源。無論當時受難者的國族認同為何，記得這許多年輕生命所懷抱的政治理想，也許就是要讓我們記得，即使國族認同持續困擾臺灣，我們已經習以為常的體制，這個容許公民用選票來「顛覆政府」的體制，多麼值得珍惜。

舊版序

遲了六十年的遺書

黃長玲

這一切的開端來自於一個年輕女性對從未謀面的外公的好奇。張旖容的外公黃溫恭在她母親襁褓時就已經過世，成長過程中，她對外公的理解建立在許多偶然串起的歷史片斷或文字紀錄上。到了二〇〇八年，她在政府檔案中看到外公有地下組織的背景，也知道本來被判處十五年徒刑的外公，因蔣介石親筆批示而改成死刑，在三十三歲那年被槍決。然而，她並不知道當年外公臨刑前，曾經留下五封遺書。直到二〇〇八年底，向檔案局調閱了外公的檔案後，張旖容才看到塵封在國家檔案中近六十年的遺書。

發現外公的遺書後，張旖容和家人理所當然認爲政府應該把遺書還給他們。然而，理所當然的事不僅在當年的威權體制下不存在，連在民主化後的臺灣也不是那麼理所當然。向檔案局要求歸還時，檔案局表示遺書是國家檔案的一部分，礙於法令只能提供副本，寫到總統府的信也只得到制式的回答。張旖容的外婆於二〇〇九年過世，直到她臨終前，家人都無法取回當年丈夫寫給她的遺書。

黃溫恭的遺書當然不會是唯一被扣留的遺書，可想而知一定還有別的受難者的遺書淹沒在政府的檔案中。然而數量有多龐大呢？除了掌握檔案的政府，沒有人能夠回答這個問題。這些遭槍決的受難者被剝奪了生命，但是有誰會想到，當年的威權政府也一併剝奪他們與親人的告別？被扣留的遺書竟然要到解嚴二十多年後才出現，既顯示政府公布及整理檔案的態度被動，也凸顯了政府對於威權統治傷痕的淡漠輕忽，這樣的情形一再說明了臺灣轉型正義的匱乏。

臺灣民間眞相與和解促進會自二〇〇七年十二月成立以來，即以促成轉型正義爲工作目標。當張旖容和家人爲取回遺書而奔走時，我們認爲要求政府歸還白色恐怖期間所扣留的受難者私人文書，是轉型正義的一項重要工作。於是我們在二〇一〇年的會員大會上通過決議，將協助家屬取回遺書，並且督促政府建立歸還制度。我們的會員陳俊宏與魏千峰，當時擔任行政院人權保障推動小組委員，隨後也在該小組開會時提案，力促檔案局盡速且全面歸還政治受難者之遺書。然而，行政部門的回應仍然被動，檔案局以預算有限爲由，只願意以個案方式處理，要家屬主動申請，才會確認檔案中是否留有遺書。

公文往返一年多後，有鑑於檔案局遲遲不肯全面清查受難者的遺書，又一直沒有建立遺書返還制度。我們於二〇一一年二月與黃溫恭的子女黃大一及黃春蘭一同召開記者會，提出三點訴求：一、遺書由總統代表國家親自返還；二、檔案局應爲遺書返還建立機制；三、檔案局應主動全面清查檔案中是否還有受難者的遺書，主動通知家屬領回，而不是被動等待家屬申請。第三點尤其重要，當年政府扣留了受難者的遺書，許多家屬根本無從得知遺書存在，這樣如何可能主動申請？一個月後，研考會回應我們的訴求，表示將擬定相關程序，建立受難者家書返還的相關制度。

二〇一一年七月十五日，在解除戒嚴二十四年後，馬英九總統在「戒嚴時期政治受難者紀念儀式」上歸還黃溫恭及其他受難者的遺書，並對家屬致歉，也在致詞時表示檔案局將清查二百多萬頁的檔案，找出受難者的家書、筆記與手札歸還給家屬。二〇一一年下半年，檔案局總共清查出一百七十七位受難者的私人文書，共約七百四十七頁。

二〇一二年春天，檔案局透過當時還在運作的「戒嚴時期不當叛亂暨匪諜審判案件補償基金會」，聯絡家屬申請遺書返還。但因爲我們在那幾年進行白色恐怖受難者與家屬的口述訪談，所以知道補償基金會並無管道聯繫某些家屬，數度表達願意協助聯絡，但是未獲檔案局同意。因此，我們只能在所知範圍內，不斷告知家屬可以申請返還遺書。在這個過程中，幾位研究白色恐怖的年輕研究者，扮演了非常重要的角色，他們不但認識家屬，也對檔案開放及遺書清查的進程知之甚詳。

政府開啟遺書返還程序，並不表示家屬從此取得遺書就毫無困難。行政程序的繁瑣讓受難者家屬郭素貞女士（郭慶之女）拒絕出席官方的遺書返還儀式，並且投書報紙直言，「公務機關彼此能橫向聯繫完成的管理作業，卻要遺屬在烈日下來回奔波補件，這是民主政府的公僕對於政治受難者家屬該有的服務嗎？」本會據此透過尤美女立委的協助，促成檔案局設立簡化受難者家屬申請程序的單一窗口，以及檔案複製收費減免機制。

在部分家屬領回遺書後，我們決定邀請作家進行採訪，讓這些遲了四十至六十年的遺書故事，能爲世人所知。這本書收錄的遺書及所呈現的受難者生平與家屬經驗，只是白色恐怖記憶的少許片段。寫下遺書的受難者，有些人懷抱社會主義統一中國的理想，有些人渴望臺灣獨立建國；他們不但背景各異，理想不同，受難時間也相隔二十年，唯一的共同點就是反對國民黨的威權統治。

這些受難者留給家人的遺書中，有歉意，有期許，有思念，有祝福。而家人對他們的思念中，有痛苦，有埋怨，有遺憾，也有無奈。我們永遠不可能知道，若這些遺書在六十年前或是四十年前就送達家屬手中，這些思念中的痛苦埋怨或是遺憾無奈，是否會少一點，但是可以確知的是，許多家屬在離開這個世界前，始終未能得知親人最後的告別。連告別也不被允許的不義，應該留下紀錄，這是作爲生者的我們，對於這些受難者，以及因他們的逝去而飽受痛苦磨難的家屬，少數能做的事。

這本書能出版，要感謝的人很多。要謝謝家屬願意與我們分享他們的經驗，謝謝曾麗香女士提供曾錦堂的書信與檔案原件給臺灣民間眞相與和解促進會，使我們可以進行數位化保存；也要謝謝劉美蜺女士捐贈劉耀廷、施月霞的通信及文物。施月霞的日記是以日文手寫，若是沒有大元照子的謄打和林實芳的翻譯，我們將無從得知在那些備受煎熬的歲月中家屬的感受。曾錦堂和劉耀廷給家人的書信，雖然並非二〇一一年後才歸還的遺書，但仍然是他們留給家人的最後話語。也要感謝陳儀深教授提供江炳興就學時的札記及日記影本，蔡寬裕前輩協助聯繫家屬受訪，以及兩位捐款支持本計畫的朋友。最後，要感謝也具備受難者家屬身分的作家季季女士，翻出手邊的資料，從歷史事實、錯字到文句邏輯，非常仔細地協助校訂書稿。沒有家屬與這些前輩及朋友的支持，我們即使連這少數能做的事，恐怕也無法完成。

自一九八七年解嚴以後，雖然政治菁英並未積極推動轉型正義，但是關於白色恐怖的歷史記憶持續在民間的努力下浮現。這些遲了四十到六十年的遺書，讓我們知道，以為已經過去的事，其實才剛開始，以為不存在的東西，其實一直都在。遺書終於送達，而臺灣社會對於這些遺書的記憶才正要開始。

（本文寫於二〇一五年，作者時爲臺灣民間眞相與和解促進會理事長）

兩代抗爭者

林傳凱

這本書的背景涉及戰後臺灣的兩波抗爭。第一波，起於一九四六年，覆亡於一九五五年，爲中共在臺建立的地下組織；第二波，則是一九六〇年代日益興盛的另一波抗爭，沒有統一的組織，多爲時代下的摸索前行。這兩波抗爭，在許多面向存在差異，卻在臺灣的戒嚴體制下有了同樣結局，參與者非囚即死。這些受難者留下的遺書或書信，在數十年後面世，成爲本書書寫的一切起點。

第一波抗爭

第一波抗爭，涉及地下組織「中國共產黨臺灣省工作委員會」，常簡稱爲「省工委」或「地下黨」。二戰結束後，當時尚在延安的共黨就派員來臺灣建立地下組織，並在一九四六年春天正式抵臺。一些文獻中，雖然也將這個組織稱爲「臺共」，但實際上它與一九二八年由日共、中共聯手協助成立的「臺灣共產黨」沒有直接繼受關係。

要描述日本時代的臺共與戰後省工委的關係，首先得回到日本殖民時期。一九三〇年代後，日本當局就嚴厲緝捕臺灣島內各種路線的運動團體。左翼的「臺共」以及路線親近的「農民組合」、各類工會組織，幾乎都在一波波大逮捕中土崩瓦解。其中，一些參與者入獄服刑，一些則低調地度過日本殖民的最末十五年。

省工委來臺的第一年，由於戰時成長的青年世代，深受日本官方宣傳影響，普遍對「紅色」（共產主義）或「黑色」（無政府主義）的政治活動感到疑懼，因此對左翼路線並無好感，加入省工委者更是寥寥無幾。從一九四六年至一九四七年春天，參與省工委的成員以老臺共、老農組、老文協背景者爲主，總體人數不超過七十人。另一方面，省工委對於這些一九二〇年代的老抗爭者也感到疑慮——省工委採取祕密工作原則，成員是愈低調愈好，這些老抗爭者雖然經驗豐富，但絕大多數都在一九三〇年代的警察獵捕下曝光，或至少在日本警察檔案中「芳名有載」。當時省工委的領導核心判定：老抗爭者雖然有經驗，卻也容易成爲特務或警察掌握組織行蹤的破口，對組織來說是兩面刃。因此來臺初期的省工委並未積極招攬這批人。除此之外，省工委與日本時代臺共的另一項差異是——省工委直接也只接受位於上海的共黨據點指揮，不再受日共影響。

上述原因導致省工委來臺初期沒有辦法迅速擴張組織，直到二二八爆發後，殘酷的軍事鎮壓導致年輕世代普遍對原本抱持甚高期待的「祖國」幻滅，此時主張跟受壓迫階級站在同一陣線、並在稍後舉出「臺人治臺」大旗的省工委，才開始進入憤怒的年輕人的視域，成爲值得考慮的一條路線，進而吸引大批青年參加。至此，省工委的人數不斷膨脹，也使得老臺共在其中所占的比例日益稀薄。

根據政治檔案進行統計，省工委有過半成員都是二十至三十歲出頭的青年。這些一九五〇年代被捕的青年，在他們出生與學習的一九三〇年代，臺共早已瓦解，因此不但未曾親歷，甚至連接觸「傳聞」的機會都不多。一直到血腥的二二八後，政局腐敗、經濟凋敝、通貨膨脹、軍事鎮壓揉合成一張染血的邀請函，才使得他們投身組織。二二八後，地下組織迅速膨脹，至一九四八年夏秋已超過八百餘人；一九四九年更進入組織成長的高峰期，人數超越千人。

此外，這一波抗爭在戰略與手段上，與日本時代的臺共還有兩點重要差異。第一，地下黨循祕密行動原則，有別於日本時代以公開演講、聚會等手段啟蒙或擴張群衆，省工委嚴格遵守列寧在俄國革命前揭示的原則，要求成員隱藏身分，祕密發展成員，盡可能以表面上合法的手段默默擴張組織的規模。這樣的組織方法必須回溯到漫長的國共鬥爭史。由於中共長年歷經國民黨的「白色恐怖」，對於特務布建、監控、刑訊、囚殺等手段付出極大代價，因此凡在國民黨政府統治的地區，基本上都以降低風險的「地下活動」爲根本方針。每個地區地下活動的目標不盡相同，省工委的活動目標也歷經幾次轉折。一九四九年時考量國民黨政府在對岸兵敗如山倒的局勢，加上島內的地下組織並無力獨自以武力對抗國民黨帶來臺灣的軍警特務。因此省工委的目標在於厚植實力，待渡海戰爭爆發時能在內部接應，以保護生產設施、小規模牽制軍警，並能安撫民心爲主要目標。

第二，吸收成員依循「統一戰線」原則，盡可能擴大連結各種思想的反蔣或反國民黨勢力。因此省工委在臺灣的動員並不嚴格以階級成分作爲招募的判準。反之，當時有著濃厚的現實主義考量，無論是富商或地主，亦或國民黨內的軍警人員，只要對於當局不滿，有利於地下黨擴展者，都可能成爲潛在的招募對象。不過相較於地下黨在中國本土的發展，在臺的省工委還有一特殊脈絡。例如，在一九四八年召開的「香港會議」，地下黨領導者總結臺人的特性時，就指出臺灣歷經半世紀的日本統治，使臺人在語言、文化、生活習慣、思考模式與對岸都有著鮮明差距，具有「類似弱小民族」的性質（會議中也認爲，屬「類似」而非「就是」的關鍵在於：考量臺人於一九四五年「光復」時熱烈歡迎祖國，似乎明確把自己視爲「中華民族」的一員）。因此省工委的地下活動，也採借列寧所謂「弱小民族」的抗爭方針——先訴諸高度自治，日後再處理與改造內部的階級問題。這造就了省工委的另外幾項特色：第一，考量上述目標與語言隔閡，組織中的外省籍黨員不多，多爲上層幹部，基層黨員則近乎全數是本省籍。第二，一九四八年後更常以「臺灣民主自治」、「臺灣高度自治」、「臺人治臺」等口號進行動員。這些口號明顯是以本省人爲訴求對象。歷經二二八的強勢鎮壓後，自治的口號確實也號召許多對於軍事鎮壓絕望、對於臺灣前途又希望「自決」的本省籍人士，使得省工委在一九四八年後的擴張更加快速。

省工委的領導核心，不少是日本殖民期間就前往中國參與共黨或共軍的臺籍黨員，其中以蔡孝乾、張志忠等人爲代表。此外，能與本省籍人士語言相通的閩南、廣東、潮汕籍的黨員，也是最初來臺發展的主力。如上所述，省工委一九四六至二二八期間的發展並不順利，響應者多爲具有兩面刃隱憂的老一輩抗爭者。但在二二八與一九四八年「香港會議」後，組織規模便發展迅速，並形成多個不同的次級系統。

省工委的組織全貌大概是這樣的——（1）全島組織的核心由幾位「省委員」負責，其下則有「省委直屬小組」，負責財務、宣傳、上層活動等任務，並與上海或香港的中共據點維持聯繫；（2）其下分成「全島性委員會」與「地區性委員會」。全島性委員會分別是郵電工作委員會、學生工作委員會與山地工作委員會。郵電委員會以掌握臺灣島內的通訊系統爲目標，成員全爲郵局、電信勞工，不過實際發展仍集中於臺北地區；學生委員會以串聯全臺大專院校、中等教育機構的學生爲目標，建立合法且公開的學生聯盟，如同在北京或上海等大城市的「第二條戰線」。不過一直到組織遭破壞爲止，實際上也僅局限於臺北的臺灣大學、師範學院，還有少數小鎮知識分子之間；至於山地委員會則意圖串聯全臺部落的原住民政治菁英與知識青年——當時省工委將他們稱爲「蓬萊民族」。這個組織的活動最困難，僅在阿里山區與角板山區有些許發展，即被破獲；（3）地區性委員會約有二十三個，城市地區稱爲「市委員會」，鄉鎮地區稱爲「區委員會」。在城市多以勞工、商人、各行業從業者或公家機關成員爲對象；在鄉鎮則多以農民、糖廠員工、小鎮教師與公務員爲主體。到了一九四九年，由於配合對岸的戰爭發展，在部分地區也建立了小規模的游擊武裝或武裝基地。

客觀上，一九四八至一九四九年間省工委在臺灣已經累積了一些實力。不過許多基層組織都是在一九四九年秋冬後形成，鬥爭經驗不足，對於政治鬥爭的想像過於樂觀。當時許多成員認爲一旦共軍攻臺，便可以通過「裡應外合」的方式，保護生產設施與家鄉不被國民黨政府的焦土戰術破壞，進而建立「臺人治臺」或「工農階級翻身」的新國度。不過，先是一九四九年下半，國民黨政府將各地敗退的黨政軍勢力陸續遷至臺灣島內，使得原本低落的地方政府力量逐步上升，更意外的轉折是——一九五〇年六月韓戰爆發後，原本決定「棄守」蔣介石政府的美國，一改原本的戰略布局，決定派遣第七艦隊進入臺灣海峽協防，阻止共軍攻臺，省工委的盤算遇到重大挫折。同時，在臺灣島內，地下黨與國民黨政府的力量對比也日益懸殊。在「甕中捉鱉」的局勢下，特務於一九五〇年夏天後加速獵捕地下黨，無論是參與者、同情者或是外圍群眾，若不是束手就擒、自殺，就是陷入漫長的逃亡。另一些人則選擇按照國民黨政府的呼籲出面自首，將內情交出以換取個人的倖免。本書中的劉耀廷、郭慶，都是因爲他人的自首或自新而曝光入獄。實際上，自首似乎開了一條生路，但自首者必須以坦白——也就是「背叛」所有同志爲代價。一旦自首時不誠實，被國家發現便是處以極刑。本書收錄的黃溫恭一章，正是「自首不誠」所導致的悲劇。

臺灣省工委被破壞的過程頗爲曲折：一九四九年省工委在臺北、基隆、高雄等地曝光，保密局陸續循線逮捕四名省委與上層幹部。其中，地下黨總領導人蔡孝乾曾於第一次被捕後脫逃，幾個月後又於嘉義的番路鄉再次被捕。最高幹部落網後，全島性的郵電、學生、山地委員會亦於一九五〇年開始被偵破；同時，地區性委員會亦於一九五〇至一九五三年間漸次曝光。在逮捕初期，一些地下黨員，尤其是各區委、市委會的領導或中級幹部，分別逃亡到竹苗山區，或是臺北南港、石碇、汐止交界山區的鹿窟武裝基地群。前者於一九五一年後，爲特務機關於竹苗山區與農村中搜捕肅清，逮捕的風暴一直到一九五四、一九五五年左右才平息。後者的鹿窟武裝基地群則於一九五二年底曝光，鹿窟、石碇玉桂嶺、瑞芳八分寮等地的隱蔽武裝基地，於一九五三年紛紛遭特務破獲。殘存者於天羅地網中倖存的機會也極爲渺茫，不是被捕，就是出面自首。大約到一九五五年，自一九四六年開啟的近十年地下革命史，終於全面落幕。

按照判決資料來看，一九五五到一九六五年的十年間，可說是國民黨安穩統治、不受挑戰的「黃金十年」。這段期間政治案件的數量、規模都明顯下降。戒嚴初始幾年，判決書動輒出現十數人、乃至於數十人一案的慘狀，一九五五年後愈來愈少見；而判決書上陳述的「事實」，也不再以「意圖以非法之方法顛覆政府而著手實行」（二條一）或「參加叛亂組織」等組織性抗爭爲大宗，多轉爲發牢騷、批評時政的「宣傳罪」，即《懲治叛亂條例》中俗稱的「二條七」罪刑，通常判處三年半到七年左右徒刑，少數會到十年以上。另外，閱讀官方認定的禁書也常判以此罪，或裁定爲更輕微的「感訓」。是故，死刑與無期徒刑的人數也大幅下降。這些跡象都間接顯示，戰後第一波抗爭的省工委被瓦解後，臺灣社會中的抗爭力大幅衰退，國民黨的戒嚴統治似乎更顯得高枕無憂。但是高壓統治並不意味抗爭的浪頭從此完全消失，到了一九六〇年代，逐漸掀起了戰後第二波反抗浪潮。

第二波抗爭

第二波抗爭的參與者身分與第一波有著鮮明差異。一九六〇年代才剛滿二十歲的一代，他們出生於二戰末期，即使曾經歷殖民尾聲，卻沒有鮮明的記憶與體驗，他們接受的是國民黨的國民義務教育。在思想上，國民黨高舉的反共旗幟，多少在成長過程中烙印於其意識中。因而，即便日後對威權不滿，卻不像上一代反抗者，相對容易接受共黨的動員與左翼意識形態。某種意義上來說，反共的種子在這代人的孩提時期便已植下。進一步說，一九六〇年代的臺灣不存在像省工委一樣綿延全島的大規模中共地下組織。反共教育、資訊控管、思想囚籠、與相對強勢的國家力量，使任何心懷不滿，想接觸任何一點「反政府」思想元素的青年，都要冒相當大的風險。因此，在這樣的背景下，有限的資訊、對現實的觀察與思索、沒有明確的繼受系譜，常構成這些新生抗爭者的思想面貌——稚嫩、尚未發展出系統性的論點、卻充滿著新的可能。

在抗爭目標上，一九六〇年代的政治抗爭與上一代也很不同。一九四〇年代，抗爭就是革命，希望改朝換代，但在一九六〇年代，意圖「全面否定體制」的抗爭變得罕見，大多轉爲體制內的改革，例如爭取國民黨聲稱卻沒有落實的言論自由、參政自由、組黨自由等。其中許多反抗僅止於志同道合者間的談論，部分形成讀書會或思想交流的團體，付諸實踐者則較少。少數組織性抗爭，如一九六〇年代破獲、由大專院校學子與少部分社會青年涉入的「全國青年團結促進會案」，是以義務替黨外候選人助選，企圖藉此改革威權體制爲目標。一九六〇年代沒有像省工委那樣的大型抗爭組織，取而代之則是自各地的生活情境中點燃的星星之火，彼此散落於四方，不見得看得見彼此，或只存在有限的聯繫。嚴格來看，一九六〇年代的抗爭，不但沒有「大一統」的組織關係，甚至連嚴謹的組織方法都闕如。

如此描繪一九六〇年代的抗爭者並無不敬之意。相反的，這種思想、手段、組織上相對稚嫩、紛雜，與尚未系統化、制度化的狀態，恰恰反映了一九六〇年代臺灣政治環境的特色。相較於前一個十年，一九六〇年代的國民黨在美國爲首的冷戰體系扶持下，已成功避免了「外患」——即中國共產黨的軍事威脅。不斷挹注的美援與臺灣新的政治經濟布局，亦讓國民黨有更充沛的實力對臺灣社會在政治、經濟、文化思想全面進行有效控管，生產有利於官方的意識形態。這個年代，國民黨無論是日常的戶政、警政系統建制、統治知識的累積，乃至於針對抗爭鎮壓的特務機構發展，都與一九四六至一九四九年「風雨飄搖」的狀態不可同日而語。在此狀態下，要成爲一個抗爭者，也許更爲艱難。

因此，這時期破獲的政治案件有幾項鮮明的特徵：規模較小、人數較少、組織化程度不高，思想狀態多處於摸索階段，多循改良式路線而未眞正觸及武裝或軍事化行動。這種多元、紛雜與尚在發展中的狀態，使同時期各案件的當事者之間，也不見得同意彼此的觀點。我們可以看到，以臺灣民族主義爲訴求的臺獨案件於此年代興起；同時，新一批與中共並無組織關係，卻渴望從中共與更廣泛的左翼思想找尋出路的案件也並存於此時期。此外，常被研究者忽略的是，此時期還有一些由外省籍人士基於中國民族主義出發的思想或抗爭行動。

不過，這些一九六〇年代的「年輕政治犯」與一九五〇年代的「老政治犯」，雖然身處不同的反抗浪潮，彼此卻並非毫無接觸。在一九六〇年代設於臺東泰源的感訓監獄，這些不同世代的抗爭失敗者終於相會了。當時，監獄中逐漸形成今日常稱爲「紅帽子」與「白帽子」的政治犯派別，共存於一個監獄中。必須說明的是，不能把一九五〇、六〇年代的政治犯，直接劃分成紅、白兩派。一九六〇年代的政治犯由於思想狀態原本就龐雜、未定，因此有些人於獄中反而與一九五〇年代的政治犯更親善，有些則傾向支持臺獨的政治犯陣營。另外，由於一九五〇年代判決五年、十年、十五年的受刑者在一九六〇年代已陸續出獄，監獄中餘下的五〇年代政治犯多爲判無期徒刑者，人數已不像十年前那樣多；而一九六〇年代的年輕政治犯則不斷入獄，使兩派政治犯的人數不再懸殊。

這樣的監獄生態使得傾向臺獨的年輕政治犯，逐漸發展出自己的人際網絡與思想交流活動，與紅帽子的關係不時處在相敬如賓，間有唇舌之戰的狀態中。正是在這樣的背景下，一九七〇年爆發了以獨派政治犯爲主導的泰源監獄抗爭。這些抗爭者期望藉由監獄暴動，占領臺東廣播電臺，呼籲全島人民起身對抗國民黨。在此事件中，即使事前知情的「紅帽子」，也多抱持「不告密、不參與、保護自身安全」的原則，任事態發展下去。然而在當時監獄周圍優勢的軍警部署及參與者有限的情況下，泰源監獄抗爭以失敗告終，並槍決了五名參與者，即本書中泰源事件犧牲者與其遺書的歷史背景。

本文試圖從結構的視角，描繪這本書的十位主要人物於一九五〇至一九六〇年代試圖抗爭，卻與親友們承受國家暴力的歷史背景。但是結構性的視角，並不能消融或取代個人行旅其中的情感、體驗、價值、認同、記憶，與那些烙印在身心上的斑斑痕跡。因此，本文的說明僅能作爲一個必要的知識背景或注腳，至於在國家暴力的槍口與鐵欄前，生與死、愛與恨、執念與超脫、果敢與背叛的反覆徘徊與懸念，則留待以下，用另一種「說故事」的方式讓讀者細細體會了。

編按：書中出現所有書信內容皆為原件文字，不做統一字與錯字的修改。

郭

慶

一個人總是有一天要死的，請您們不要過份傷心吧！

——郭慶寫給妻子的遺書

他一定是一個很好很好的人

林易澄

玉霞，親愛的吾妻：

（一）夫妻中途而別，對不起您，請您原諒吧！

（二）假如可能，希望您再婚！

（三）志遠、素貞的將來一任您，托您設法使他們姊弟進學吧！

夫慶一九五二、三、五夜　備寫于軍法處看守所二五房

（四）一個人總是有一天要死的，請您們不要過份傷心吧！

夫慶一九五二、三、廿六夜　寫于軍法處看守所十七房

（五）祝　健康，幸福！

一九五二年四月一日上午六時　分　最後寫于　絕筆

不是一開始就要成為紀念碑

褪字的墨水，泛黃的紙張，打印上的流水號，彷彿這些本來就是歷史檔案的一部分，等著在多年後從倉庫裡被找出來，鑑定上面的文字。但是字跡的深淺又讓人試著去想，在被灰塵封鎖之前，這些信紙是什麼樣子。文字簡單，卻用三枝不同的筆寫成，勾勒出時間的變化和縫隙，提醒那曾經有著日子的重量，有著當下希望能夠傳遞到誰手上的心情，把觀看者帶回那個時間點，說著：這些不是一開始就要被放在人權博物館裡，作爲紀念碑的。

那並不是已經過去的，和我們隔著玻璃展示的事物。

前三句是藍色的鋼筆，寫在三月五日，第四句是三個禮拜後，最後一句跟第四句一樣是黑色墨水，像是預先寫好，只留下日期給鉛筆填上。除了日期，鉛筆只輕輕地寫下絕筆兩字，像是擔心一早鐵門打開就被押解到馬場町，沒有時間也沒有情緒寫就，也像是早已經想好最後的句子。

軍法判決在一九五二年一月四日宣讀，徒有司法形式的鉛印判決書上，主文、事實、理由一一羅列，構築出戒嚴國家的巨靈。在兩個月的時間裡，當同房獄友一個一個被戴上手銬，在激昂與哀傷的不同心情中被帶到刑場，在朝鮮半島的戰事已經開始談判，在還不知道自己未來將被什麼樣的歷史寫定之前，郭慶心裡應該也翻湧過各式各樣的句子吧。但最後寫在紙上的只是那麼節制的幾句話。

面對意外被捲入政治案件的家人，太多事情沒辦法一一說明，在必定被檢查的信紙上，也不可能寫下自己加入地下黨的原因，而更私密的情感記憶，也不願意讓特務們翻看吧，當這些都刪去，最後落到信紙上的，便只有歉意與祝福，與對子女進學成人的期待——那沒有說出的，總有一天會被家人瞭解，而且能在這片土地上被說出來。

◇

「照片後面有爸爸的題字，素貞、志遠孝順媽媽。」父親的遺物，就只有一張照片，還有檔案局幫忙「保存得很好」的遺書。

「我原以爲他會寫很多，沒想到只有幾張紙上條列式寫了數行而已。」[1]

就像郭慶沒有想過，即使是這樣的信也沒有送到家人手上。六十年後當郭素貞從檔案局拿到卷宗裡的遺書，也不免訝異，竟只有這樣短短幾行。但也就在這樣的幾行中，疊加上比郭慶生命多一倍歲月的想念，去想像那些信紙的空白上傳達的訊息。

「第一封信是寫給媽媽，代表最掛念她，他信尾祝我們快樂幸福，我一開始是有點生氣，沒有你了，怎可能幸福？後來又想，爸爸是希望我們在最困難的狀況下也不要忘記讓自己快樂和幸福的可能。」[2]

上一次來到郭素貞北投的家是二〇〇九年，那是個炎熱的夏天，從山下捷運站一路走上去，狼狽得出一身汗，讓她一開門就忙著張羅喝的，又轉身去準備水果。一邊說不好意思今天還沒下山，家裡東西有限，一邊聊起有另一條近路，平時都靠著那小山徑長長的階梯去採買。比起白色恐怖，整個下午聊更多的是生活瑣事。

中間幾次碰面，經過近年口述歷史的重建，我們對當年地下黨的認識有了更多線索，也走出了制式的解讀與迷霧，而郭素貞的努力，也終於讓父親的遺書和檔案資料從檔案局的倉庫回到手中。時間一晃過去，但是看著在巷口迎接的郭素貞，那樣充滿朝氣地和鄰居打招呼，卻會覺得好像前不久才來過，只是廚房的忙碌從水果的切工換成了燉湯的蒸氣。

也正是在這裡，再次到山上來，看著層層疊疊之下彷彿什麼都沒有改變，便會一點一點去想那底下沒有改變的事物。去想，總是掛念大家，說著等下次冬天一起來煮羊肉爐的她，那熱心和氣愛笑的臉上，是怎麼用生活的輕去撐起那些過去的與未曾過去的重。然後發現，相較於上次圍繞著她的父親，這次聽她講起成長的種種，竟更能進入那個停在六十年前缺少細節的故事裡。而她的平實，初次見面不會特別讓人想到那些輕與重的平實，像是在說，這樣才能聽見故事裡沉默的聲音。

「今天寫一段給太太，明天一段給哥哥，一段給岳父母，一段給小孩。我有時想，當你知道一定會死了，開始提筆，寫出來是很少的一些字，之前整個的想法一定是痛苦的。」

「他寫得那麼工整，他一定是很坦然地接受了這些，他選擇了這條路。」

「反反覆覆在心裡想過要死的這件事，他要太太再嫁，也是滿心痛的，但是那樣的心情這樣整整齊齊寫了出來，在波濤洶湧之後，或許也是很平靜了吧。」

六十年的時間，讓信紙陳舊，也讓郭素貞從不到三歲的小女孩，成為一個知道怎麼面對這些的中年女子。政治犯家屬第二代，面對成長過程中的痛，許多人徘徊在兩頭：恨與封閉，有的誇大死者的英雄氣概與革命理想，有的則用漠然回應出獄後藺居的家人。在那之中，死者與餘生都失去了聲音。那或許都是減輕疼痛的方法，然而郭素貞卻不如此，在她身上，既帶著對歷史複雜的認識，不把父親的死簡化成誰該負責的課題，卻也不曾落入「事情都過去了，說這些都沒有用」的虛無。

面對遲來的遺書，她並沒有著力去控訴獨裁者的血腥，因為父親確實是反抗者，也知道國民黨是那般的政權。她生氣的是為什麼國民黨讓人寫了遺書，卻不把信交給家人。這生氣更多是對家人的疼惜：「如果當時收到了，大伯就不需要自責，因為家裡沒有錢，付不出高昂的收屍費用，讓弟弟的屍體不知流落何方。」「母親也就不會在背叛的心情中被迫改嫁，又反過來怨懟那深愛的丈夫。」

相對於恨，她更執著於事情的眞實是什麼。那個時代，有著獨裁政權的鎭壓，有著同志之間的出賣，有著被牽連家人的不能理解。對於人性的體諒，而不是對人性的高度期待，讓她得以跳脫這些。

「在申請檔案時，互助會[3]裡有朋友說：就讓事情留在那裡吧，也許檔案揭開了，會發現誰的爸爸出賣了誰的爸爸。但是我們不是當事人，很難去理解，進去的人被打得有多厲害，或是得到承諾，說出來你底下的人就可以不用死。像是郭琇琮，就是他供出了誰也不減損他的偉大。如果是你，是我，也許一進去也都說出來了。」

尋找父親這麼多年，從戒嚴到解嚴，那是郭素貞唯一感到害怕的時刻：父親會不會也曾供出過誰呢？但她終於放下，把申請書交給檔案局。「原因說起來可能有點傻，但我總想，爸爸一定是一個很好很好的人。」

◇

那開放的心並不來自歷史理論與倫理學，或是轉型正義的討論，而是一種非常日常、踏實地活過來的生命厚度。在巷口等著我們，在微涼的天氣準備了麻油雞，下樓探視逐漸健忘的母親，親切地喊著外籍看護。如果是在路旁擦身而過，一定會以爲她只是一個普通的善良阿姨，只是臺灣戰後社會成長起來那一代的其中一位婦女。

沒有自我中心的防備，沒有神話前人的偏執，沒有背著欠負的怨，沒有漠不關心的冷淡，也沒有「都是時代錯誤」的客客氣氣。

那樣的日常，與日常裡對苦難的溫柔，或許就是郭素貞最特別的地方。

母親選擇改嫁警察，戶口資料上的紅色標記得以刪去，受到一定的保護。不像一般政治受難者家屬，在成長過程中，有許多半夜警靴踏進家門的記憶，郭素貞從小只知道父親過世，而母親總是閉口不提。於是她對郭慶的追尋有著雙重的性質：從語言的禁錮和人們的封閉中，一點一點認識一九五〇年代共產黨員的存在，既是身爲一般臺灣公民在政治氛圍的變化下，努力找回被遺忘的歷史，也是挖掘與自身血肉相連的父親身影、理解自己家庭的過程。

那使得她與我們有些靠近，也有些遠。但正因爲這樣的距離，在這個故事裡，戒嚴體制下被國家分類的兩群人——不問政治奮力討生活的大衆，與站到槍口前的政治犯和家屬們——在不同的歷史記憶上，有了相連的可能。爲了追尋不知道爲什麼被稱爲「政治犯」的父親，她跨過「那些早已和今日臺灣無關」的冷漠，開始接觸原本距離生活遙遠的，白色恐怖的種種人與事。另一方面，她又不自限於因爲家庭苦難與日後隔閡造成的殼，不只是認爲「這些現在沒有人會想理解」，相信讓更多人知道便有意義。

很難說這樣的成長經歷對她是一種幸運或是更大的煎熬，唯一能確定的是，在拿到時不斷哭泣讀著的遺書，不只是一個終點。「我現在把它收在抽屜裡，最近比較不常拿出來看。我想我應該要忘掉一些事情，不用一直抱著這些。我想念爸爸，想念的是他的精神，不是一天到晚看著遺書。看了遺書我覺得懂了，他想要做的是什麼，想要留下來什麼，我可以爲他做什麼。」這些年裡，她幫忙校訂與父親同輩的政治犯長者的回憶錄手稿，也參與社區大學參訪六張犁政治受難者公墓的解說工作。

新店溪旁的槍聲過去了六十多年，臺灣走過經濟成長，也有了走到一半的民主化，現實中與中國的複雜關係，使我們愈發難以確認，對於刑前照片上面帶微笑的青年來說，中國共產黨員的身分意味著什麼。然而置身其中，溫柔堅定卻不僵硬的態度，卻讓始終沒有找到父親太多資料的郭素貞，可能比起許多人都更接近那個時代的樣貌。那使我們得以離開針鋒相對的關於臺灣地下黨的論辯，回到那個歷史時刻，回到在歷史的白霧中有些素樸的理想主義，只爲了一個模糊的更好的社會，回到那個各種認同與邊界都還沒劃定的年分。無論是維護紅色祖國的立場，或是貼近臺灣的主體意識，任何清楚既定的政治立場，在後來的歷史轉動中，當事人與後來者形成的解釋與選擇，都不能蓋過她想要知道的提問。

在六張犁昔日的亂葬崗，她在父親的墓碑旁問著這一代年輕人：「你覺得他們那麼多人爲什麼要做這件事情？明明知道是生命攸關的事情，你就好好做自己的工作，你有老母、有太太，還有才一歲的小孩。」沒有帶給我們慷慨激昂的答案，她說，「他只是在那個時代做了他想做，應該做的事情。」

什麼也沒有說出來

「不知道。」

「有一個人來我家借住，但不知道名字，也沒有說什麼話。」

「崙背沒有實際工作。莉桐的狀況我不清楚。」

「這話我沒有說過。」

「不曉得。」

翻閱卷宗裡的筆錄，意外地不是與郭慶，而是與審訊者有些類似的心情。他們想從被訊問者身上得到可以判決死亡的證據，我則想從陳年的檔案中找到郭慶活過的證據，而我們共享著郭慶的沉默。

一九四七年二二八事件後，被捲入國共內戰的臺灣島上，許多人開始尋找新的答案。私下交換的雜誌與小冊子，些許關於中國戰場的情勢，民間報社被關閉後不再有的資訊，悄悄地在部分青年之間傳遞。中國共產黨派遣了蔡孝乾等戰前投奔延安的臺籍幹部，成立臺灣省工作委員會，為日後可能的戰事預先準備，而許多渴求出路的青年們，也就在其中，在對時局有限的資訊中，選擇某個可能改變臺灣的機會。

諷刺的是，隨著國民黨在中國戰場的敗退，大量軍警特務強化了對臺灣的管控，也使得臺灣的地下黨員與其他白區[4]有著不同的命運。國民黨掌控不了中國大陸的局勢，殘餘的國家機器卻足夠清理臺灣的反抗者。一九四九年底，從臺大法學院支部的破獲開始，從北部往南，學生、公教、市民、工人、農民等組織一一瓦解，一小部分逃往中國，更多的被捕。

一九五一年五月二十日早晨，一輛卡車停在雲林崙背貓兒干國校，三位荷槍士兵抵住廖玉霞的背後，問郭校長在哪裡。隨即把如廁出來的郭慶帶走，五花大綁，來不及喝一口妻子剛熬好的粥。那是郭素貞與母親最後一次見到郭慶。

地下黨成員多半是二十歲上下的年輕人，儘管在戰間期度過少年，開啟對社會的思考，戰後社會的劇烈變化更讓他們快速成熟，擁有足夠的熱情，但卻還沒有足夠的冷硬，缺少對政治鬥爭殘酷的認識與經驗。不少人在特務機關的刑求誘騙中，以爲不會重判，供出相關名單。相對於此，郭慶有著三十歲的成熟，被捕後他快速判斷了情勢，供出對方已經掌握的情報，將事情推向順利渡海逃亡的同志，切斷聯繫，保護自己領導的小組。

也因爲這樣，從現有的判決資料與相關檔案所能得到的輪廓極爲有限。儘管今天的研究者對地下黨的認識有所改變，不像早期一概歸於冤假錯案，透過口述重建，釐清出當事者是在歷史條件下主動參與，然而對於本案的瞭解，卻不多過臺灣省保安司令部的判決書：

郭慶于卅七年十二月由在逃之匪幹鍾心寬介紹加入朱毛匪幫組織為候補黨員，並與匪廖學信在雲林莿桐鄉成立小組擔任小組長又擴充成立支部擔任書記由鍾匪心寬領導，從事宣傳匪黨主義調查社會動態暨利用三七五減租辦法歪曲事實向農民宣傳攻擊政府等工作。

即使反過來讀這些文字，想像戰後青年試圖推翻國民黨政權，尋求一個公正社會的可能，像是那些我們曾經讀過的第三世界國家小說，我們得到的依舊不多。能看到的只是他的行動，而細節與生活，他對於當時世界的觀察，對於未來的想像，之所以走上這條路的原因，都屬於空白。

這樣的匱乏，一方面來自於郭慶的沉默，一方面來自於雲林地下黨的特殊。鑑於日本時代的反抗者容易受到國民黨政權監控，地下黨選擇避開舊有人際網絡，而以年輕一代爲發展對象。但是雲林是農業區域，缺少年輕學生與工人，組織的發展多依循日本時代赤色救援會[5]等團體的人際網絡，參與者的年齡較高。在多年後得以開口之際，倖存的核心成員多半凋零，不像其他地方還有可能找到年邁的證言。

唯一留下的是審訊者取自告密者的言語：「本月十四日你在看守所理髮時對程日華說：本案詳情不要供出，還叫他轉告同案的，可見他們也有參加組織的了。」

軍法處位於現在的喜來登飯店，牢房以木頭欄杆搭起，每一間四、五坪的大小要塞進二十幾個人，泥土地面的溼氣不斷在夜裡侵襲，通風不良，木製的馬桶位於一角，氣味熏蒸，呼應著每天走過的腳鐐聲音。儘管如此，被囚者依然在其中做命運的最後掙扎，設法避開獄卒與告密者，用各種方式傳遞訊息。那天，當同案的程日華被提出放封，經過牢房時，郭慶悄悄吐出嘴巴裡含著的紙片，一張什麼也沒有寫的白紙。

「我看著他的眼睛，他只是平靜地搖了搖頭。」程日華是虎尾糖廠的工人，關於自己的事情他說的不多，只提及當時廖學信來到糖廠同事陳長庚的宿舍，因在閒聊中討論「做糖是爲別人而工作，不是爲自己工作，如果我們不做糖，別人就沒有糖吃」。而涉入爲匪宣傳。但是談到同在軍法處的郭慶，這位八十多歲的長者便激動落淚。雖然和郭慶沒有直接的組織關係，他總是反覆提起那張白紙：「他的意思是，我什麼也沒有說出來。」程日華的兄長程日棠，卻因爲其他人的牽連，於另一個案件中被槍決。那張判決書中，提到他們兄弟都參加了地下黨。

在那個悶熱的夏天，握著老人顫抖的手，拍著他哭泣的肩膀，似乎那張白紙在這六十年間成了某種象徵，不再是拒絕，而是期盼著有一天這些被挖掘出來，那些在筆錄與自白書上的，都不完整。同時也說著，任何既有的先入爲主的觀點，都無法眞正接近那段歷史，事情的眞實總是逃離語言。各種色彩匯集之處會在視網膜留下白光，那張白紙不是什麼都沒有寫，而是當要容納整個時代的種種，便必須認識到那份空白。

像是說，這樣我們或許就可以跳出政治受難者的框架，試著把郭慶的死放到他活過的三十一歲人生裡。

我若由海路行走

在押人自幼失去父親（我八歲時父即去世）後由母親一人之養育而長大，母親為養育我父留下來的五個子女，即或被雇於碾米廠作工或被傭於人家煮飯洗衣，在押人幼時日間即徬徨於母親主人家裡，夜間即與母親二人手挽著手衝過漆黑的小巷而回搖搖欲墜的我家。那時光景今尚彷彿如在眼前。在押人小學畢業後一時即被雇於書店當學徒，後得農會獎學金而進入臺南師範學校唸書，又常受日人教師、學生的歧視、壓迫，在押人在此環境下，從此被喚醒熱烈的民族意識與祖國愛，所以八年抗戰勝利時，我們是何等的興奮與歡騰！我們與高彩烈、歡天喜地地歡迎著祖國來台接收人員，以萬分的熱情期待著三民主義新時代的來臨！民國三十五年末，我欲進入延平學院（光復後成立的夜間大學）來台北龍山國校任職，但不久便發生了二二八事變，延平學院亦即停辦，我的半工半讀的希望也變成泡影，又適逢家兄患病，他一家的生計更落到在押人的雙肩，在此情形下我即離開台北回到故鄉的學校服務。

郭慶被捕後，家裡燒掉所有相關文件，也燒掉了從獄中寄來的明信片，沒有留下任何東西。一方面是恐懼與保護子女，一方面也有著怨懟，母親鮮少提及父親的事，郭素貞只能從少數親戚口中得到些許資訊。因而對她來說，即使是父親在審訊中被要求寫下的自傳報告，隻字片語也都彌足珍貴。「看到那每一個字，就像看到父親一樣。」

在郭素貞努力拼出的「我的父親」中，依稀可以勾勒出郭慶一生的軌跡：一九二一年出生於雲林崙背，家境貧苦，與母親相依爲命長大，小學畢業後求知慾強的他先在書店當學徒，之後獲得農會獎學金前往臺南師範學校就讀，畢業分發到南投竹山國校任教。一九四五年戰爭結束，先在莿桐，接著前往臺北，白天在龍山國校教書，晚上到延平學院夜間部進修。一九四七年，遭遇二二八事件，延平停辦，郭慶又回到家鄉的莿桐國校。面對種種政治社會問題，一九四八年他加入雲林地下黨，反過來利用國民黨政府的三七五減租政策，推動業佃談判。之後調任貓兒干國校校長（今天的豐榮國小），在當地發展組織，這時各地支部逐一被破獲，便停止活動。一九五一年被捕，一九五二年遭到槍決。

先搭火車到斗六，公車到虎尾，然後從虎尾到崙背，沿著中山路，首先看到的是奉天宮，再往前幾步，離媽祖廟沒有多遠都是稻田。過了半世紀，依稀可見當年的風景。往北一些，是嘉南大圳的分支，仍然發揮著溝渠作用，而糖廠的鐵道早已拆除，成了田邊的小路，一路通向豐榮國小，上面種了成排的木棉。

在這樣的路程上不禁會想，多年前的郭慶正是沿著這條路離開家鄉，然後又帶著路上的困惑與思考回到雲林。崙背與臺北，彷彿並不遙遠的行程，其實有著許多讓人停下來的徬徨路口，並不像從日後回溯歷史那般清楚明確。今天看起來理所當然就在那裡等著被填上的名詞概念：國家、資本家、社會主義、勞動與剝削、革命與組織，都不是一開始就既存在這塊土地上，而是經由這些道路，在一趟趟的往返中帶來新的種子，然後在生活的微小事情裡扎根，從腳下蔓生成新的藍圖。

如果不從二〇一五年回頭，試著從一九二一年往未來前進，在時間的河水裡迎來激流與分支，選擇可能的方向，那麼便會發現如今看似自然的道路，每個當下都是資訊有限的一次選擇。在做出決定時，他並無法確定與想像歷史的走向，而當這些選擇串聯起來，又會看到郭慶如何一步一步擴展自己的生活，變成世界史的一部分。

假使將歷史學者後來發掘出的結構複印回他三十一年的人生，也許我們也能跟著他走過這樣一趟，去勾勒出故事的輪廓，一開始我是這樣想的。跟著年表的頁數，好像可以一步步看到郭慶進入世界結構的過程。一九三〇年嘉南大圳完工，一九三七年中日戰爭，一九三九年米專賣制度施行，一九四一年太平洋戰爭，一九四五年日本帝國戰敗，中華民國接收，一九四七年二二八事件，中共派遣幹部來臺灣建立地下黨，一九四九年毛澤東宣布建立中華人民共和國，一九五〇年韓戰爆發⋯⋯。

但這還不是全部。

在郭慶任職貓兒干國校校長的少數故事中，有兩件郭素貞始終記得。一是父親生前好友轉述，郭慶常常批評政府不當的措施。在開會的場合，大膽提出許多不公平的問題，關於有些外省籍教師並不適任卻占用職缺，也抨擊政府機關的貪汙現象。二是根據當時擔任學校工友還沒十八歲的林佐思所言，向來慣例，工友除了協助學校庶務也幫忙校長宿舍的家事，但在郭素貞弟弟滿月酒那天，郭慶卻叫他不要只是端菜，坐下來跟家裡的人一起吃飯，反而郭慶自己端起菜來，並且鼓勵他重新上學念書。

或許，對郭慶來說，這是兩件相連的事情，讀書認識這個世界的樣子，然後思考這個世界應該是什麼。

郭慶與他同時代的人所經歷的，不僅是一個一個的年分數字。對於身在其中的他們，這些大事記之間充滿空白，年表的下一頁也還沒有印製。認識到一個更大的世界，然後詢問自己，還沒有寫定的空白裡面應該有著什麼，兩者加在一起才構成了他們的生活。在今天，看著歷史年表上的敘述，能得到的仍然極爲有限，但這個有限使我們能走向六十年前郭慶眼前的世界，不會以爲我們都已經瞭解了。只要將他的故事與日後的解釋像描圖紙一樣合起，在最後線條疊上的時刻，我們就會發現還是有不及之處，然後才有機會將這些空白視爲我們知道的故事裡不可或缺的一部分，去察覺今天我們的追蹤和當年他們的軌跡是否靠近——世界那麼廣闊，所知那麼有限，而我們只有在空白中尋找和此刻的連繫。

只看前半，郭慶的軌跡是日本殖民現代化過程中，臺灣人社會地位爬升的一例。包括國小的義務教育與相應的師範學校，從城市延伸到地方的書店，提供獎學金的農會……，現代化文明與統治的機制，從裡到外改變了雲林鄉間一個家庭的生活，讓一個連土地都沒有的貧困家庭，在殖民現代化帶來的可能中，以自身的才能抓住機會，成爲地方上受到敬重的國校校長。

殖民統治與現代化並不只帶來好處，也帶來更多對資源的榨取。地方稻米與甘蔗的產量提高了，卻貢獻給日本資本家掌控的製糖會社與農會。同時政府的支配更深入基層，將篩選出的地方菁英塑造成統治者所要的樣子。然而另一方面，在這過程中形成的新網絡卻是開放性的，提供了一個屬於所有人的空間，讓不同的聲音得以競逐，儘管是充滿權力不平等的競逐。

郭慶在自傳中提到的，就讀師範學校時感受到的壓迫正是如此。殖民當局將臺灣人與日本人的小學教育分開，到中學才同校。那一代許多人的回憶中都提到，中學、師範與專業學校中的經驗，使他們察覺日本統治的差別待遇，因此激起反抗意識。現代化的制度一方面宣告了所有人的平等，又用來爲不平等服務。那便使得人們不只在這制度的邏輯中尋找爬升，也可能因此察覺到不平等，進一步透過新的網絡來想像新的社會。

在同時代人們的回憶中，常會提到太平洋戰爭時期日本軍國主義的口號「八紘一宇」。[6]在街頭旁觀出征的遊行，抬頭爲旗幟上的字樣目眩神往，他們第一次接觸到將國家與青春結合在一起，將肉身獻於更廣大世界的經驗。那並不只是軍國主義的滲透，也使臺灣各地的青少年開始有機會設想，從這條街道開始而讓整個統治制度成爲我們的東西的可能。離開出生的村莊，各級學校的同學、學長與學弟，以及到了城市中親緣地緣的關係，都形成新的網絡。隨著戰爭末期殖民壓迫的強化，這四個字背後粉飾的謊言露了出來，殖民帝國消失，但是這樣的連結沒有消失，置於新的東亞局勢中，他們反過來以臺灣爲單位，思考自身的未來。

海ゆかば，水くかばね，山ゆかば，くさむすかばね，大君のへにこそ，死なめ かえりみはせじ。

我若由海路行走，將不惜成仁為浸在海水的屍體；若由陸路行走，將不惜成仁為被野草裏包的屍體，我為大家，為社會，為國家犧牲捐出我生命，義無反顧！（〈海行兮〉，陳英泰譯）

在戰爭末期，即使是國小也不免於戰爭的宣傳與破壞，在竹山任教的年輕郭慶，或許也有著類似的心境，因此在戰爭結束後決定前往臺北，而有了後半段，有了難友陳英泰回憶中他唱著軍歌〈海行兮〉緩緩走出監所鐵門的死亡。

郭慶在自白中提及，戰後於臺北任教，一次拜訪雲林同鄉，剛好西螺鎮長廖萬來等人來臺北洽公，而遇到戰前到日本留學的縣參議員廖清纏。[7] 後來回到雲林，也常到廖清纏家討論社會問題，認識了與廖清纏同爲地下黨員的鍾心寬，與後來一起入黨的廖學信等人，借閱《新民主主義》、《觀察》、《時與文》、《時代》、《東風》等書籍雜誌。就像難友日後翻譯的中文歌詞，日文裡的大君——那與臺灣人無關的天皇，在時代的動盪裡，終於被他們重新唱成了大家、社會與一個想望中的國家。

從雲林的農村小孩，成爲鎮上的書店學徒，再到臺南的師範學校，到臺北，然後回到雲林老家，繞了一圈，這時的郭慶既是當年街道上的小孩，也是更大世界的一部分。透過私下傳閱的書籍雜誌，將自己與從來沒有去過的南京、延安、上海、北京，以至於華盛頓與莫斯科連結起來。在有限的資訊下，試著在一個更廣闊的視野中，思考自己的行動，如何面對國民黨政權——這樣的角度，比起日後用統用獨用冷戰體制來界定他的認同，或更接近於那個時刻。

作爲世界史的一部分，作爲彼時各式各樣死去的其中一位，郭慶並沒有撼動什麼，但正是因爲從這樣一個平凡而堅定的行動者身上，才揭示出當時處於動搖變化中的世界。也只有透過他人生的整個過程，我們才能試著回答，他爲什麼放下年邁辛勞一輩子的母親、頂住娘家壓力堅持在一起的妻、年幼的兩個孩子，冒著可能與他們分別的痛苦，那並不只是一時的熱血，而是以自己對局勢的判斷加入地下黨：並不只是爲了一個更大的事物，而是爲了身邊的人的未來。

一九五二年四月過後，大事記的年分數字繼續增加，照著世界史的結構繼續開展。然而在有限中，行動者的所作所爲總是超過了概念與結構，從對世界的認識開始，然後去改變身邊的種種，既尋找也創造新的連結，來到世界史未能解釋、在某一天將從這裡開始反轉的地方。

就像我們看到的，在那個村子裡，儘管有一邊問廖玉霞生活費夠不夠、一邊叮嚀「不要再來找我」的郭慶老友，在路上相遇回答「被抓進去就是這樣，供出誰也沒有辦法」的組織上級；但也有著每人捐三十塊推派代表搭火車去臺北探望校長的民眾，用腳踏車載著校長娘到處奔波求援的工友。「在那個最壞的時代，我們也遇過最好的人」，郭素貞這樣說。

那些連結並沒有在槍響後消失，在這個村莊、小鎮、城市、島嶼以至於國家被納入現代化體制的過程中，郭慶留下了一些寶貴的、不同於體制邏輯的東西，比那體制更強韌，像是工友林佐思在五十多年後辭謝郭素貞紅包時的話：「不能收的，收了恩情就斷了。」

這樣在世界上活過的

解嚴以後，氣氛比較鬆動，我一邊尋找資料一邊跟媽媽問起爸爸的事情。但是媽媽翻來覆去，總是對爸爸不諒解，往往整個下午就不開心地過去了。只有一次，她突然跟我說起爸爸被抓走那天的黃昏。那時候我大概兩歲多，她牽著我的手，帶我到校長宿舍後面，沿著糖廠火車的鐵軌走著，然後叫我雙手合十禱告，默念：「上帝上帝，保佑我爸爸快回來。」

這樣，我們便可以再往前走。

從臺北東區往南，轉進和平東路，再到崇德街，在底端往山上走去，大約半個小時的路程，便是「戒嚴時期政治受難者公墓」的指標。沿著階梯，繞過前面的小廟，就會看到向下的斜坡，高高低低插著方磚大小的石塊。聽著郭素貞對學生的導覽，恍然會有錯覺：對郭慶與他的同志而言，這裡是最後的終點，而對郭素貞來說，這裡也是新的起站。

「沒有看到屍體，就會存著一種幻想，有沒有可能他還活著去了綠島，或是逃去中國大陸。」在娘家時，家裡從來沒有掃過墓，也沒有跟她談過父親的事。後來結婚，夫家都會掃墓，每年清明的時候，郭素貞便特別想念爸爸，甚至一度想去觀落陰。「如果有個墓可以掃多好。如果知道他的屍體在哪裡多好。」

當年在馬場町被槍決的政治犯，家裡領回屍體，每一具要再給政府五、六百元的費用，等於一般公務員的三倍月薪。比較幸運的——如果能用幸運兩個字——及時得到通知，湊出足夠的錢來領回屍體，還能見到親人的遺容，但更多的家庭卻由於路途遙遠訊息耽擱，或是失去家庭支柱無力再拿出一筆可觀的金錢，而沒能見到倒下的親人，所以即使後來有了能力，也沒有可祭拜之地。

這些家庭的痛，一直到一九九三年才得以告慰。當年兄長徐慶蘭先參與了地下組織，後因苗栗銅鑼支部案被捕的曾梅蘭，出獄後始終不放棄尋找亡兄，最後從當時協助極樂殯儀館的土公得到線索，在六張犁山上的蔓草底下發現亂葬崗，才找到那些沒被領回身體的下落。曾梅蘭通知受難者互助會後，大家繼續探索，在附近三處總共找到近兩百個墓。六張犁墓地的發現，讓郭素貞終於看到父親的墓碑：一塊小小的石頭，刻著名字與槍決日期，而時間已經過去了四十年。「看到了，你才眞正劃下一個句點，能開始接受它，不會一直想東想西，總算有個地方可以祭拜他了。」

原本連供奉的寺廟都安排好了，但撿骨時什麼都沒找到，又讓郭素貞有些失望起來。連一根骨頭一顆牙齒都沒見到，師傅說可能是底下的泥土移位，又或因爲墓地地勢潮溼，壯年的骨骼容易化掉。直到一次爬山遇到會看風水的山友，對方提醒說，「只要常常想念妳爸爸，妳就跟爸爸在一起了。」她才整個釋然，豁然開朗，開始做一些事，蒐集遺書，把這些長輩的事情記錄下來。「既然骨頭都找不到了，比起飄飄渺渺地上一炷香，做這些他可能更高興。」

從彷若落幕的終點回看，聽著郭素貞溫婉的聲音，彷彿事情便這樣過去、放下，但是對她來說，走到這終點卻要經過六十年的時間，經過片段的故事背後那些找回、確認記憶的疼痛。

◇

郭慶被捕後，娘家非常驚訝。「好好的女婿當到校長，怎麼會去做這種事？」雖然也心疼女兒、主動照顧女兒，但言談之中不免抱怨。「外公曾說，要麼你不要結婚，要麼就不要參加。」郭素貞和母親、弟弟一同回到外公家，雖然親戚並沒有給母親壓力，但那壓力卻是無形的，「不管到哪裡，每一雙眼睛都在看著妳、質問妳、可憐妳，去搭公車，剛坐下，旁邊的人馬上就站起來。」失去家庭支柱，母親申請復職教書，從學校寄來的公文，寄件者甚至會自己剪一個缺口，表明沒有祕密。而父親從監獄寄回來的明信片、照片，都在看完後燒掉。郭素貞還記得小學一、二年級曾經看過一張明信片，上面寫著「心平如鏡」，但後來怎麼找也找不到。

因爲這樣，母親沒多久便下定決心改嫁，帶著她離開雲林前往臺南。繼父是外省人，郭素貞推測，大概是來查戶口時與母親認識的。母親答應再嫁的時候，提出一個條件：要養大兩個小孩，把戶口上的紅字消除掉，讓他們成長中不用受到侵擾。

郭素貞回憶中，家境懸殊的母親與父親是自由戀愛。外公家開碾米工廠，外婆家是當地的大地主，父親雖然是小學校長，卻並不富裕。但母親是文學少女，有著浪漫的心。當父親還在臺北時，就讀虎尾女中的母親便曾央求同班同學陪她搭火車去探望。等到父親回鄉，母親又在家裡的疑慮下堅持結婚。從小被呵護的母親，嫁到貧窮的郭家，連灶火都不知道怎麼生，在當時大男人主義的臺灣社會，父親竟自己做起了家事。儘管不被親戚看好，卻也在戰後的紛亂中開展了幸福的生活。

郭慶被捕後，二十三歲的廖玉霞一夜被迫成熟，也變了個性，怨懟丈夫拋下自己。同時爲了保護子女，抱著對丈夫與家庭的深愛，廖玉霞改嫁他人，從此不願再提起往事。比丈夫小七歲，廖玉霞正值青春卻被迫中斷幸福的生活，往事到了解嚴後仍然作痛。郭素貞說，母親一提起父親只有罵和怨，所以她一直不敢多問當年的事。

小時候在外婆家門口玩耍，鄰居阿姨往往會心疼地說，「好可憐，這麼小就沒父親了。」母親改嫁時，郭素貞已就讀國小，依稀明白後來同住的是繼父，但在這樣的情況下，一直沒能開口，只能在心裡給不記得樣子的父親留下一個位置。然而也在這裡，從這個沒能開口的問號開始，郭素貞平凡的生活一點一點地改變，與一個更大的世界相遇，然後決定自己的行動。相對於郭慶的剛強敢言，郭素貞與世無爭的個性彷彿位在另一端，但是從今天回頭看，郭素貞追尋父親身影的經過，卻早已與郭慶從農家小孩到地下黨一員的歷程疊合起來，在那上面，祖母牽著童年的父親，而母親牽著小時候的她。

◇

一九六五年加工出口區成立，一九六八年九年國教施行，一九七八年臺美斷交，一九七九年美麗島事件，一九八六年臺灣人均GDP突破五千美金，一九八七年解嚴……。與戰後長大的那代人一樣，郭素貞從小接受的教育是不要多問不要多想，好好努力念書以在臺灣社會變化的過程中，尋求一席安身之地。一九六八年，郭素貞來到高雄師範學院念書，正是七賢路的美軍酒吧最蓬勃的時候，作爲後勤軍港的高雄，迎來一船一船休假的越戰士兵。但那時的她和他方的戰場是那麼遙遠，從沒想過父親的死與冷戰的開啟有著密切關係。只是，在看似平凡的生活裡，郭素貞卻一直有著和其他同學不同的缺口。

「以前我的日子過得很封閉，話很少很少。入學的時候要塡家庭狀況調查表，我繼父是外省人，同學就會問說：妳是外省人啊？但事實上我不是，我很怕人家問我是什麼人，妳爸爸是什麼人，妳媽媽是什麼人。覺得最好不要跟人講話，最好大家都不要來跟我講話，把自己關起來。避免讓人知道我有一個生父，我是人家的養女，有一個爸爸是死掉的，不敢面對那樣的現實。」

「以前我對政治完全無感，基本上，教育圈非常封閉，能接觸到的也是國民黨。那時候我在羅東高中教書，投票之前先開會，上面就告訴你二號，你就投二號。蔣中正過世的時候，很多老師被動員，到臺北排隊瞻仰遺容，也不會有反感的念頭。我是乖乖牌，他要你怎麼做就怎麼做。」

最早知道父親不是病死，是在初中的時候。就讀彰化女中寄住在阿姨家的郭素貞，意外從表妹口中知道「妳爸爸是被槍斃的」，也才知道她看什麼書阿姨都那麼緊張的原因，連小說都不該看，只要看課外書都嚇得要死。但那時候也只隱隱約約知道父親的死有隱情，並不敢多問，阿姨也不敢講更多，只在心裡牢牢記著這句話。後來念了高雄師範學院，認識擔任班代的先生，畢業後到羅東高中任教，組成家庭照顧小孩，日子忙碌，儘管沒有忘記，卻也不知道從哪裡問起。

一直到三十多歲，一九八〇年代中期，政治氣氛逐漸改變，郭素貞才有機會從臺灣的歷史中勾勒父親的身影。丈夫是宜蘭人，也是林義雄的高中同學，帶著她去聽陳定南的競選演說。那時小女兒很小，丈夫把兩三歲的她扛在肩上，一家三口在臺下聽著：「只有一個黨就好像廟口只有一家賣麵的，他怎麼煮你怎麼吃。如果有兩家切仔麵攤，有競爭，你的麵就會多一塊肉。」

郭素貞回憶中，那是第一次的政治啟蒙，儘管沒有因此就確立鮮明的立場，政治卻更加細微地進入日常生活，郭素貞開始會去想：「原來政府可以被批評，人民可以對事情有自己的看法。」「不管是獨是統，每一個人都有他的自由，不應該被限制。」

也在那幾年，二二八事件開始可以公開。阮美姝《幽暗角落的泣聲》出版，在報紙上引起廣泛討論，看到消息的郭素貞覺得父親可能跟這有關係。「那時候每天都泡在圖書館裡面，翻閱所有跟二二八有關的書，想說會不會寫到爸爸的事。看到了王添灯的名字、其他人的名字，雖然最後都沒有父親的名字，但開始知道，父親是政治犯。」

然後到了九〇年代，因爲六張犁墓地的發現，郭素貞認識了幾位當年參加地下黨被捕的長輩。但是長久禁錮下，即使面對難友的女兒，他們也難以開口，多半避重就輕，往往說只是讀了一本書，幾個朋友聊天抱怨時局就被抓走。他們也談起國民黨的不人道與可惡，談起在綠島新生訓導處集中營的生活，「但是沒有一個人直接跟我說：對，妳父親就是共產黨，我們就是要推翻國民黨。」郭素貞只能在李敖編的《安全局機密文件——歷年辦理匪案彙編》書上找到數行資料：「虎尾支部案遭檢舉共有三十餘人涉案，包括……郭慶……」

雖然當時已解嚴了，一九五〇年代的地下黨在四十多年後仍然未能公開。一方面，五〇年代中期之後，國民黨政權日益穩固，民間不復大規模的反抗，最多是私下吐露不滿，情治系統肅清的對象從有組織的地下黨人，轉爲塑造整體社會的恐懼氣氛，許多政治案件不脫羅織附會而成，形成人們對白色恐怖多是冤錯假案的認識。《補償條例》也注明針對「參與叛亂確有實據者」不予補償，使得許多受難者迴避說出當年組織的情況。另一方面，多年之後，有的參與者轉向臺獨立場，有的依舊對紅色中國抱持期待，前者不願多談參與地下黨的過去，後者則認爲自己的理想很難被社會理解，導致早期的口述歷史多半有所保留。

郭素貞卻不這樣想。或許因爲生長環境與父親有著一段距離，卻又期盼靠近，不同於一般人對政治犯與共產黨的害怕，也不同於許多第二代家屬與長輩之間不能互相理解，郭素貞從一開始就沒想過父親是被冤枉的，不曾把父親看成單純的受難者，也沒有把他看得過於高大，只是想知道他是怎麼做了這個選擇，怎麼走上那條政治的路，他是怎麼想的，又希望女兒怎麼做。然而確認這些又是幾年後的事了。

◇

一九九八年，《戒嚴時期不當叛亂暨匪諜審判案件補償條例》通過，郭素貞申請補償時第一次拿到判決書，上面寫著郭慶閱讀過的左翼書籍，開始逐漸認識父親。在那幾年裡，郭素貞與互助會的長輩往來更加密切，也開始協助臺北案件的陳英泰。[8]校訂回憶錄，對那個時代的年輕人怎麼走上這條道路有了瞭解。

陳英泰從一九九六年著手撰寫回憶錄，一直到二〇〇五年才出版，費時十年。在多數參與者仍然噤口的時候，陳英泰便決定把自己與同志們的事情盡可能眞實地寫下。既不諱言後來轉向臺獨的政治立場，也不否認曾經作爲中國共產黨員的過去，在這之中澱積起歷史的重量與厚度。「陳先生告訴我，那時候不管有沒有參加，想要尋找一個地下組織，一個能對抗國民黨的組織，是很普遍的事。」

「退休之後，我比較不害怕了。不怕人家來問我，也不怕有安全上的問題，比較積極去參與。陳英泰先生常常會反問我，妳爸爸為什麼會這樣妳知道嗎，當時的狀況是這樣……」

在那本既是自傳也是為已死同志立傳的回憶錄中，陳英泰寫道：「這些受難者個個都是升斗小民，很多人遭屠殺，倖存的也被限制無法有什麼成就，成為社會的邊緣人。我祈求本回憶錄可當一些邊緣人的 Who's Who，使其家人、朋友與想知道的人作為參考，他們若完全被歷史埋沒，是極其不公平的事，因他們當時都是社會菁英，至少是代表社會正義與清流的一些人。」

「我覺得他是滿了不起的，他敢走這一條路，他自己的路，至於是對是錯，我們沒有辦法給他定論。那是他選擇的路，至少現在我認為那是對的，要是我，我也會這麼做，雖然也許我沒有那樣的勇氣。」

已過中年的郭素貞，在長輩之中更像個年輕人，安排聚會出遊旅行，幫忙校對與整理回憶錄，舉凡種種都一一協助。就像許多長輩看到她有如看到自己的女兒，她也在與這些長者的相遇中，一筆一筆勾勒父親的身影，然後在檔案開放時，確認了父親真的是一位共產黨員。

因為這樣走過，到了檔案終於申請下來時，對她而言與其說是震撼，更像是長年以來在心頭反覆想著的事情終於得以落定、得以劃下句點。那些遺書、自傳、自白書上的筆跡，那些爸爸寫的字句，像是一種連繫，把那些追尋的資料與生活連結起來。訴說著，那個曾經抱過弟弟、曾經牽過她的爸爸，是這樣眞正在世界上活過，這樣思想，活生生的一個人。

經過六十年，二戰後重新劃分疆界的時代變得遙遠，模糊的認同與期待開始變得固定清晰，在關於臺灣如何能夠更好的課題上，有些長輩堅持對紅色祖國的期望，有些長輩則轉而對臺灣獨立的嚮往，熱情與針鋒相對之間，彷彿他們猶原年輕。「中共也有過文革、也有過六四，民進黨也有後來的貪汙」，在這些政治意識之間，郭素貞並沒有任何預設的立場，與不同傾向的長輩也都處得很好，那大抵是因爲，她所要找的父親並不是特定意識形態的形象，而是作爲一個人眞實活過的樣子。

這樣的態度，也許比什麼都更接近郭慶留下的白紙與遺書中沒有說出的話。在各處地下黨支部的面貌逐漸透過口述史重建之際，雲林案仍然是資料最缺乏的一個，但也因爲缺乏，使我們有機會擺脫日後形成的歷史解釋，更加貼近那些年輕的、不知道日後世界將往哪裡走去的人們，靠近那個檔案還不是檔案的年代。

那些只有名字與日期的石塊，像是在斑駁中這樣說著。雖然加上「政治受難者紀念公園」的名字，但它們卻不是整齊的紀念碑，從一九五〇年代開始磨蝕的痕跡，既關於日後的所有歲月，也通往名字還沒有被記下、還沒被賦予解釋的時刻，它們要求我們面對它們原本的樣子，作爲一個人，在那個時代。

而或許這也是爲什麼，直到今天，儘管墓碑下並沒有遺骸，郭素貞還是常常走到六張犁山上。根據臺灣的習俗，親人撿骨後的墓碑要敲碎，更不可能放在家裡，但丈夫卻顧念她，問她要不要把墓碑搬回家，幾經考量，郭素貞最後還是決定就讓墓碑留在現場。這個唯一可以接近父親的地方，看似刻滿受難者的名字，對她來說卻像客廳一樣親切。當年那個小女孩的禱告儘管沒有實現，但在六十年後，卻在父親最後埋骨之處找到了像家一樣的地方。往市區眺望，臺北一〇一的高樓清楚可見，像是說，這些事情眞的被遺忘很久了，也像是說，它們眞的離眼前的臺北並不太遠。

1 此段引文出自郭素貞接受《壹週刊》（二〇一二年八月二日，五八四期，頁九二）採訪時所說的話。
2 同注1。
3 全名是臺灣地區政治受難人互助會，一九八六年成立，主要成員是一九五〇年代白色恐怖受難者與家屬。
4 在國共內戰時，中國共產黨稱國民黨統治區域爲白區或國統區，相對於自己控制的紅區或解放區。
5 一九三一年三月，日本統治當局加強對臺灣共產黨的清理，許多成員遭到逮捕。此時農民組合與文化協會尚未受到波及，其中的左翼分子成立赤色救援會，試圖以合法面貌掩護來重建臺共組織。但在警察機關對全島的嚴密監控下，很快地也在那年年底被破獲鎮壓。

6 二戰中日本提出大東亞共榮圈，標舉「八紘一宇」的口號倡導天下一家，所有人都是天皇的子民，用來正當化對東亞的統治，強化對各殖民地人力的動員。這個曖昧的口號，激起殖民地民眾去想像，認爲差別待遇有機會變得平等，但實際上只是爲了榨取更多的資源，旋即帶來幻滅。

7 鍾文音在《昨日重現》書中寫廖清纏留俄，乃誤植。廖清纏乃留學日本，曾於一九三〇年代參與東京的「臺灣問題研究會」與「東京地方委員會城西地區高圓寺第十五班」等組織。

8 陳英泰，一九二八年生於臺北，臺灣大學法學院商業專修科畢業，一九五〇年任職臺灣銀行時，由於參加地下組織而被逮捕，判處有期徒刑十二年。晚年寫下《回憶，見證白色恐怖》、《再說白色恐怖》等書，爲白色恐怖時代的青年留下大量親身見證。

案情簡介

郭慶，雲林西螺人，涉及一九五二年判決的「省工委虎尾斗六區委會莿桐支部等案」，於一九五二年四月一日，與梁九木、李日富同處死刑，享年三十一歲。

雲林的地下活動，自二崙鄉為始。一九四八年，二崙鄉公所總幹事鍾心寬、縣參議員廖清纏等人，於二崙與鄰近鄉鎮推動「減租」等農民抗爭。郭慶與他在莿桐結識的友人廖學信，於一九四八年底加入地下黨。最初，郭慶於莿桐推動農運；一九四九年春天調動至崙背貓兒干國校（今豐榮國小）擔任校長，改於當地佃厝一帶推動減租而與鄭姓地主對抗。一九五一年，藏匿於土庫新庄仔「老農組」謝達家的廖學信被捕，選擇自新，旋即造成郭慶與鄰近鄉鎮成員被捕。鍾心寬、廖清纏逃亡數年，日後判處死刑與十五年徒刑。廖學信則轉任調查局幹員，數年後辭世。

一九五二年四日一日，郭慶遭槍決，留下遺書五封，但為官方沒收，直到二〇一二年才歸還家屬。爾後，出身虎尾的妻子攜子女遠走他鄉，改嫁警察。一九九三年，子女才在六張犁重新被發現的亂葬崗，見到郭慶消失多年的墓塚。

◆以下依序為

郭慶給妻子的遺書

郭慶給岳父母的遺書

郭慶給母親的遺書

郭慶給哥哥的遺書

郭慶給兒女的遺書

遺書

玉霞，親愛的吾妻：

(一)夫妻中途而別，對不起您，請您原諒吧！

(二)假如可能，希望您再婚！

(三)志遠、素貞的將來一任您，托您設法使他們姊弟進學吧！

夫
慶
一九五二、三、五夜
備寫于軍法處看守所二五房。

(四)一個人總是有一天要死的，請您們不要過份傷心吧！

夫
慶
一九五二、三、廿六夜
寫于軍法處看守所十七房。

(五)祝健康、幸福！

一九五二年四月一日上午六時　分最後寫于

絕筆

遺書

親愛的岳母父親大人：

(一)對不起您們，請您們寬諒吧！

(二)玉霞、素貞、志遠，請 岳母父親大人賜予善護吧！

(三)祝 尊安！

一九五二年四月一日六時 分絕筆

壻 慶 謹寫于軍法處

223

遺書

親愛的母親大人：

(一)対不起您，請您寬恕我吧！

(二)玉霞、素貞、志遠的將來請您們一任玉霞吧！

(三)請您不要過份傷心吧！

(四)敬祝 尊安！

兒 慶 一九五二.三.廿六.夜 備写于軍法處看守所17房.

一九五二年四月一日六時 分于 絕筆

372

24

遺書

三、廿六、刪除

日仁哥哥：

(一) 請覓未領屍，不要營葬。

(二) 請您安慰母親，勿使過份悲傷。

(三) 吾妻子生活、教育，請儘量幫忙！

(四) 祝您們康安！

弟 慶

一九五二、三、五、夜
備寫于軍法處看守所二之房

一九五二年四月一日早六時 分于17房 絕筆

遺書

可愛的素貞、志遠：

(一)長大了以後要孝順你的媽媽才好！

(二)祝您們健康、快活！

您的爸爸 慶 一九五二．三．廿六．夜 寫于軍法處看守所17房

一九五二年四月一日六時 分于 絕筆

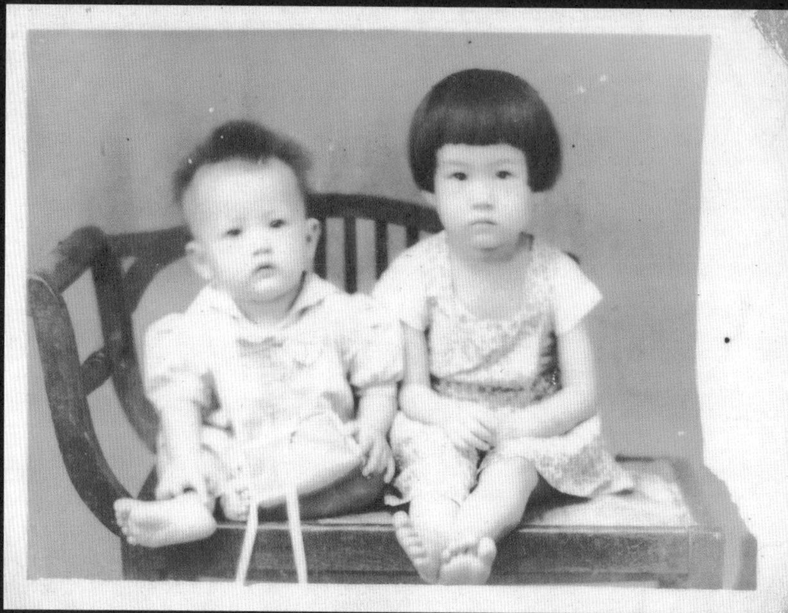

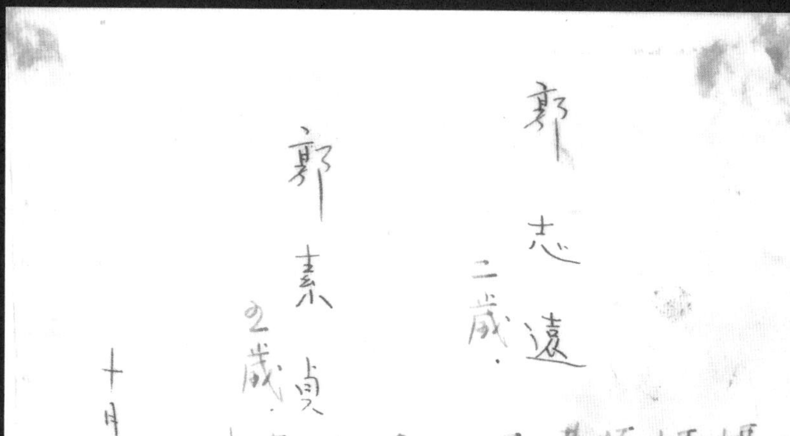

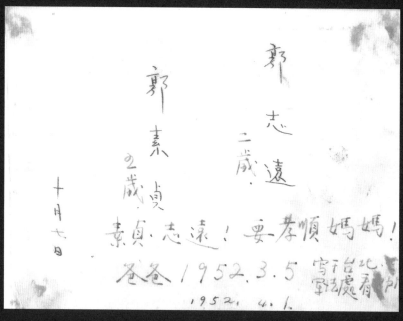

郭素貞五歲時與兩歲的弟弟郭志遠合照，背面為郭慶於臺北軍法處看守所留下的字跡。

①

②

① 擔任貓兒干國校校長時的郭慶。郭慶於臺南師範學院畢業後，分發到南投竹山國校任教。一九四五年戰爭結束後前往臺北，白天在龍山國校任教，晚上到延平學院夜間部進修。一九四七年二二八事件發生後，延平學院停辦，郭慶回到雲林莿桐國校任職，之後調任貓兒干國校校長。

② 郭慶槍決前的照片。一九五一年五月二十日早晨，郭慶於雲林貓兒干國校遭逮捕。一九五二年四月一日郭慶於馬場町遭槍決。家屬直到一九九三年之後才在臺北六張犁的亂葬崗找到郭慶的墓碑。

後記

並不是因為他們的正確

林易澄

爲那些封存在倉庫的檔案，爲那些只在灰塵裡留下腳印的人們，讓遭禁錮的沉默，在許久以後說出他們的故事，這是二十世紀後期的歷史研究最激動人心的嘗試。人們開始察覺，我們生活的世界並非理所當然，而是由種種制度和安排在時間變幻中建立起來的。近代國家與社會的形成，爲了確保秩序的劃一，許多事物與名字被排斥與驅逐，而我們的回應是，透過他們留下的碎片，重新奪回屬於公眾的歷史記憶。

但這也是最危險的地方，因爲死去的人不會開口，我們很容易從試著聽他們說話，變成了代替他們說話。我們知道了並且太過知道後來的事情怎麼發展，便在不知不覺中把今天的觀點與材料，帶給當時就著有限資訊試圖尋找出口的人們。「他一輩子的願望就是……」、「如果活到今天他一定會……」，然而他們之所以讓人心折，並不是因爲他們的正確，而是在充滿未知、不確定與危險的時刻，他們仍然努力把生活變成屬於自己的東西。

剛開始接觸一九五〇年代臺灣的政治案件時，郭素貞阿姨是我們最早聯繫拜訪的長輩之一。事隔多年，由於雲林地下組織的參與者多已故去，詳情仍不清晰，所能得到的只有檔案裡的字句，不像其他案件，經由許多長輩的口述史，得以勾勒出大致的輪廓。但是這份未能完成的空白卻像是一個提醒：重建的工作不僅在六十年後展開，也必須不斷回到那個時刻。

相較於革命烈士、政治受難者的歷史定位，郭阿姨始終想要知道的是：父親是怎樣的一個人。這是不能用線性的歷史解釋來回答的，相反的，這要求我們必須去提問：在那個歷史時間點上，他們看到的世界是什麼，他們用什麼方法與框架來認識它，決定做出什麼行動，那些與後來的世界之間的距離有多遠，又有多近。

這個過程沒有結束的終點，而是不斷地告訴我們，自己以爲已經知道的其實並不完全，我們必須再度回到那些青年與他們所處的臺灣。就像郭阿姨所說的，十多年前每次她問陳英泰先生何時回憶錄才會出版，怎麼那麼慢，陳先生總是說還沒好還沒好，還要一個一個去問難友：「那個時候是這樣子嗎？」

新版附記

時間刻度

林易澄

「這是房子的後門，小時候在附近玩，回家都從這邊進去……圍牆外面是臺糖的鐵軌，不知道還在不在……」

二〇二一年十一月，我們陪同郭素貞阿姨來到豐榮國小後方的樹林。操場上，小學生正踢著足球。經過七十年，阿姨終於再一次踏上小時候住過的地方。

貓兒干國校校長宿舍拆除後，校方一度想作成花圃，只是花一直長不好，最後只留下來一片木麻黃。跟著阿姨的回憶，當年情景一一浮現在眼前，彷彿可以看到在逮捕發生之前，那個活蹦亂跳小女孩的身影。

那麼長的時間，那麼多的情感，但阿姨只是和大家說說笑笑，像是才離開沒有多久，像是今天只是一個平常的早晨。

之前回來，一直沒能走進的校門，爲什麼在這一天決定跨過去了呢？那天，在林佐思先生家，我一邊看著阿姨與重聽的他溫馨地開玩笑，一邊想著這個問題，但到最後，還是沒有問阿姨理由。

我想，那答案並不是在這一天，而是在更早，在阿姨平實地去追尋追問郭慶先生是什麼樣的一個人，在那樣的每一天裡面。因爲沒有把父親看作烈士，這一天便沒有變成一個沉重的，屬於歷史儀式的日子，而是一個雲淡風輕的，開闊的早晨。

或許也因爲這樣，在這趟旅程裡，意外的，卻又像早就在此等待，我們也得以與多年前留在地方的日常記憶相遇——就像先前阿姨與陳英泰先生等前輩的相遇一樣。

傳凱在地方辦的小型展覽，串聯起許多線索。有當年的學生帶來畢業師生合照，就著上面的身影一一憶起學校的樣子。農會的朋友聯繫上另一位工友廖纔藝先生，他告訴我們怎麼從貧窮的流浪兒到了學校，開始識字，也告訴我們逮捕發生那天目睹的情形。

儘管郭慶在這間國小只有短短幾年的時間，但是在七十年後，人們關於他的回憶卻那麼鮮明，甚至比當年他投身的社會主義、根據歷史規律所預言的未來還要長久。

當車子發動，我們從廖先生的養鴨場準備離開，超過九十歲的他，又從門口走了出來，似乎想多說些話，然後再停了下來，找著要說的句子。

「如果他還在的話，就是一百年了啊。」

我愣了一下，才想到在二〇二一年，郭慶先生已經一百歲了。

他沒有再往下說，但揮手告別後，車子開在雲林縣道的時候，那句話與那泛紅的眼眶，一直在我的腦中徘徊。

關於一個世紀的時間刻度，卻又匯聚在一個人的回憶。

那像是說著，如何去理解這一百年，我們還有許多工作要做，說著，要去理解那些把普通的人們捲入歷史漩渦的力量，文明、國家、資本、各種主義、各種革命……，都先要回到地方生活的日常裡，才能掌握它們的意義與可能性，就像郭慶與許多前輩當年嘗試去做的一樣。

重訪雲林

二〇二二年補記

林傳凱

二〇一五年，林易澄完成本文後，我們仍繼續追尋郭慶的足跡。到二〇二二年，隨著新的見證者、政治檔案出土，我們對他生前走過的道路，有了比先前更多的一些認識。於是我以補記的形式，將相關資訊寫下來。

郭慶與跟他案情相關的廖學信，都是出身西螺的少年。他們同樣自幼喪父，由母親養育成人。不同的是，郭慶考上臺南師範，成爲教師，先後在南投竹山與臺北市任教，直到一九四七年回到雲林莿桐國校服務。回鄉後，他與畢業於虎尾女高的妻子廖玉霞結婚。雖然妻子的娘家是虎尾水道頭一帶的地主，家長反對這段婚姻，但兩人終因自由戀愛結爲連理。

廖學信的命運則不同。父親過世後，他被母親帶至莿桐，由母親做裁縫養家。廖學信成績不錯，二戰末期，公學校畢業後，一度在莿桐國校任教。不過期間遭遇祖母精神失常，常於家中吵鬧，連帶使廖學信神經衰弱而於兩年後辭職。不料，沒有背景、身體衰弱的他，從此失業達十年。除了依賴弟弟在莿桐「道生診所」作差外，他只能以擔任糖廠「蔗農代表」等臨時工維生。也因為貧窮，他在戰後遇到付不出聘金而眼睜睜看愛人嫁給別人的痛苦，也看過童年玩伴經商失敗而遭眾人迴避的窘境。

郭慶與廖學信的相識，是在一九四七年的莿桐。當時，一人是教師，一人是失業青年，兩人卻有相仿的背景，因此分外親密。順帶一提，日後槍決的莿桐少女高草，當時也在莿桐國校任教，於一九四八年後才北上在《公論報》、臺大醫院服務，爾後在臺北捲入地下組織。

根據二崙鄉政治犯廖清纏（自首後判刑十五年）的紀錄，一九四八年間，郭慶、廖學信的感情已經很好，經常到二崙與他討論時局。也是在這時，他們認識了正在二崙籌組地下活動的二崙鄉總幹事鍾心寬（後槍決）。郭慶與廖學信便在鍾心寬的邀請下，於一九四八年下半參與地下組織。

最初，是由郭慶籌組莿桐小組，爾後擴張成莿桐支部。由於一九四八年間，全臺普遍出現地主漲租的狀況，田租一度高至六〇%。他們的活動，主要在莿桐埔仔村、莿桐村一帶，以政府於一九四七年公布卻未執行的「三七五」規則，協助佃農爭取「合法減租」。組織的成員，陸續有莿桐國校教師廖丁賀（後自首）、農民梁九木（後槍決）、鄉公所職員林眞旗（後自首）、農民余新甲（判十年）、戶籍員張竹樹（判十年）。

一九四九年二月，郭慶調任崙背貓兒干國校（今豐榮國小）校長，改至崙背活動，莿桐的組織則由廖學信接手。因為無業，廖學信相對「自由」，除了莿桐，他也開始在土庫新庄仔、虎尾北溪厝農場、虎尾糖廠等處發展小組或支部。一九五〇年春天，他與因二二八入牢而於一九五〇年春天出獄的北港青年陳明新相識，組織更沿著與陳明新素有淵源的日本時代「農民組合」與「赤色救援會」網絡擴張至元長、北港、東勢、麥寮、臺西等鄉鎮，使他的接觸面更廣。

一九四九年二月後，郭慶專心於崙背任教，並在此地發展組織。當時，附近有新竹望族鄭姓族人來此購地，並由竹、苗招募貧窮的客家佃農開墾，形成中佃厝、東佃厝、西佃厝等地名。由於田租高，砂質壤土又不利農耕，郭慶便團結佃農「減租」抗爭。直到一九四九年秋季，二崙有小學教師遭懷疑是匪諜；一九五〇年春天，二崙國小的地下黨負責人廖學霖（後自首）又逃亡至虎尾藏匿。至此，鄰近鄉鎮的地下黨在山雨欲來的氣氛中日益保守。

一九五一年，廖學信藏匿於土庫新庄子的「老農組」謝達（後槍決）家。五月十八日，大雨滂沱中，特務突襲謝宅，逮捕了廖學信等藏匿者。根據檔案記載，廖學信被捕後，一度態度堅定，以死相逼。直到一名特務向他談起《悲慘世界》，並以尚萬強為例，說明「犯罪的人不一定是惡人」，因此會給他一條生路。等到廖學信以絕食抵抗時，特務又陪著廖學信一同絕食。至此，廖學信心防瓦解，在獲得特務「會給其他同志自新」的脆弱承諾後，交出組織。由於他所知甚廣，便成為雲林大逮捕的開端。

郭慶，是首當其衝的被捕者。在親歷的校工廖纔藝見證下，我們得知一九五一年六月清晨三、四點，學校周圍先有軍人朝天空開槍，接著，大批軍人闖進學校，在學校後方的木造宿舍逮捕郭慶。他們將郭慶用繩子綑綁臥倒在走廊，校工不斷哀求：「校長不是豬，不要這樣綑他。」語言不通下，廖纔藝衝去鄉公所找曾去上海讀書的一位本地公醫前來跟軍人溝通。郭慶依舊被綑，先押去學校對面的派出所，爾後上了吉普車。

之後的狀況，就與我們在二〇一五年的認識差距不大了。郭慶被捕後，面對廖學信的自白，他仍盡力在筆錄與自白中保留，也隱匿了虎尾糖廠程日華等人的案情。一九五二年一月四日，他獲判死刑，並於一九五二年四月一日槍決，享年三十一歲。

二〇二一年十一月二十八日，我們邀請郭慶的女兒郭素貞，重訪她久未造訪、甚至相當陌生的虎尾、崙背、二崙。在楊永雄、廖坤猛、廖炫欽及當地一群熱誠的文史工作者協助下，我們拜訪了文中提過的老校工林佐思，也見到了先前不相識的另一位老校工廖纔藝。分別拜訪兩位校工時，他們不約而同表示，不清楚校長有沒有政治身分，「但他都要我同桌吃飯，沒有架子。也鼓勵我們把錢存下來，好好讀書……」不同的人，卻有同樣見證。郭慶在他們心中，是沒有身分之別，對他們親切、友善、而且真誠關懷他們窮困處境的年輕校長。

當天，離開廖纔藝家時，原本微笑的他，突然眼光泛淚地衝出來，對郭素貞不斷說道：「說到這，我就真的很難過……妳父親，真的是很好、很好的人……」，「請妳相信，妳父親真的是很好的人……」

是的，在二〇一五年完成文章後，當我們重訪崙背，重訪曾經目睹風暴的人們，對於郭慶的家人，他們想說的也是同一句話，如同郭慶女兒的長年想像——「他是個很好很好的人。」

黃溫恭

踏碎了妳的青春而不能報答，先去此世……唉！我辜負妳太甚了！

——黃溫恭寫給妻子的遺書

老子就是臺灣黑五類

羅毓嘉

「老子就是臺灣黑五類！」黃大一啐了口氣，點起根菸。白色的煙霧瀰漫在狹仄的客廳空氣裡。客廳深處，掛著黃大一以催眠學者身分赴中國演講的海報，他還是業餘古生物學家與玩石家。憑藉著對古生物化石的熱情，成為兩篇《自然》（*Nature*）論文的主要作者，是臺灣學術圈少見不具博士學位仍能兩度登上《自然》的奇葩。

他的另一個身分，和他的生命歷程有著更深刻交纏的關係。他是白色恐怖年代燕巢支部案受難者黃溫恭的遺子。

黃大一亮出二〇一三年四月號的《自然》雜誌。在他的協助之下，中興、成功大學與國家同步輻射研究中心學者論文首度登上雜誌封面——這篇論文的封面照片被《自然》選為二〇一三年度照片，更被歐美科學界選為二〇一三年十大傑出科研成果第四名。他忿忿地說，「老子因為白色恐怖沒有拿到美國的博士學位，在臺灣就到處吃鱉，包括臺灣歷史上從來沒有過的——五位臺灣學者同時登上《自然》封面，但就是老子我沒有博士學位。今天爲了中華民國好了，取得了這樣的紀錄、光榮，誰來鳥我們？馬英九會接見做麵包的、打球的，可是在學術上爲國家爭光的，他甩都不甩。」

從小，黃大一懵懂知道自己生長在一個特別的家庭。

黃大一說自己也許頭上長角，也許天生反骨，但談到父親，他說，不知道。曾經他對父親的事情只是感覺，對細節一無所知。不知道。什麼都不知道。僅知道戒嚴時期，舉凡出國都需警總批准出入境證，當時黃大一業已取得美國埃默理大學（Emory University）四年直攻博士的獎學金，出入境許可卻遲遲未發放。直到後來，藉由人脈疏通，甚至走後門向相關人員塞了紅包，這「運動」方收效果，得以前往波特蘭州立大學（Portland State University）就讀碩士班。然而，幾年後，黃大一的小妹黃春蘭就沒有這麼幸運了。她從小品學兼優，更以優異的成績申請到密西根大學（University of Michigan）的研究所與全額獎學金，卻無法取得護照，出國留學的夢想便這樣硬生生給窒死了。

黃春蘭那時只是等待，等待那不知何時能夠取得的護照。黃大一也在等待，等著已經取得獎學金與入學許可的妹妹，一同來到美國。對黃春蘭而言，那是行屍走肉的一年，無所適從的一年。

那一年，已在美國的黃大一，爲了等妹妹，錯失了完成博士學位的機會。

「那時候，我在俄亥俄州立大學（The Ohio State University）念博士班，爲了等妹妹，四月時決定不跟指導教授轉去堪薩斯州立大學（Kansas State University），妹妹原本說好暑假就要來美國，但後來妹妹拿不到護照，沒辦法來美國，讓我在堪薩斯州立大學那邊、還有俄亥俄州立大學這邊兩頭空，才沒拿到博士學位。」黃大一說，「我後來打電話、寫信給原本的指導老師，他說，如果你四月有跟我過來，其實就沒事了。故事就不一樣了。但我是當哥哥的，如果要我重來一次，我也不會後悔，我還是會等。……至少是自己的家人、自己的妹妹，特別是我這個妹妹，從小連父親都沒見過啊！」

國民政府是如何耽誤這些人的青春，只因，他們有個「錯誤」的出身。

「一九七二年的時候，我從松山機場起飛，基本上就抱著一種不可能再回來了的心情，一種被自己國家驅逐出境的感覺，流亡的心情。」黃大一熄了菸，說，「出發之前去姑姑家辭行，姑姑就講，男兒志在四方，何必埋骨在故鄉？」

美國博士班的學業中止後，黃大一進入業界，編寫了中文電腦的達意輸入法。一九八八年輾轉回臺，應蘋果電腦之邀，開發中文世界第一套標準字體。其後，黃大一創建中華玩石家地科協會，發現祿豐龍的胚胎，透過恐龍胚胎化石內的有機殘留物，與海外團隊合作，一舉將臺灣五名學者送上權威雜誌《自然》的封面故事，這篇論文加上之前的首篇《自然》論文，讓他獲得中興大學的傑出校友表揚。

只是這些可曾彌補痛失父親的缺憾？黃大一赴美之時頗感唏噓的，那被自己國家流放之感，又何能一刻獲得削減。

反正這些，父親黃溫恭，都已經看不到了。

◇

一九五三年五月十九日，黃溫恭就著獄中微弱的燈火，危危顫顫地給家人寫字，隔日清晨，就是槍決的執行日了。他的判決自徒刑十五年，被蔣介石大筆一揮改判成死刑，寄予家人的每一封信，實已都是絕筆之詞。這回雖將訣別世界，他仍要對自己深愛的土地與人們發聲，只是婆娑的淚眼裡，視線如何能再如光如電，落手的筆跡，又如何能不震顫而淩亂。

卻已沒有時間了。

初夏的夜晚，半夜三更仍令人發寒。是死亡已近迫而來，卻還有那麼多理想，有那麼多要爲臺灣付出的壯志未酬。可這時，時間站在威權與審判者的一方，硃筆一揮，一個被指摘爲叛國者的黃溫恭，已無時間再感絲毫不甘。

這是他生命最後，最爲短暫又漫長的午夜時分。

僅能疾書，僅能振筆，黃溫恭逐一寫信給自己結縭六年的髮妻，乃至小姨、稚子與幼女，他那尚且未能謀面的么女，他懇切地想要擁抱、親吻一回的么女。只剩幾個小時了，該怎麼好好訴說自己的想念。他想像著，想像著自己的大兒子能成爲鋁一般有用的人才，會成爲土木工程師，而那有著絕佳音感的長女，可能成長爲有名的大音樂家嗎？至於么女，自己未曾相見的女兒，那兩張襁褓中的照片是他思緒唯一所能寄託之處，他看著她白胖的面頰，身爲父親的片面遐想，她若能成爲獨當一面的律師，該有多好。

這些幻想如露如電，孩兒們的形影轉瞬就要消逝。不知過了多久，他的指掌已因久握鋼筆而僵硬，日漢交雜的字跡，也愈呈紊亂。

先前的通信裡邊，妻要他臨刑前穿上球鞋，要他，切莫忘記把手放進褲袋。如此，即使屍身面孔模糊，家人領屍時也能很快認出他來。可他不希望這樣。在給妻的遺書裡，他寫道，屍身不可來領。別來領。他想，這塊土地——這亂世中的土地——還需要更多濟世的醫師，而倘若這具屍首能捐贈予臺大醫學院或其他的醫事人員訓練機關，當能讓學生們做大體解剖，習得更多的知識。先前，在獄中落下的兩顆牙齒已寄回家裡，在他口腔裡留下陰惻惻的空洞，那就是他的遺體了，就當作是他遺體的全部吧。

他將五封遺書摺疊再摺疊，如他短暫的三十三年人生。路竹的童年，臺南二中的求學時代，越洋赴日修習齒科技藝，再接受日本徵召赴東北擔任大戰關東軍軍醫。而今，他回到臺灣，因目見國民政府的腐敗而決心爲臺灣做點什麼的此時此刻，臺灣，故鄉，竟成爲他命喪槍下之處。五封信，近六千五百字，纍纍牘牘都是生命的呼告，他把自己摺起了，把自己和島嶼共生的命運摺疊，再摺疊。天際乍現了魚肚白。這會是最後的時刻了嗎？他仍握緊了右手。他會記得的，他要將右手放進褲袋。那是他與妻最後的約定。對家人，對世界，他總還有那麼多話要說，然而如今，他已無話可說。

一九五三年五月二十日清晨，馬場町槍聲響。

三十三歲的黃溫恭，被控以叛亂罪名，與臺灣省工委會燕巢支部案同案陳廷祥，同時也是他童年以來的摯友，於同年同月同日死於同地。

◇

但黃溫恭不知道，那五封遺書，合計六千四百九十七個字，並未送達家人手中。生命在他三十三歲那年靜止，而對他的家庭來說，又何嘗不是如此？他是家庭合照上永遠缺席的父親，他的妻終身未再婚，子女雖健康成人，卻難甩白色恐怖陰影的糾纏——他女兒在子女面前也絕口不提那永恆空白的「外公」。

思念與期望未曾被傳遞。黃溫恭的遺書，夾藏在檔案深處，直到二〇〇八年底才被發現。那年十一月二十四日，一個年輕女子，捧著一疊影印機適才吐出的文件尚有餘溫，步出了檔案管理局，街頭是清冷的樣子。她帶稜角的下巴彷彿堅定的意志，英挺的鼻，豐厚的上唇，一雙鳳眼是在笑嗎，抑或下一秒鐘就要流下眼淚。

她的長相和黃溫恭像極了，抿起雙唇時甚至一如黃溫恭學生時代的照片，一樣地無法立刻看出她的思索。

她是張旖容，媽媽黃春蘭是黃溫恭的么女。

二〇〇七年的「再見，蔣總統」展覽期間，張旖容意外得知蔣介石批核了包括「黃溫恭死刑」在內的多項文件，方確知了母親不願提起的外公，是被蔣介石改判了死刑的白色恐怖受難者。

二〇〇八年深秋，槭樹的黃葉將落未落，臺灣街頭，因陳雲林來臺期間國民黨政府浮濫擴張警察執法權限，國家箝制人民自由的陰影再次鋪天蓋地襲來，在學生之間掀起大量關於戒嚴與白色恐怖的相關討論。張旖容當時亦在網路上張貼身為受難者遺族的文章，方因緣際會得知，白色恐怖受難者家屬可向檔案局提出申請，調閱相關資料。沒有猶豫太久，她便決定前往檔案局發掘自己從未得知的家族史。

臺北盆地冷澈的秋風，颳來讓人生冷。張旖容在檔案局翻閱手中的檔案：「極樂殯儀館收斂執行死刑人犯報告表」——死亡人姓名：黃溫恭；領屍人姓名：無；備考：本館代理。「國防部公文」——受文者：總統；事由：為叛亂犯陳廷祥等業已執行死刑謹檢附執行照片及更正判決轉請核備；二、……業將叛亂犯陳廷祥黃溫恭兩名於四十二年五月二十日綁赴刑場執行槍決檢呈執行照片暨更正判決請核備。三、謹將上項執行情形連同受刑人陳廷祥黃溫恭兩名生前死後照片各一張……。

以及蔣介石批示公文，原判十五年徒刑的黃溫恭，死刑，餘如擬。

還有血一般熾熱，黃溫恭的遺書影本。

那五封從未送達的遺書，在張旖容的手中陡然掀開。那是她從未得見，不，連她的母親黃春蘭都未曾得見的黃溫恭絕筆。死者，生逢亂世離憂，死時無人收埋，背負叛亂汙名，悠悠數十年又無人祭弔，突然在死之厄運當中夾藏的遺書像一張無人知曉的牌被翻開了，突然便瞭解了，什麼是世間悲劇之大成，什麼，又是白色恐怖最深的嘆息。

張旖容非常激動。雖然知曉母親正在耕莘醫院照護癌症重病的外婆，還是給母親撥了個電話。

試著壓抑內心的震動，她說，外公，其實有留下遺書。

有一封是給妳的。她說。

電話那頭，黃春蘭靜了半晌，說，妳把資料傳給我吧。張旖容在電話這頭，也聽得出母親話語的激切，顫抖的聲音，是一個超過五十年的祕密，被滿面的淚水給沖洗出來。

> 春蘭！妳能不能原諒這可憐的爸爸啊？
>
> 春蘭！我不久就要和世間永別了。用萬分的努力來鎮靜心腦，來和妳做一次最初而最後的紙上談話吧。我的這心情恐怕妳不能想像吧！嗚呼！臨於此時不能見妳一面，抱妳一回，吻妳一嘴……我甚感遺憾！長恨不盡！
>
> 我相信妳很切實地愛要知道爸爸的事及爸爸的面貌吧！關於我的事，請媽媽講給妳聽聽吧。爸爸回台以來照的像片不多，沒有適當的像片可給妳。連結婚記念寫真都沒有照過。我告訴妳，如果妳要爸爸的像片，由醫專的同學，孫瑞辰先生亦王万全先生借我醫專

畢業紀念照的像片來復照吧。那相片有兩張，一張是穿制服，戴角帽。一張是穿西裝。

虛懸峽谷一線的巨石，終會因爲遲來的暴雨落入深邃的河谷。

黃春蘭哪能想得到，那缺席空白超過五十年的父親，曾在生命的最後，留下與世界最後最深刻的連結。但卻要靠著女兒奔走，才能從檔案局手中見到這些信件的複印本，夾雜在那四本公文、判決書、筆錄以及財產沒收清冊之間。

往事，就這樣被湮沒了半世紀。

關於馬場町，路竹，以及燕巢支部案的一切。

◇

黃溫恭生於一九二〇年日治時期，是村裡唯一中醫師兼村長黃順安的長子。他繼承父親家學衣缽，看著父親義診，讓貧苦的村民賒帳，在那恪守信用的年代，父親巡著鄰村診療，在帳冊上寫落病患的姓名與費用。他看著。或許握緊了拳頭，盤算著要爲自己的國家島嶼，做點什麼。

臺南二中畢業後，他負笈日本，就讀齒科專門學校，畢業後正逢大戰時期，他受日軍徵召赴中國東北哈爾濱擔任關東軍醫官。戰後，黃溫恭返國開業，主持路竹鄉當時唯一的一間齒科診所，隨後至屏東縣春日鄉衛生所任職。

也許是國民政府接收臺灣初期的時局動盪，也許是二二八事件的發生，他看著那時人群如火中的蓮花般沸騰，時代的潮流讓許多人的身影巍峨地站起，卻也有更多人倒下。

他看著這些。

是懸壺濟世使命感使然，看見敗戰來到臺灣的國民政府的惡形惡狀，領有外科醫師專門執照的他，是否認爲這是個需要手術切入政治肌理的社會，這是個需要切除壞疽死肉的島嶼。他期望島嶼痊癒。也許，私底下他傳遞著《光明報》，即便是那樣風聲鶴唳的時期，他仍接了幾場演講，繼續與人們談論著他關心的家國社會。

也許，他曾擔心過自己的命運，是否會和他前幾年所目擊的，那些被政府帶走的人相同。剛回臺時，他在二二八事件所目擊以「清鄉」之名的屠殺，那些坑渠裡的屍首，是應該的嗎？或許，對於臺灣可能的未來，不只有一條路，他這麼想。或許，這一切都讓他覺得應該要做點什麼。也許，面對著比日本人更惡劣的「同胞」們，讓他不能只是每天面對著病人，晚上回家數鈔票就好。也許……

這麼多的也許，卻都指向了一個命定的未來。關於兒女心中理所當然應該是病死的、缺席的父親。關於妻往後絕口不提的一道命題。關於那些他親筆寫就，卻遲至二十一世紀初方送達的，遲到的遺書。

◇

按判決書所言，黃溫恭於一九四九年初在高雄路竹由盧燦圭介紹參加共產黨，先後吸收黃金清、馬玉堂、陳廷祥等人……一九五一年十一月，黃溫恭向國民黨屏東縣黨部自首，然未將陳廷祥的組織關係交出……陳廷祥吸收許土龍、陳清祈參加組織，成立燕巢小組自任組長，並將中共黨史、《光明報》等文本交與閱讀。

儘管判決書白紙黑字說明黃溫恭受盧燦圭吸收加入共產黨，黃家後人對於黃溫恭是否加入共產黨，又如何使後人生命走入幽涼之路，仍莫衷一是。

固然，二戰落幕後，國共軍事鬥爭時期，共產黨作爲國民黨的首要敵人，其被汙名化被不可說被羞於提起，自是無可厚非。黃大一說，關於父親加入共黨之事曾有一說，是在關東軍服役期間，於共產黨新四軍接收東北時，在礦場任職軍醫的黃溫恭被迫簽下共產黨入黨名冊。那是父親爲了返臺的，不得不。黃大一認定，黃溫恭乃因白色恐怖成爲情報機關爭功逐利的升官工具而死，所有名冊上的人，不分青紅皂白都無法自白色恐怖的巨翼底下脫逃。

然而，從燕巢支部案自首人士黃金清口中，傳遞《光明報》的黃溫恭卻是像火炬一般照亮著臺灣未來的希望。而幾年前，張旖容前往拜訪高齡百歲的盧燦圭時，盧燦圭也親口說出了吸收黃溫恭入黨的往事。盧燦圭被捕得早，當時並未說出此事，這是一段到百歲才得以坦言的記憶。只是，在那個年代，敢於堅持自己信念，敢於對國民黨政府表達不滿的知識分子並不知道，自己即將被寫入一段長期被挖空的歷史。發生，但不被記得。

就像十八歲之前，一直理所當然覺得父親是「病故」的黃春蘭。一如對黃溫恭從此絕口不提的妻子黃楊清蓮。

碑文刻下了復被抹去，只能被掩藏，湮沒在史實的洪流與黨版歷史裡，不可見人。黃春蘭自承，以當年國共敵對時期的國民黨教育，在在都將共產黨妖魔化，因此不可說，不可提，不可承認——然而，黃春蘭所相信的是，即使黃溫恭加入了共產黨也是一件正確之事。

「父親想必是一個有理想的年輕人。眼見國民黨這個腐敗、戰敗、落荒敗逃的政權來到臺灣，他當然會比較期待勝利者的到來。他會想，爲什麼共產黨在中國得以勢如破竹拿下天下，一定有它的理想在。」黃春蘭說，「我相信我父親是有這種理想，所以他選擇了共產黨。而且這種人，在那個時候的年輕人，一定很多。」

在燕巢支部案中，黃溫恭的童年玩伴與南二中學長學弟，多所涉及，例如陳廷祥、其弟陳廷淵。另一位成爲醫生的同學林恩魁，也因爲臺北的學生工作委員會案件被捕。彼時同屆三個班全數一百多人，牽連於共產黨案件者所在多有。

「那時候，被共產黨吸收的這些人，想來他們都有共同的願景，我不認爲我父親的選擇是錯的。」黃春蘭說。加入共產黨的衆多年輕人，若要依附一個強而有力的、對抗國民黨的組織，只有共產黨了。若回歸到當時的時代背景，對照落荒逃至臺灣的腐化國民黨，年輕人聽見強而有力的勝利者之召喚，都是時代的必然。「而且，在二二八之後，非常多的臺灣知識分子對國民黨想必是更加失望，因爲期待和事實的落差實在是太大了。」黃春蘭這麼說。

只是，當這一切被挖掘出來，都已來不及了。

他的身影，仍以各種樣貌，瀰漫在家人後來的生命裡。那些泛黃的筆錄檔案，如鎖鏈般深深束縛了所有「往後」的事件。生前最後一張照片，勉強可辨認出他嘴角一抹淺淺的微笑，見不到驚慌懼怕，反而有著參透了什麼的，安詳與篤定。

在歷史與詮釋的缺口，在判決書與家人想像的記憶裡，那已無法確知的空白之處，彼時的黃溫恭，他在想什麼呢？

留給心愛的清蓮，

永別的時到了。我鎮壓著如亂麻的心窩兒，不勝筆舌之心情來綴這份遺書。過去的信皆是遺書。要講的事情已經都告訴過妳了。臨今並沒有什麼事可寫而事實上也很難表現這心情。我的這心情妳大概不能想像吧……

◇

黃溫恭被捕下獄，業已注定黃家接下來逾五十年的悲劇基調。

一九五三年五月二十日，黃溫恭受難，不僅未替家族的悲劇寫下休止符，反而帶來更多驚懼且真實存在的幻夢，構成白色恐怖的巨大網羅，在過去五十多年來，不斷侵襲籠罩著黃家。

不論求學、就業，遷徙或出國，均長期遭掣肘。

當時，警察三天兩頭就會上門做「戶口調查」，美其名是關心戶口流動，實際上卻是對白色恐怖受難者家屬長期的騷擾與精神轟炸。膽怯的黃楊清蓮養成了隨身帶著小包包，裡頭放著身分證以備檢查的習慣，即使晚年失智，她依舊每天拿出身分證反覆確認著，呢喃著，警察就要來檢查了，丟掉會被捉去關……風燭殘年的老嫗，已不記得自己的女兒，不記得外孫女，但那深深刻印在內心深處的恐懼卻怎麼也忘不掉。

怎麼可能忘掉呢？

黃溫恭的妹妹口中，黃大一的童年，那幼時鄉村的老家場景，憲兵挺著掛上了刺刀的步槍，閃爍著冷峻的刀芒，不斷地往稻草堆裡戳刺，就怕裡頭窩藏了什麼人。

還有幾個，正在家裡把東西往外搬，那是黃溫恭診所的牙醫器材，再也要不回來了。軍人們咆哮著，震盪著村子裡紊亂的氣旋。當時的村長，也是黃大一的祖父，頹然坐在平時他爲村民看診的椅子上，旁邊的軍人逼著，亮出了手槍……

即使是很久很久以後，警察仍不時前來黃家查戶口，陌生的聲音響起，「把你家的戶口名簿拿出來。」家人心想，前兩天不是已經查過了？警察說，上禮拜是上禮拜的，這禮拜是這禮拜的。又問，那幾個孩子呢？一個在洗澡，一個在補習，一個在外頭玩。爲了讓警察確認一家四口都沒跑掉，在隔街補習的黃大一，硬生生被叫回家來「點名」。白色恐怖——過去很久了嗎？這是國家對待臺灣黑五類的寫實場景，時刻監控，時刻煎熬，時刻得報告行蹤。

爲了讓黃大一受更好教育，黃楊清蓮帶著三個稚幼兒女搬到臺南。任教職的她，也希望從路竹調至臺南服務，然而作爲黃溫恭遺孀的身分，讓調動案一再受到阻撓。每日在天未明之前，黃楊清蓮就得出門趕從臺南到路竹的第一班火車，也讓黃楊清蓮僅能在清晨出門前，看看自己在臺南讀書的兒女依舊酣眠，除了週末，她不能好好地抱抱他們，不能好好地同他們說話。

如此遭遇，是一個正常國家的人民所該有的嗎？

不僅黃楊清蓮遭逢不平等對待，直到黃溫恭受難二十餘年後，「政治犯家屬」的陰影，仍寫落在黃大一與黃春蘭的求學之路上，揮之不去。

黃春蘭申辦護照受到百般拖延而無法出國留學，已在美國求學的黃大一，也因苦等妹妹赴美，錯失了完成博士學位的機會。固然是國民政府的腐敗與貪瀆，讓黃大一還能「運動」出一條赴美念書的通達之路，然而，黃溫恭之死不也正因國民政府的腐敗。若非如此，黃溫恭何嘗會因政治因素下獄，何嘗會自十五年徒刑而爲蔣介石擅自改判爲死刑——若不是國民政府，這些後來的悲劇怎會發生，黃家，又何須承受這些？

「老子就是臺灣黑五類啦。」黃大一說。

但身爲臺灣黑五類也好，備受騷擾的受難者家屬也好，黃大一憑藉著一己之努力，終究成爲了父親所希望的，那鋁一般的人才。

一，爸爸現在的心情你大概不能想像吧……我的心窩兒，亂如麻，痛楚得如刺，如割……一切將要完了……過去的一幕幕在腦海裏依次地映著……抱你在路竹遊玩的街道……在春日和你餵雞、鴨……一塊兒吃木瓜，甘蔗，鳳梨等水果……一塊兒遊玩的山坡……枋寮，水底寮……你最高興回去的家鄉……嗚呼！一切都如夢一樣的……最後的時間到了。我希望你成為鋁一樣有用的人材。爸爸很誠懇地呼喊祈禱你的健康！快樂！進步！我幻想著二十年後成人的你的偉姿瞑目而去了……我的寶貝！阿一！阿一！

◇

黃溫恭受難後所遺留下來的，豈止是被挖空的家族史。

那些耽誤，迫害，與幽靈般出沒的國家暴力從未遠去。

幸而家族充滿愛。幸而黃溫恭父親的庇蔭。村里居民並未因黃溫恭的政治犯身分，而對黃家有差別待遇。黃大一、黃鈴蘭與黃春蘭三兄妹即便不知何謂父親，仍無仇無恨無不安，母親只是不提。沉默的五十年。

家庭即使不曾富有，然而長輩的關愛仍讓黃家三兄妹在溫暖情境當中長大——至於知曉對國民政府之恨，已是成年之後的事了。

黃溫恭受難十餘年後，他的么弟選擇了同樣的牙醫之路，同樣回鄉主持路竹唯一的牙醫診所。不同的是，黃溫恭的么弟選擇了專注執業，不再接觸政治的這些、那些。短短十數年間，即已累積可觀財富，舉家移民美國，也取得美國當地的牙醫執照，成爲年收入達六十萬美元的牙醫師。倘若，黃溫恭也選擇一條不那麼政治的路，黃家三兄妹，以及黃楊清蓮直至逝世前都被過往陰影所桎梏的人生，會不會有條完全不同的道途？

只是歷史是沒有倘若的。人生的際遇何等令人唏噓。

黃大一未能完成博士學位，黃春蘭錯失大好機會赴美攻讀博士，黃家人生命裡的分岔，在國民政府認定黃溫恭有叛亂罪嫌時，就已注定了。

鈴蘭！妳是我心愛的寶珠！爸爸不久就要和世間永別了。爸爸和妳一塊兒生活，只有一年半，就被捕和妳們離別了。那個時候妳還不能講話，只能講幾句單語而已。撒嬌似的叫爸爸、媽媽而笑嘻嘻的妳映在腦裡，使我感慨無量。……由我的淺薄的觀察、推察來綜合，妳的先天是很好的。如果妳的後天能夠配合的話，妳的將來是未可限量的。有一天爸爸夢著妳成為很有名的大音樂家。唉！如果能照這夢的話是多麼好的啊！……

時間繼續運轉，造就在那之後的一切。如黃溫恭在生命最終所掛念的，黃鈴蘭絕佳的音感，奇佳的本質，雖未如黃溫恭的期許成為音樂家，倒也培養出一對優秀的兒子，老大獲美國博士學位，老二則成為了身心科醫師。黃春蘭雖未如願攻讀美國博士班，仍在臺灣大學取得化學博士學位，任教於高雄海洋科技大學。

反正這些，黃溫恭都未曾得見。

◇

自張旖容於二〇〇八年發現遺書，到信簡終於回到黃家人手中，又是另一條漫長的協商與斡旋之路。

封藏於國家檔案深處的遺書，本該是家屬的私人物件。

然而，張旖容手中的遺書僅是影本。

誰能接受——先人留下的家書僅是影本。

碰觸黃溫恭最後的筆跡不可得，連臨紙涕泣，遙想那最終的絮絮滔滔，不捨與夢想，與願望，都不可得。國家剝奪了黃溫恭的生命，還不夠，尚且將他在人生最後一段走過的折磨與顛仆，終於落筆成文的那些血淚字句扣留五十五年。然而二十一世紀了，是國家的顢頇使然，抑或是消極作為的憊懶，黃家幾度去信檔案局要求返還遺書，國家仍說，無「法」返還。

「欸，人都被你槍斃了，這個白色恐怖的處理也告一段落，可是為什麼這些遺書，你還扣著不還？」黃大一說。當家屬嘗試去電領回家書，檔案局卻回覆，遺書在檔案局獲得妥善保管，家屬隨時可親赴觀覽，爾後更改口表示，檔案局可提供服務，讓家屬影印家書。礙於《檔案法》規定——輕輕一紙公文說道，無相關法規可奉令歸還——便擋住了黃家人親手碰觸黃溫恭絕筆筆觸的可能。一個空白的父親，缺席的父親，竟只能存在於冰冷的影本之中嗎？張旖容在外婆病榻旁念了外公的遺書，外婆毫無反應。她怨恨無情的命運嗎？她會覺得丈夫的犧牲是遺棄她嗎？沒人知道她的心情。

「我當然很不高興啊！這是我老爸給我的東西，是我私人的財產，我今天爲什麼要拿影本，然後有求於你？是你給我恩惠我才可以去看。所以後來我給（總統）馬英九寫了一封信，我說這個東西一定要你親手還給我。不然老子跟你沒完沒了。」黃大一又點起一根菸。

他們唯一知道的，是黃溫恭留下的不僅是未及完成的遺願，更該讓遺書回到它們原本命定的收信人手中。

黃溫恭後人爲此來回奔走，長子黃大一去信總統信箱，竭力要求政府返還先人遺書，並與黃春蘭聯合民間組織召開記者會，幾度透過媒體向政府喊話，直指政府不應在無法源依據狀況下扣留先人遺書，終讓檔案局動起來，清查所有白色恐怖相關文件與留檔，發現共有一百七十七位白色恐怖受難者留下書信，總計七百四十七頁。

七百四十七頁，多令人瞠目結舌的數字。意味著，有太多太多未及傳遞的交代與願望，被封藏，被掩蓋，將近一甲子的時間。

人生，能有幾多個六十年。

在臺灣民間眞相與和解促進會協助之下，加上媒體曝光，政府備感輿論壓力。政府雖同意在補償基金會主責下返還遺書，卻仍要求黃家後人須簽署「申請書」，方能領取原先就屬於家屬、政府理應主動歸還的遺書。黃鈴蘭與黃春蘭姊妹迫於無奈簽下文件，相關要求卻引起黃大一不滿，認爲政府在白色恐怖期間的錯誤作爲已存在多年，除卻非法扣留遺書，返還遺書還須簽署申請書，實屬無理，他呼籲政府應辦理公開儀式交還黃溫恭遺書，並由總統馬英九出面代表國家表達扣留遺書遲歸的歉意。

二〇一一年七月十五日，臺灣解嚴二十四週年紀念日，終於由總統馬英九歸還本屬於黃家的黃溫恭家書。

然而政府的顢頇，在來回斡旋要求返還遺書的過程中，展現無疑。

典禮上，主辦單位規劃讓馬英九致詞時間達十二分鐘，而家屬則由一人上臺代表領取五封遺書，整個返還時間僅五分鐘。事前，政府更要求不應由發現遺書的張旖容代表家屬致詞，而由黃溫恭長子黃大一代表，且需提供講稿讓相關人員核閱，主體的錯置，使得已遲來的家書返還流程，顯得荒謬至極——受難者已在國家的蠻橫作爲之中被消音，家屬更被國家變成了爲政治人物站臺的配角與棋子。

經過爭取，在返還儀式上，黃大一代表家屬上臺致詞三分鐘，遺書受領人則逐一上臺，由總統馬英九手中接下。黃大一領取自己的與母親黃楊淸蓮的遺書，黃鈴蘭、黃春蘭接著分別領取屬於自己的遺書，黃家表妹則代表其母杏妹接下遺書。在臺上，黃春蘭雖泣不成聲，仍字句鏗鏘地向馬英九說，往後，請切莫再提蔣介石功大於過的事情，是蔣介石擅自更動判決，改判黃溫恭死刑，抹滅了黃家兄妹可能擁有一個父親的機會；是蔣介石的硃筆一揮，在一九五三年五月四日，親手將父親黃溫恭從家族史裡頭抹去。

那時，距離張旖容發現外公黃溫恭五封遺書的時間，已經過了二年八個月，遲來五十八年又二個月的遺書，終獲歸還。

可是黃溫恭的妻子黃楊清蓮，早在二〇〇九年七月往生，等不到親手拿到遺書，無法感受到丈夫死前對她的不捨與愛憐。

無奈只抱著妳的幻影，我孤孤單單地赴死而去了。我要留兩三點，奉達給最親愛的妳，來表現我的誠意。蓮！我是如何熱愛著妳啊……這是妳所知道的。踏碎了妳的青春而不能報答，先去此世……唉！我辜負妳太甚了！比例著愛情的深切，感覺得慚愧……。蓮！我臨於此時懇懇切切地希望妳好好的再婚。希望妳把握著好對手及機會，勇敢地再婚吧！萬不幸，沒有碰到好對手，好機會，亦為環境等而不能再婚的時候，妳也不必過著硬心、寂寞的灰色的生活。我是切切祈禱著妳過著幸福，快樂的生活。總而言之，妳須要邁進著妳自己相信最幸福的道路才好。

她終身未改嫁，用頭顱與身體頂住恐懼與憂慮，將三兄妹拉拔長大，那封寫給最親愛的她的遺書，無法寄達的誠意，也是歷史的巨輪將一家人的青春踏碎了，即使遺書回到家人手中，也已無法改變任何事情。

當黃溫恭埋骨六張犁，他的遺志從未被完成，身後將大體捐獻給醫學生的願望毫無實現的機會。這些，又怎能只是關於一家一人一事。白色恐怖之後的那一切，是國民政府竊占與剝奪的歷史，是臺灣黑五類生命的阻礙與巨石，有人曾對黃大一說：「你該想想自己是什麼出身。」竟有人那麼說。經歷過所有這些，又該如何冷靜下來擁抱一個曾那麼惡意的世界，即使靜止的時間再度運轉，該如何彌補過去的那一切來不及，又如何償還，如何彌補，家庭從未能圓的缺憾？

◇

白色恐怖簾幕是掀開了，抑或從不曾被眞正揭去。元凶迄今尚未被指認，那些化名也好、眞名也好，寫在判決書上的打手，可曾眞正道歉了，又可曾被確切地譴責了。受難者與家屬的故事不斷往下寫，無從追認的加害者，依舊面目模糊——這難道不是意味著，一個國家的轉型正義尚未完成。一個戟指的手勢，就可判定另一個人是匪諜而必須死去，那是怎樣的時代。

歷史啊，面對過去的錯誤，國家必須檢視自身。

「人生和歷史都不能重來。」黃大一說，「地球上生命的演化在當時可能都是肇因於毫不起眼，也絕不壯觀的小小事件，但就足以改變整個生命的演化。回過頭來看，人生，我自己的人生，豈不也是這個樣子嗎？」

「我自己是把悲憤、危機，變成了轉機，或許對於這個社會可以有一些正面的貢獻。我知道自己有多少斤兩，做了多少事情我不會後悔，人生要走的時候，我可以微笑跟子孫說我幹過這些事情。我可以臉不紅氣不喘說我在這麼一個惡劣的環境之下，做過了這些事情。」而關於國家，社會，轉型正義，也都是一樣的道理。黃大一說。

所有的故事都是從「其後」開始的。

其後，臺灣必須記得那鮮血照亮的路。記得，不僅爲了不要遺忘。

或許，正如黃大一所言，「當初在執行白色恐怖的時候，就先抓起來，先槍斃再說，再來找證據。這個認定的判準是很浮動的。那這個制度，老子說你是共產黨，你就是共產黨，老子說你是什麼你就是什麼的，這個制度，我們要不要改？」記得，是爲了讓同樣的臺灣黑五類悲劇不再發生：「我們臺灣面對的問題是在這裡，我們是不是要繼續承襲這種人治的社會，或者是說，我們眞的能成爲一個法治社會？」

直到黃大一談話中止的時候，這個問題始終還在同一個客廳，或說同一座島嶼的空氣中縈繞著，久久無法散去。

案情簡介

黃溫恭，高雄路竹人，涉及一九五三年判決的「省工委高雄市委會燕巢、路竹支部等案」，於一九五三年五月二十日，與陳廷祥、許土龍、陳清祈同處死刑，享年三十三歲。

此案源於高雄市參加地下黨的一群工人、教師與知識分子。一九四九年，路竹支部負責人爲當地餅店員工盧燦圭。他在三民國小教師朱子慧指示下，於路竹尋找不滿現實的知識分子。盧燦圭於二〇〇九年受訪時表示，他是在看牙齒時結識黃溫恭，隨後提供左翼書籍供其閱讀，並於一九四九年春天邀他參加地下黨。爾後，黃溫恭又招募「竹馬之交」陳廷祥。隨後，陳廷祥獨力於燕巢招募一批成員，成立燕巢支部。

一九五〇年，朱子慧、盧燦圭被捕，分處死刑與無期徒刑，但兩人均隱瞞了路竹、燕巢一帶的組織。黃溫恭因爲恐懼，曾流亡於甘蔗田間，後決定於一九五一年「自首」。但由於「自首」前的商議中，陳廷祥不願向政府「低頭」，便要求黃溫恭不要提及燕巢的相關成員。一九五二年九月，燕巢支部的成員卻因恐懼自行「自首」。此舉不但使陳廷祥曝光，還導致黃溫恭因「自首不誠」被捕。初判時，黃溫恭處十五年有期徒刑，呈報至總統府後，蔣介石則將他改爲死刑。臨刑前，黃溫恭留下遺書五封，爲官方沒收，直到二〇一一年才歸還給家屬。

◆以下依序為

黃溫恭寫給妻子的遺書

黃溫恭寫給兒子黃大一的遺書

黃溫恭寫給女兒黃鈴蘭的遺書

黃溫恭寫給女兒黃春蘭的遺書

留給心愛的清蓮　1953.5.19夜　1.

[illegible]

永別的時到了。我鎮壓着如亂麻的心寫此，不勝筆舌之心情來綴這份遺書。過去的信皆是遺書。要講的事情已經都告訴過妳了。臨今並沒有什麼事可寫，而事實上也很難表現這心情。我的這心情妳大概不能想像吧……

為表達我如何深愛着妳，絞着最後的精力一字綴一字----

請妳体察我此情！

唉！妳是我生涯中唯一的女性得了。過去我知道過好多的女性，但都是路旁之花而已。只対妳能任性妄為，而能感覺得甜蜜，由這一點來說，妳確是我的唯一的女性了。那過去的一幕幕在我腦海裡依次地映着。嬌笑着的妳浮出在我的眼前。「妳這樣眉搭撒眼的微笑是多麼嬌美的啊!!」我誇獎過妳好幾次了。妳有沒有記着呢？那個臉兒很明顯地浮在眼前。我看着那微笑我就曉得妳如何激愛着我。嗚呼！不能再緊緊地抱擁着妳，熱吻着妳，而死，使我悵恨不盡。

No.

PAU TSOU BRAND 2433

14

98

0011

2.

無奈只抱着妳的幻影，我孤孤單單地赴死而去了。

我要寫兩三點，奉達給最親愛的妳，來表現我的誠意。

蓮！我是如何熱愛着妳啊……這是妳所知道的。踏碎了妳的青春而不能報答，先去此世-----唉！我辜負妳太甚了！比例着愛情的深切，愈覺得慚愧-----

蓮！我臨於此時懇懇切切地希望妳好好的再婚。希望妳把握着好対手及機會，勇敢地再婚吧！万一不幸，沒有碰到好対手，好機會，亦為環境等而不能再婚的時候，妳也不必過着硬心，寂寞的灰色的生活。我是切切祈禱着妳過着幸福，快樂的生活。總而言之，妳須要邁進着妳自己相信最幸福的道路才好。過去的信我有寫過好幾次了「妳的生活一切應該兒子們為中心」。蓮，這絕不是我的本意。我很清楚這対妳是很苛酷的。我自被捕時就知道一定沒有生命的。所以告訴過妳好幾次了。「我一定要麻菜」

マツツアイ

No.

PAU TSOU BRAND 2434

15

99

0012

請妳替我向大家道謝生前之愛顧，大家對我極好無比的，我相信此後他們對妳也一定能繼續很好的。非常懇誠地祝福他們的康樂！祝福兒子們的健康！無止境的進步！祝福妳的青春永存！幸福！快樂！我這拚命的祈願確信一定能達到的。

我的死屍不可來領。我希望寄附台大醫學院或醫事人員訓練機關。我學生時代實習屍体解剖學得不少的醫學知識。此屍如能被學生們解剖而能增進他們的醫學知識，貢獻他們，再也沒有比這有意義的了。以前送回去的兩顆牙齒，可以說就是我的死屍了。遺品也不必來領。沒有什麼貴重值錢的，予它全部送給難友們。謝謝妳的很多小包，錢，及信。對不起。嗚呼！最後的時間到了…緊緊地擁抱着妳的幻影我冥目而去……再給我吻一回！喊一聲！清蓮！

最疼愛的大一． 1953.5.19夜 1.

一、你是我的宝貝！我如何疼愛着你，我相信你也知道吧。
我不久就要和世間永别了。臨於此時不能和你作最後的
話别，最後的擁抱，熱吻，我甚感遺憾！我的傷心真是
達於極点了。对於浮世，我並沒有什麽留恋，唯一的留恋是
不能親眼看到你的成器。一、你不可因失了爸々而灰心，
自暴自棄，走入岐途。一、我知道你的先天是很好，如
果你的後天能够配合的話，你的将来是非常的光明
燦爛的。爸々說幾点給你做参考，盼望你採納。
①、身体：　我看起来，你的体質是不錯的。你的胃腸特别
好。我希望你不可馬飲牛食損害你的胃腸。需細心地
保護健強的胃腸才好。你的氣管支，恐怕不很好吧，
爸々告訴你，臭肝油对你是有益處的。对於熱性疾患
你有相当的抵抗力量。總而言之，你的体質是不錯的。
盼望你好々的鍛練，保養身体。你要知道，健康的

0508　010

2445

2.

身体是人生唯一的資本。
②、性質：　你的性質也不錯。你的運動神経雖然不大
靈敏，但你的膽量很大。你对任何某一件事都很容易発生
興趣，这是你的特長，但是却很快就感到冷淡，這是你的
短處。熱情当然是宝貴的，可是始終不変的有恒的努力是
更為貴重的。関於認錯你是相当坦白。这是很重要的。
不二過　这一点是更重要的。爸々希望你時常自己檢討，
反省，発現自己的錯誤，及樂於接受他人之批評，勇於承認
錯誤，改進錯誤，須要充満着求知渇望的精神，不断地求進步。
③、才能：　你的智能也不錯。尤其是記憶力是特别好。但是
数学之智能相当差。関於這一点爸々希望你多々努力来補救。
推理力，應用力也差不多。但觀察不大詳細。爸々告訴你，对
事物的看法，眼光当然要遠大，可是觀察是須要詳細的。
如果你的数学的之頭脳有辦法的話，我相信你適合做工程師。

0509　11

2446

爸爸希望你做一個最能幹最有用的土木工程師，這是爸爸偏面的夢想而已，不必勉強照這樣。職業的選擇，對於那一個人都很重要的。我的失敗可以說選擇職業的錯誤而來的。我不應該做医師而應該做礦山工程師的。前車之覆轍可鑒。爸爸希望你徹底的檢討你自己的性質，才能，好好的選擇最適当的職業，向這個職業勇往邁進：

一、媽媽養育你是多麼苦的呀！她是很可憐的人。她和我結婚只有五年，其間我是窮的不得了。物質上，精神上，一切她一向都未能享福。失了我以後她独力養育你們兄妹是多麼吃力的呀！我希望你們做好孩子，聽媽媽的話，你是大哥，須要做兩個妹妹的好榜樣。感謝媽媽，安慰媽媽，幫忙媽媽，如果你們兄妹能夠做好孩子，我相信媽媽一定拼命的愛顧你們。媽媽是你們的，你們應該好好的奉侍媽媽。

一、爸爸現在的心情你大概不能想像吧……

2447

0010

我的心亂乱如麻，痛楚得如刺，如割，……一切將要完了……過去的一幕幕在腦海裏依次地映着……抱你在路竹遊玩的街道……在春日和你餵雞鴨……一塊兒吃木瓜，甘蔗，鳳梨等水果……一塊兒遊玩的山坡……枋寮，水底寮……你最高興回去的家鄉……嗚呼！一切都如夢一樣的……

兒童心理学明明有記載，教育上不可打，可是因為修養不夠爸爸打你好幾次……你有沒有恨爸爸呢？到今還記着，並且內心苦悶着……1952年6月下旬因発脾氣要打媽媽失手打到你右頭頂部，那個瘢痕是永久不會消滅的，同樣的我的罪惡也不會消滅的。一、你能不能原諒你可憐的爸爸呀？最後的時間到了。我希望你成為鉊一樣有用的人材。爸爸很誠懇地呼喊祈祷你的健康！快樂！進步！我幻想着20年後成人的你的偉姿瞑目而去了……我的宝貝！阿一！阿一！

2448

0011

最疼愛的鈴蘭.. 1953.5.19 夜

鈴蘭！妳是我心愛的宝珠！爸々不久就要和世間永别了。爸々和
妳一塊兒生活，只有一年半，就被捕和妳們離别了。那個時候
妳還不能講話，只能講幾句單語吧。撒嬌似的叫爸々，媽々而笑嘻々
的妳映在腦裡，使我感慨無量。妳是富有愛嬌的。爸々常々
抱妳吻妳甜蜜的腮頰。妳也會吻着爸々的刺一樣的鬍腮。
嗚呼……百般妖嬌可愛的妳使我臨死而不能忘却……我知道妳
是不能記憶着爸々的。妳向媽々聽々，爸々如何疼愛着妳啊……
最後爸々講兩三点給妳做参考吧。因為妳還很幼少，对妳的觀察
是很浅薄而部分的的。恐怕不大正確吧……

①身体。妳的身体由我看起來是不錯的。但恐怕氣管支不大強健吧。
爸々告訴妳，魚肝油对妳是有効的藥品。对妳的胃腸小心一点兒才好。
妳的牙齿也恐怕不大好吧。

②性質。相当富於独立性及感情。有一点兒嬌傲性及神経質的
樣子。爸々希望妳能够接收好意見及真理。充滿着求知

渴望的精神不断地取進步！

③才能。妳的耳朵大概不錯吧。觀察事物相当正確的樣子。
妳的運動神経相当靈敏。

以上由我的浅薄的觀察，推察來綜合，妳的先天是很好的。
如果妳的後天能够配合的話，妳的將來是未可限量的。
有一天爸々夢着妳成為很有名的大音樂家。唉！如果能照這
夢的話是多麼好的啊！……
鈴蘭花是世上最高潔，最清香，而最可愛的花兒。而且，鈴蘭花的
根是很優良的強心劑。爸々很虔心地祈禱妳和鈴蘭花一樣
美麗可愛，清香高潔，而心臟強壯。我相信，我這最後的念願
一定能達到的。妳一定能這樣的。

鈴蘭，妳不可因為失了爸々而灰心，自暴自棄，走入岐途。爸々囑望
妳好々的聽媽々的話。成為能够多々貢献社會的人材。
失了爸々以後媽々的精神上，物質上，一切的生活都一定很困苦的。

2442

爸々希望妳多々幫忙媽々，安慰媽々，感謝媽々。絕对不可給
媽々煩惱，麻煩。妳們兄妹，互相要鼓勵，協助，團結才好。
鈴蘭，爸々的話是說不盡的。爸々的腦裡是和颱風一樣的。
心窩現是如刺，如割，如絞一樣的。嗚呼！一切都快要完了。
世上一切都是夢啊！臨於此時不能和妳作最後的話別，
最後的擁抱，熱吻，甚感遺憾，長嘆不盡……爸々的這心情
妳大概不能相像吧……
最後的時間到了。爸々抱擁着20年後的，美麗而偉大的
妳之幻影，吻着你的幻影瞑目而去了……
給爸々最後的一吻吧！我的鈴蘭！

PAU TSOU BRAND

No.

3(10)

0008

最疼愛的春蘭.. 1953.5.19 夜

妳還在媽媽肚子裡面，我就被捕了。父子不能相識！嗚呼！世間再也沒有比這更悽慘的了。雖然我沒有看過妳，抱過妳，吻過妳，但我是和大一，鈴蘭一樣疼愛着妳。春蘭！認不認我做爸爸呢？慕愛我嗎？慚愧的很！我不能盡做爸爸的義務，春蘭！你能不能原諒這可憐的爸爸呀？

春蘭！我不久就要和世間永別了。用萬分的努力來鎮靜心腦，來和妳做一次最初而最後的紙上談話吧。我的這心情恐怕妳不能想像吧！嗚呼！臨於此時不能見妳一面，抱妳一回，吻妳一嘴…………我甚感遺憾！長恨不盡！

我相信妳很切實地愛要知道爸爸的事及爸爸的面貌吧！關於我的事，請媽媽講給你聽聽吧。爸爸回台以來照的像片不多，沒有適當的像片可給妳。連結婚記念寫真都沒有照過。我告訴妳，如果妳要爸爸的像片，由醫專的同學，孫瑞辰先生亦王万全先生借我醫專畢業紀念照的像片來複照吧。

那相片有兩張，一張是穿制服戴角帽，一張是穿西裝。

春蘭！如果可能的話，爸爸希望妳做頂好的律師。這是爸爸片面的妄想而已。可能的話是萬分湊巧的。但不可能的話，那不必勉強照這樣。

爸爸相信妳的身体，性質，頭腦都很好。我相信妳的將來一定是光明燦爛的。春蘭！妳不可因失了爸爸而灰心自暴自棄，走入岐途。爸爸希望妳克難，努力，成為社會最有用的好人材，過着愉快而有意義的人生。

爸爸囑望妳好好的聽媽媽的教訓，和哥哥，姊姊要互相勉勵，協力，充滿着求知渴望的精神日日求進步。

爸爸非常懇誠地祝妳，健康！美麗！愉快！及無止境的進步！

嗚呼！離別的時間到了。連喊着妳的名 春蘭，春蘭，春蘭……爸爸瞑目而去了。

①

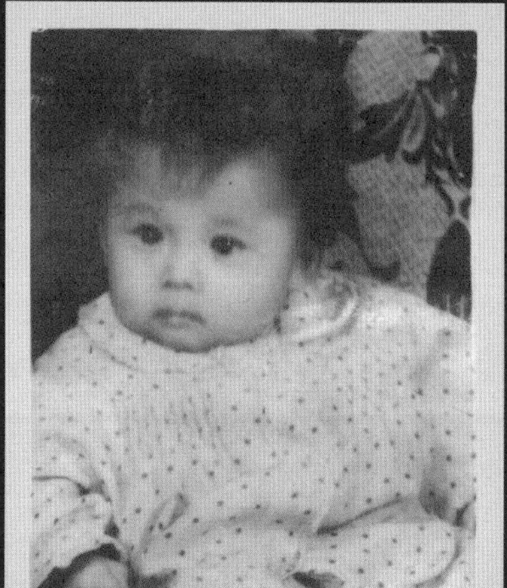

②

① 少了黃溫恭的全家福照。左為黃大一，右為黃鈴蘭，中間為黃楊清蓮抱著剛出生的黃春蘭。黃溫恭入獄時黃春蘭尚未出生，他在獄中透過這張照片第一次看見小女兒。

② 黃春蘭五個月大的照片，這是黃溫恭遭槍決前，最後見到她的照片之一。

①

②

① 黃溫恭於臺南二中的畢業照。黃溫恭生於一九二〇年，臺南二中畢業後至日本求學。

② 日本齒科醫學專門學校第三十四屆畢業冊，黃溫恭與同學合影。黃溫恭畢業後正逢大戰時期，他受日軍徵召赴中國東北哈爾濱擔任關東軍醫官。

①

②

① 黃溫恭返臺後照片，約攝於一九四七至一九五二年間。黃溫恭於戰後自中國東北返臺，開設路竹鄉當時唯一一間齒科診所。

② 黃溫恭槍決前的照片。黃溫恭原本判刑十五年，但被蔣介石改判死刑，於一九五三年五月二十日清晨死於馬場町，享年三十三歲。

後記

記得那些空白之後我們繼續向前

羅毓嘉

我們所知道的臺灣近代史遠遠不夠——這是當時接受真促會委託，參與白色恐怖受難者遺書返還計畫的書寫案，所教我的事情。因爲歷史中的太多空白，我們不記得，不知道那些事件的發生，並非因爲我們過於健忘，而是能夠被我們記得的事實被披露得太少，太少了。

記憶是可靠的嗎，或許。當記憶關乎於我們自己的生命。

然而記憶是可靠的嗎，當記憶關於那些我們來不及參與的過去，而僅能憑藉著他人的傳述，要自己記得。

記憶是——我們都在遭逢空白之處，不斷以自己所相信的版本補述它。一個人尚且無法以完全相同的方式敘述同一事件，更遑論是一件，在我們趕上這個世界出生之前就已發生之事。

二〇一三年十月的兩個午後，淑雯和我同赴高雄與新店後山，拜會黃溫恭長子黃大一先生與么女黃春蘭女士。在此之前，黃溫恭一頁頁泛黃的遺書掃描檔案展開在我們的面前。然而，在遺書與史料，與黃家人訪談，與眞促會所做的先遺訪談之間，歷史殘酷地向我們展示了一個巨大的缺口：黃溫恭在燕巢支部案所扮演的角色，他的理念，甚至是他究竟如何——自願或者非自願——加入了共產黨，終是無人能知。

從黃春蘭過去的自述當中，她明顯不願相信父親是個共產黨員，而在近年，此一態度有了明顯轉變，她說，當時有理想、願意起身反抗國民政府的年輕人，加入共產黨無疑是最有效的方法。而長兄黃大一，則仍認定父親加入共產黨，是臺籍日本軍隊自中國東北撤退返臺時的不得不。眞相如何終究不會有人知道了。

歷史，是記得與不記得，適時與更多的來不及。記憶也是。

或許一篇充滿衆人記憶破綻的文字並不眞能改變什麼，如同沒有記憶是不會被篡改的。但是，也沒有歷史是能夠完全落幕的。白色恐怖遠颺了，留下的傷口還在，等著我們記得它。我們會記得，臺灣會記得，曾經有一群人在這座島嶼上因參與共產黨而死。

在《無法送達的遺書》出版之後，我和黃溫恭的外孫女張旖容在臺北、在倫敦見了幾次面，參加了她的婚禮，看著她的兒子一年年長大，她還開始書寫了自己所能探索、發現的那段不被記得的家族史……因緣際會，也是因爲《無法送達的遺書》，我和郭素貞阿姨的女兒在網路上搭上了線，閱讀著她在異鄉書寫、生活、大小事的溫柔，我不禁這麼想——或許，就是因爲記得了歷史總有些空白之處，我們更得以繼續向前。把島嶼的記憶往下寫。

是爲記。

劉耀廷

我們之間最重要的東西，就是信紙了。

——劉耀廷寫給妻子的信

妻子的漫長等待

胡淑雯

一九五〇年代，是大逮捕的年代。國民黨「量產」政治犯與政治死刑犯。被捕的人在「判決」之前，禁止與家人、愛人見上一面。而所謂的「審判」，是不公開的祕密審判，從被捕到宣判，短則幾個月，長則一兩年。假如判決的結果是死刑，這就意味著，從祕密逮捕到祕密槍決，這漫長等待的年月裡，焦心的親人最終盼到的不是會面，而是一紙令人驚駭心碎的「領屍通知書」。

祕密逮捕，祕密偵訊，祕密審判，祕密槍決，形同謀殺。白色恐怖隨新來的政權嚴密籠罩，爲自由上銬，窒息了政治抵抗。

死刑犯的獄中書信，與刑死前的遺書，是他們留給世人的，最後的訊息。就連這樣的訊息，也是在「審查者」的監控底下，以破碎的姿態，勉強進行的溝通。在那裡，在威權統治的天空下，「就連石頭也會偷聽」。[1]

在種種關於受難與恐懼，避難與流離的敘事中，經常見到書信被銷毀的故事，有的害怕遭到清算，有的害怕牽連入獄，也有的，是爲了逃避痛苦，選擇遺忘。許多信件在流離失所的搬遷過程中遺失了，損壞了。保存書信不是容易的事。保留已故者的書信於「完整無缺」，需要多大的「在乎」，多麼堅強的愛與意志？

六十幾年過去了，一落完整無缺的書信與日記，穿過時間的荊棘，抵住了遺忘，來到我們眼前。像一個敞開的傷口，鼓動著彷彿還新鮮的血，閃爍著猶有餘溫的淚光，陳述著一則「不曾告人」的個體受難史。以下的故事，取材自政治犯劉耀廷與妻子施月霞的獄中通信，以及施月霞日記。

丈夫失蹤了，已經五十天。每一天，她坐在樓梯間的秋光裡，編織冬衣，想著他，只有在母親午睡時，才得到由孤單特許的自由，可以哭出聲，低喊丈夫的名字。她不敢在母親面前哭泣，深怕加重了她的悲傷。

夜裡抱著他的襯衣入睡，嗅著對方留下的體味。半夜上廁所，將他的味道披在身上，踩過黑暗的通道下樓，想像他還在身邊，跟以前一樣不厭其煩，陪著懷孕的她上下樓。再過三個月就要生了。寂寞濃稠，淚水比體溫更熱，比身體更重。她是個愛哭的人，敏感於世間的溫柔，善於做夢。

「你不在後，幾乎每晚都夢見你。前天還夢到在床上恩愛後，相擁痛哭。」幸運的時候，「夢裡一整夜都是你，醒來還幫你洗臉，一手抱著你，另一隻手幫你梳頭。」時值一九五二年，她二十五歲，他二十七，這是她以日語寫的日記。候審期間，兩人不准通信，但是可以寄包裹，於是她寄了奶油、起士、維他命，「還有我細細縫入思念的毛衣」。她擁著毛衣與襯褲入眠，將自己的氣味連同精神與魂魄，潛帶入獄，寄給最愛的人。「你的襯衣每晚抱著睡，髒了也捨不得洗，就因爲還有你的味道。等不到你回來，絕不洗滌。」她不是墨守成規的女人，叛離娘家指定的婚配，與他另結新婚，懷孕後戒菸戒得辛苦，在無盡等待愛人歸期的某個午後，感覺走廊有菸味路過，忽而意識到那正是愛人喜歡的那款氣味，當下便再也無法與他人共享「此時此地」，避難似地躲進臥房，親吻鏡臺上愛人的相片。壓抑無聲的哭泣，是會引致心痛的。這無邊的孤寂，只能說給日記聽。

兩個多月後，總算收到獄中發出的訊息，是丈夫收到包裹後，簽收的紙條，指名給「吾妻月霞」。紙條上有他的簽名，他的字跡，他畫押的指印。就算什麼都沒寫，什麼都不准多寫，至少撫慰了無邊的孤寂。「沒有要求寄送藥品，表示身體還可以吧，」在日記裡，她繼續寫著，「今晚洗澡時想著你，愛撫自己的身體，幻想著昔時，兩人一起沐浴的幸福時光。」她親吻回條上，他蓋下的指印，在淚光裡發呆半小時，幾日後寄出全新的洗臉毛巾，也爲自己添了同樣的毛巾，彷彿通過「使用同一款毛巾」，就得以穿透時空的阻隔，共用同一盆清水，共赴患難於此時此地。夢是唯一的眞實。爲了抵抗殘酷的現實，她重建自己的現實，將它改建在薄而透明的蟬翼之上，在透明的幻夢中，與丈夫重聚，臉貼著臉，肌膚貼著肌膚。

中秋過了，兩人沒有團圓。母親五十七歲的生日也過了，依舊無消無息。新曆除夕，「野火雞壽喜燒」圍爐，甜甜的湯汁靜靜吞下鹹鹹的淚水，年夜飯吃得沒有滋味。等待的日子是一截淤塞的河道，囤積著大把大把乾燥的、發炎的、「過不去」的時間，驀然回首，時間已過那麼久。就連萬眾期待的《亂世佳人》也上映了，身邊的親朋好友看了一遍又一遍，買票送給她，勸她出門散散心，倔強的她不肯進戲院，堅持等丈夫回來一起看。屏東阿嬤過世了，還走了一位遠房阿姨。一九五三年一月二十八日，結婚週年紀念日來了又過了。已經一百多天，爲何既沒通告罪名，也沒有判決呢？二月二十日，孤獨地生下一對雙胞胎，孩子滿兩個月後，總算有消息傳來，可以每週互通一信。距離他失蹤被捕，超過半年。

她寄去的第一封信被沒收了。他寄來的第一封信就渴求相片，並且叮囑：不要以日文寫信，否則通不過審查。獄中來的信封質地溫柔，顯然是向獄友賒借來的。那美麗的信封，強勢地證明了，煉獄中猶有朗朗的大樹，有溫潤的友情，有鮮麗的霓虹。米橘色的細點，針尖般刺滿紙面，形成金色的粉霧，霧中走著金色的線條，勾勒出一對金魚，與幾株水草。有草就有水，有水就能活，即使那些人抽走了賴以存活的水，生存與重逢的意志自會創造水源。誕生與希望，就是水源：她在信裡告訴他，雙胞胎的名字，一個叫美虹，一個叫美蜆。那是生育的古典時代，直到分娩前一刻，她還不知道孩子的性別，更不知道這一胎，竟然是兩個女孩。他回，「望你看信時不要哭泣，」復又再塗改幾筆，將「你」修改成「妳」，在乾涸的監獄中，以男人的柔情，對著她寫滿性別的身體說話。信末，「接吻在妳頰上的淚滴以安慰妳」。兩人在信裡報喜不報憂，獄中的他甚至幾度寫下：我在這裡每天都過得很快樂。

信封有藍色戳印，蓋了「查訖」二字，他們在審查者的監視底下，節制地，將情感收攏在「允許通行」的範疇。「昨夜夢見在我懷裡靜靜睡著的妳，覺醒後的寂『莫』實在無法消解，」寂寞的「寞」寫錯了，漢語學得再勤快，依舊免不了錯字。她則錯寫了困難的「難」：左半右半分別多了好幾橫，亂髮隨心事纏綿似的，難上加難。攝像成了「攝」像，餵乳寫成「喂」乳，「寫不對的字，請你原諒。」害怕信件無端遭到查扣，每一封信都編了序號，請對方確認。

這封信說，「給我一瓶魚肝油丸及若干鹹罐頭，在經濟困難下，請多多原諒。」下一封信又說，「請妳不要粗心好嗎？我沒主動要的物品絕不可再寄。」

她不高興：「爲何沒寫信來要求寄愛吃的東西？請你不要煩惱家中的經濟，我會工作，裁縫，賺錢。」

一個半月後，不光是信封，就連摺疊於內的信紙，也蓋了查訖章。戳章僅有三個字：「查訖」兩字並排在上，底下一個大大的「華」，作爲署名。

「華」是誰？應該是個男人吧？他的名字當真帶有「華」這個字嗎？「華」是一個人？兩個人？還是幾個輪流值勤的特務？又或者是一個編碼爲「華」的單位？

丈夫要求寄送的文藝思想雜誌《拾穗》，「聽說已經不准閱讀，不必寄了，」他說。政治犯被迫生活在沒有書本的時光裡，不許接觸思想的力量。直到第八信，「每週獲准通信一次」兩個多月後，她才向他坦白，給他的第一信，是在醫院的病床上寫的，於今大致康復，是傷寒。渴慕抵禦著憂傷，寄居在睡眠裡，將時光雕刻於薄而透明的蟬翼之上，「我們的靈在夢裡相逢，一人抱著一個孩子，出門去上町遊玩。」彼時，臺北的上町是大同區，她說的是高雄上町。高雄與臺北「軍法處看守所」之間，郵資一趟四角，郵票上的人像是鄭成功，一九五三年五月改版，郵票上的人頭變成蔣介石。

信裡不能寫的，寫在日記裡。漢語說不出的，日語可以。白天她習慣素顏，睡前反倒對鏡化妝，噴灑香水，點胭脂。香水是新婚時，男人送給她的禮物，兩人喜歡在睡前，將歡愉噴灑在床上，分開後，她只能去夢裡找他，在夢中以肉體相愛，「每一回都是眞的」。對她來說，每一回都是眞的。在睡眠中流失的時間是眞，在流失的時間裡換來的經驗與回憶，當然也是眞。然而這樣的心情，肉體的思念，並未從日記滲入與丈夫的通信之中。她不容許那個躲在「查訖」章背後的「華」，將神聖的激情變成猥褻的窺探。其後，她在給他的信裡，寫下一個破碎無盡的句子，「祈禱今天晚上也，能看我夫之夢。……你也？」豪放的愛人無懼羞恥，即使「華」無所不在。二十五歲的妻子不怕窺視，不怕骯髒的「華」睜大眼睛，檢查每一個字。

隨後，「華」現身了。由戳章還原爲人，有了筆跡。

「華」究竟是誰？該是個男人吧？他的名字當眞帶有「華」這個字嗎？他總該懷抱著一點

羞恥心，將自己隱匿起來，不是嗎？但是不。他在信封上寫下一個大大的字，一個紅色的蠟筆字：華。

紅色的「華」大而無當，占據了信封僅餘的一點空白，踩踏著別人的心事，囂囂表明了：我經手，我批准，我不准。

「我想送你古事書，」妻子在下一封信裡請問丈夫，「可以？不可以？」丈夫的來信沒有回答，卻說，「這個禮拜很寂寞，沒有收到妳的信。」可見，她的信又被沒收了。以筆跡現身的「華」，這一次，改以藍色蠟筆簽名。

一九五三年，七月底，不死的心還在等，等到龍眼都處處結果了。從一九五二年的秋天，十月十七日，等到隔年盛夏，兩百九十三天過去了，依舊沒能獲准見上一面。問他還有現金嗎？希望丈夫告訴她，想吃什麼用什麼，「請你寫信來要吧」，「我會聽你的話，不要做洋裝過勞。」他怕她被經濟的重負壓垮，她擔心他營養不良，在信裡深情寫下：「你的全身都是，我的重要之物。」

六十年後，在家屬慷慨的信任底下，我們取得了信件與日記。在緩慢閱讀的過程中，喝水，杯子放遠，避免與信件擺置同一桌面，萬一打翻了水，不至於傷到信紙。洗手，擦拭至乾透了，再回來觸摸那些薄脆的信紙。冷氣是一定要開的，以免指尖微微的汗溼搗壞那些筆畫。一度，在盛夏的恍惚中閱讀著這些私密的通信，簡直要誤以爲自己就是那個「專事言論審查」的「華」，那暗中窺視的特務。讓自己有別於「華」的，唯一的憑恃，大概就是一份對歷史的虔敬吧。而這樣的虔敬遠不及於，那一份，將每一張信紙，每一個信封，妥善保存超過六十年的，愛與意志。唯有愛與意志，得以抵住遺忘。——是誰說的，「人情薄如紙」？獄中的他寫信要求寄來信紙，並且說，「我們之間最重要的東西，就是信紙了。」

「接吻在這信紙給我親愛的月霞，以及可愛的『黑。黑』姊妹」。女兒半歲了，活潑好動，曝曬於人生的第一個夏天，南方的太陽，據說曬得好黑啊。

她與他相約中秋，夜裡十點整，「你在你的房看月，我也同時在我一個人的房裡看月。」所謂「你的房」，是擁擠的牢房，而「我的房」，平素睡著母親與一對女兒。同時，他的「第二十二信」出現了異常濃郁的情話，問對方還記得「我倆認識的時代」嗎？他指的是八年前那場，爲愛情的苦戰，並且「自負」地說，「你是我用全心靈愛過的女性，」入獄前二十個月的婚姻生活，「是我一生中最初又最後的，快樂的生活。」這封信的執筆日期，是一九五三年九月十四日。三天後，他被判二條一，死刑。罪名是：印製叛亂文件，加入叛亂組織，「意圖以非法之方法顚覆政府而著手執行」。

可惜，一九五三的中秋夜，高雄下著雨，她在兩人約定的十點鐘寫信，陳述著寂寞、惡天氣，與「精神上斷腸之苦」。他要她克服艱苦，「不要爲我痛悼悲傷」，「我不歡迎妳做一個軟弱的母親，」並且祈求她的原諒，「不要斥責我的無能爲力吧。」兩人跟過去一樣，在紙上親吻，卻沒有在紙上告別。他始終沒有告訴她，自己已經被判了死刑，只說，「忍不住將自己的吻，疊在妳吻過的位置，幻想著見面與擁抱，」隨後又反悔，說，「算了，這樣對不起妳，爲了一時的感情引起妳的寂寞，原諒我吧。」

二十八歲的新手爸爸，在獄中「第一次夢見自己抱著小孩，但是，不知抱的是虹，還是蜺」。他沒見過自己的孩子，不認得孩子的聲音與氣味。判決後的日子，夢特別多，「看見妳一語不發，以含淚的眼睛怨怨注視著我。」

十月下旬。分離已經超過一年，她顧不了傷心，捎來好消息，「帶了孩子去照相，要送給爸爸看她們發育很好的身體。」女兒剛滿八個月，體重分別是十三斤，十二斤半，身長二尺二寸半。她驕傲地宣告：拍照的每一分錢都是我自力做洋裁所得，沒有動用家裡的生活費。四吋的一張，二十元，左邊是虹，右邊是蜺。另一張三吋，十二元，「可惜我這張照得並不好看」。兩張相片三十二元，相當於八十趟北高郵資，可以買四斤半的鹹魚。在獄中，鹽是貴重的物品，他久久請她寄送鹹魚，並且一再追問價格，直到她回答爲止。

「吻在這裡給我夫的口唇裡。」口。唇。裡。她在信紙上，留下鮮烈的唇印。六十年過去了，唇色不退，甚至還保有潤澤的光彩。思念的激情還活著，封存在唇印中。逝去的時光，從來不曾消失，它被豐饒的愛拯救了，寄存在活生生的字詞當中，在豔紅的香氣裡面。

他退回她編織的冬衣，退回她寄來的相片，回贈兩本獄中手作的相冊，「給我此生最愛的女人」。相冊以粗布、紙張爲材質，鋼筆筆尖當刀片，以鏤空的線條，雕刻一幅幅細膩的山水、花草、與動物，襯以鮮豔的彩色糖果紙，彷彿巴洛克風格教堂中，華麗的馬賽克玻璃壁畫。她「收到了丈夫全心靈手製的相冊」，止不住愛撫與親吻，「全精神地」聞嗅著，「追憶我夫的香氣」。他始終沒有告訴她，這是他窮盡最後，所有，活著的時光，一筆一畫一刀一刀雕刻的遺物。這是他最終的勞動，最後的禮物，一場漫長的告別。

十二月七日，第三十四信末尾，他說，「叫了好幾回月霞的名字，再會吧。」

新年前夕，裁縫工作量太大，她少來一信，他難得任性地說，「沒收到信，我很難過。」這是兩人離別後，第二個新年。然而好消息是，「你的孩子能上樓了，」她興高采烈通報著：雖然，只爬了兩階。一九五四年一月二十八日，她提醒，「是我們結婚三週年的日子」，相約以心以念以夢相會，以之凌駕痛苦的命運。

結婚紀念日隔天，一月二十九日，槍決執行了。沒有預告，來不及訣別。

幾天後，她收到「領屍通知書」，結束了漫長的等待。

死刑執行後，死訊抵達前，寄去的最後一封情書，落入「華」的手中，下落不明。

在收到「處決完成通知」之前，劉耀廷的家人不會收到判決書，連起訴書也沒有。直到一九九九年，解嚴後十二年，劉耀廷離世四十五年後，家人才經由與他同案的方阿運先生，取得判決書。

劉耀廷畢業於日本早稻田專門學校法科，返臺後任職於高雄州立女子高等學校（現高雄女中），教授英文與美術，一九四九年遷居臺北，在「大安印刷廠」擔任經理。這個印刷廠，位於現今忠孝東路與八德路交接處，暗中印製「反政府文宣」。據判決書記載，「大安」出版的印刷品除了各式「反政府」新聞與論文，還包括「中華人民共和國開國文獻」、「中華人民共和國國歌」等「紅色文宣」。印刷廠負責人爲作家呂赫若，據說部分資金來自其後也入獄的辜顏碧霞（辜振甫大嫂，辜濂松的母親）。判決書另記載，劉耀廷在一九四九年八、九月間，兩度參與反政府刊物的印刷，並於同年十月間，在劉沭生的吸收下，加入中共地下黨「ＴＬ支部」。是年秋天，地下黨「基隆市工作委員會」被破獲，立即解散印刷廠，呂赫若潛逃鹿窟山區，劉耀廷南返高雄老家，於一九五一年與相戀多年的施月霞結婚。

一九五二年十月十七日深夜，劉耀廷在家中被捕。大哥劉耀星爲了營救他，曾四處奔走，找關係說項，情治人員也上門來，要求拿金子出來打點。腐敗的政權端出行賄的管道，家屬付出了大量金錢，換來的只是詐騙。

「叛亂犯劉耀庭經於本年元月二十九日上午八時三十分驗明正身發文臺北憲兵隊綁赴刑場執行槍決（殺人的政府公文書沒有標點符號）謹檢呈該犯生前死後相片各一張（沒有標點，但有斷行）敬請（空一格）備查……」當時的保安司令，名叫俞鴻鈞。

從被捕到刑死，十五個月又十二天，劉耀廷從來不曾獲准與他的妻子施月霞，見上任何一面。祕密逮捕，祕密偵訊，祕密審判，祕密槍決。形同謀殺。

死刑犯槍決後，一律送往「極樂殯儀館」，一座由國民黨特許給「青幫」經營的「極樂暴利館」。家人握著領屍單，自「福馬林池」的惡臭中，撈出至親的遺體，還須付出五百元的「領屍費」，相當於公務員兩個多月的薪水。付不出領屍費的貧困者、或隻身在臺的外省籍人士，遺體送往國防醫學院，供解剖研究之用。這些無人聞問的，受苦的遺體，多年後浮出歷史地表，於一九九三在臺北六張犁公墓，被出獄的政治犯曾梅蘭找了出來。

爲了向獨裁者交差，每一個死刑犯都被「當局」拍下「生前，死後」的相片，給「上面的人」，尤其蔣介石過目。政治犯「槍決後的模樣」甚且再行複製，張貼於人來人往的通衢大道，以收恫嚇之效。獨裁者的門徒與後繼結了案，將照片與檔案封存於遺忘之中，再不聞問，並且嚴令禁止有心人過問。相片在潮溼的環境裡發霉，發稠，上下沾黏，孤獨地抵抗著遺忘，生鏽般掉了顏色，去了皮膚。

「人民與權力的鬥爭，就是記憶與遺忘的鬥爭。」[2]只要還有反抗，記憶就不會死絕。死刑犯臨刑前的肖像，彷彿不死的鬼魂浮出地表，爲的不是伸冤，而是莊嚴的見證。六十年後，劉耀廷讓世人看見他臨死前，最後的表情：他對著鏡頭微笑，沒有懼色，深邃的瞳孔直視快門，眼底一片澄澈。彷彿正要啟程，航向未來。

這是他留給人間的，最後的訊息。

即使這張照片，是給獨裁者「結案」用的，但終究，這張臉自會找回他的本色，回到值得的地方，就像找到歸宿一般，重返家庭相簿。

時間剝落了他的肌膚，卻無從抹除他的眼神。面對死亡，面對戒嚴令與軍事審判背後，那一張張，怯於以眞面目示人的面孔，微笑的死者沉默而久持地，與獨裁者進行莊嚴的對決。

1 這句話改寫自小說《呼吸鞦韆》，諾貝爾文學獎得主荷塔・慕勒（Herta Müller）的作品。原句：「我只想逃離這個像頂針一樣令人窒息的小城，這裡連石頭都長了眼睛。」描述的是二戰前後，同性戀者的心情。

2 這句話來自小說《笑忘書》，米蘭・昆德拉（Milan Kundera）的作品。

女兒

胡淑雯

冬日午後，與劉耀廷的女兒劉美蜺相約，在喧鬧的咖啡館見面，才剛吐出一句話，「媽媽是最可憐的……」劉美蜺就掉淚了。六十年過去，初生的女嬰都老了，時間再怎麼敦厚，也不足以化去悲傷。

劉耀廷過世後，劉家大哥一人要養十幾口人，施月霞不願加重他人的負擔，離開了高雄，帶著雙胞胎返回自己的城市，臺南，隨身攜帶的「紀念物」包括：丈夫的一撮頭髮，幾許指甲，一截他生前穿過的衣料，生前愛聽的幾張唱片，兩本丈夫在獄中的手製相冊，與八十幾封書信。施月霞將槍決當天的日曆撕下，裁切方正，貼在相冊首頁，以誌不忘。日期是一九五四年，一月二十九日，兩人結婚三週年的隔一天。而那截衣料是卡其布，取自劉耀廷愛穿的工作服。劉大哥變賣家財，最後一次上臺北「打通關」，才剛返回高雄，就聽說槍決的消息，隨即再度北上，收屍。據說，劉耀廷的遺體草率擺在地面，泡在雨水中，那件卡其衣，是他穿在身上的遺物。

施月霞白天上工，做洋裁，晚上跟店家租床位，只求能睡就好。母女三人睡過理髮店樓上的通鋪，魚塭附近的民舍。美蜺印象較深刻的是，三歲半到四歲期間，住在赤崁樓隔壁，一位名叫「笑姨」的天主教徒家裡，總是見不到媽媽的小姊妹哭著睡著了，醒來見到許多行走中的白袍，以爲讓鬼包圍了，原來是好奇的修女們來看雙胞胎。笑姨家的隔壁很熱鬧，大門不上鎖，門一推開，就是舞廳，舞廳外有人養雞。

母親忙於生計，白日總不在身邊，雙胞胎的童年，是在孤寂之中度過的，遊蕩於街坊，鐵道，與戲院之中。經常思念著「高雄的故鄉」，想念祖母的慈柔，於是兩人手牽著手，沿著鐵道天眞問路，「開往高雄的火車怎麼去？」但小孩子哪也去不了，只能沿著鐵軌（或淸場中的戲院）撿拾菸蒂，向成人換糖果吃。

特務的監視，加深了周遭對她們的猜疑，母女三人搬遷不斷。雙胞胎嚴重缺乏安全感，每晚臨睡前，總要一再觸摸母親，確認她還平安，還在身邊。「夜深人靜，母親還踩著縫衣機，顏面白晰，沉重、疲倦，很少展現笑容，我們也沒高興開心過，在那種環境下，塑造我們悲觀敏感的個性。」日後，姊姊美虹在札記裡寫下這段話。美蜺則說，「至今我依舊非常自卑，神經質，即使在大白天，我依舊習慣把窗簾拉上，害怕有人在外偷看，監視。」窗簾一概不透光，近幾年稍有「進步」，接受了透光的材質。

爲了增加收入，母親施月霞捨棄裁縫，決定去酒家賣唱，過一種「有時間休息，有時間陪伴女兒」，「可以爲孩子買新衣與玩具」的生活。當時的酒家，延續日本時代的風格，是僅供喝酒聽歌的娛樂場所。在這裡，施月霞遇到後來的丈夫，陳顯榮。

陳家有六個兄弟，陳顯榮排行第五。弟弟陳顯能，一九四七年二二八事件當時，年僅十五歲，就讀嘉義中學二年級，到鄰居家中收聽廣播，被「國軍」迫擊炮擊中，當場身亡。[1]

四哥陳顯宗，二二八事件時，任職於嘉義南靖糖廠，在一趟武裝護送外省人避難的路途中，「遇到國軍，遂被攔截，五名臺籍職員全部罹難，死狀甚慘，親人前往認屍，幾至辨認不出。」

三哥陳顯富，二二八時任教於嘉義中學，事件爆發後，被推舉爲「嘉義地區學生聯盟總指揮」，聯合阿里山一帶的高山族部隊，拿下國民黨軍隊駐紮的軍械庫，轉攻水上機場。事敗後退入山區，另組織「臺灣自治聯軍」，擔任武裝工作隊隊長，繼續與國民黨對抗。其後部隊解散，在臺北的北一女中擔任數學老師。一九四八年八月，陳顯富加入地下黨，化名陳目田（「目田」與「自由」字形相近，暗喻「離自由還差一點」），負責臺灣山地青年的聯繫工作。一九五〇年七月陳顯富被捕後，答應官方「自新」，但仍被送往火燒島，後因無利用價值，送回臺北槍決，家人不敢領屍。

二哥陳顯德，「知曉其弟爲匪諜而不報」，坐牢七年。至於陳顯榮自己，二二八後加入了由學生組織的武裝部隊，圍攻嘉義水上機場，又參與了地下黨「臺南工學院支部案」，藏匿了一年多，出面自首，獲得開釋。[2]

陳家六兄弟，三人死於二二八及其後的白色恐怖，一人入獄七年，一人逃亡後自首。而他們的父親，竟也因爲「管教兒女不嚴」，被解除了校長職務，拘禁六個月，一年後抑鬱而終。

政治創傷的重負，讓陳顯榮得以穿越表象，直取施月霞晦暗不明的悲傷。他向這位「寶美樓酒家」的歌女請問，妳丈夫的死因是什麼？施月霞推說盲腸炎。他追問哪家醫院做的手術，施月霞一時答不出，淚眼驚惶，他便猜到了：是因爲政治原因被槍斃的。他愛上眼前的女人，不時來聽歌，交往半年後求婚，決心養育劉耀廷的女兒，「照顧受難者的後代」。

一九五八年，美虹美蜺五歲，施月霞再婚。婚訊上了報紙，《徵信新聞》（《中國時報》前身）下了這樣的標題：大學教授迎娶寶美樓酒家女。此後，無父的雙生女有了養父，陳顯榮暗暗立誓，絕不讓劉耀廷的孩子失學，並且與自己約定不再生子，以免偏心。直到十年後，姊妹倆上了初中，施月霞才以四十二歲的年紀，生了一個兒子。

「小學三年級時，一位同學對班上同學說：雙生仔本來姓劉，她爸爸是匪諜被槍斃的，她媽媽以前是個酒家女，」美虹在札記上這樣回憶著，「這番話是我懂事以來聽到最恐怖的話。」小學五年級開始，雙胞胎清楚意識到，自己經常被人指指點點，「講著不讓我們聽見的話，對我們使白眼，」美蜺說，在那樣一個「到處都在檢舉匪諜」的環境裡，她們無法質疑「匪諜」的定義，洗刷「匪諜」的汙名，也無從追索父親的思想與行動、他的抵抗與他的想望。內心唯一的支撐，只有養父的保證：「妳們的父親不是壞人。」以及祖母溫柔的叮嚀：「不管外面的人怎麼說，相信妳們的媽媽就好，不管別人怎麼看，愛妳們的媽媽就好。她是一個很好的人。」

母女三人的生活，在婚姻的框架中得到安定，然而，歧視與「懲罰」以流言的形式，滲入校園與街坊，構築人際障礙，持續施以傷害。「白色恐怖」無所不在，無以名狀。勉強倖存的政治犯親屬，就算勇敢而謙卑地活了下來，依舊要坐心理的牢。「我跟姊姊很敏感，從小自卑到大，」美蜺說，「我們沒有朋友。」受傷的女孩不喜歡上學，渴盼下一個學年趕快來到，至少，在新同學被流言汙染之前，她們還能享有一段乾淨的日子，一點純眞的友誼。受傷的女孩不串門子，「別人的父母總會問，養父對我們好不好啊，」殘忍的好奇心不是關心，美虹寫道，「說眞的，有時候有點恨父親為什麼要那樣死。」

另一則童年回憶：母親帶小姊妹回高雄探望祖母，順道拜訪父親的老朋友，心想，見到耀廷的女兒健康長大，朋友們會感到欣慰吧。不料，母女三人得到的回應，是近乎刻薄的冷淡。她們敏感地認識到，自己是不受歡迎的，椅子還沒坐熱便告辭了，才剛上路，母親就掉下眼淚。那是屈辱的淚水。回到臺南，成功大學的教職員宿舍，小狗「美麗」熱情地撲上來，對她們又舔又親，獻上全心全意的歡迎，絲毫沒有偏見。母親說，「人類是殘忍、可怕的動物，狗卻是不會出賣朋友的。」

沒有朋友就算了，小姊妹告訴自己，小狗會陪我們長大，做我們的朋友。遭受孤立的時候，她們抱著美麗，或哭或被動物的純眞逗笑了。養父嚴厲，以家父長的權威進行打罵教育，她們躲在宿舍外的水溝邊，暗暗哭泣，「狗狗會輪流幫我們舔去淚水。」她們不敢要求閱讀父親生前的書信，怕母親傷心，也不敢追問父親死後，留在高雄的那隻金獅，後來過得好不好。直到母親過世，美虹與美蜺才跨過那道心理門檻，打開封印，閱讀父親的獄中書信，試圖重新追索與想像父親。其中一封信，獄中的父親竟也念及金獅，問狗狗好不好，託母親照看牠的健康。

與劉美蜺進行訪談的過程中，她不時將注意力轉移至咖啡廳的「店狗」身上，撫摸牠，對牠笑，跟牠說話，並且向我們說明，「這隻狗的前腳受過傷，不能拉扯，要用抱的，」無比自然的親密，帶著深情的信任。訪談沒有安排在她家裡，因爲，她擔心，狗狗們會以無限熱情且持續的遊戲與吠叫，讓訪談一再中斷。

美蜺長得與父親神似，成年後，通過閱讀信件而重構的記憶中，美蜺不無感傷卻飽含溫情地「記得」，小時候，一兩歲的嬰兒期，母親經常抱著美蜺等在巷口，盼著父親的來信。又說，大伯爲了降低母親的經濟負擔，提議收養美蜺，母親捨不得，堅持「雙胞胎不能分開」，就像兩人的名字蜺與虹，「生來就要在一起的。」大伯爲何提議收養妹妹而非姊姊？美蜺說，「因爲我長得像爸爸。」似乎，長得像爸爸這件事，給了她無比幸福的慰藉。

美蜺的慰藉，卻是美虹的傷痛。姊姊美虹自小就感覺到，母親是偏愛妹妹的，這份深埋的心事，美虹直到病危，才說給妹妹聽。

美蜺一邊掉眼淚，一邊回憶著：「剛上小學的時候，媽媽買了兩枝鉛筆，筆桿一藍一綠，讓我們挑，兩人都表明喜歡藍色的那款，於是媽媽將筆握在身後，讓我們猜左手右手……。」這故事，美蜺根本沒印象，是姊姊於病榻講述的回憶。故事繼續：妹妹賭輸了，但媽媽在身後偷偷換手，將藍色的那枝筆，給了妹妹。這一幕，姊姊全程目睹了，因為，媽媽背後的穿衣鏡，出賣了媽媽的心。

美蜺哭著對病中的姊姊說，「我不知道有這樣的事。」姊姊答，「因為妳是被偏愛的那個，所以妳不會知道。」

一九七二年，母親施月霞病逝於乳癌，時年四十六歲。

雙胞胎姊姊美虹，一九九二年同樣病逝於乳癌，三十九歲。

蜺與虹的一生，從來不曾見過父親。當她們降生於高雄，父親正在臺北的軍法處坐牢。十一個月大時，父親遭到槍決。父女之間不曾相互聞嗅，擁抱，交換體溫，皮膚對著皮膚，只在夢裡見過幾次。美蜺始終感覺，自己是「父親的女兒」，她知道母親對她的偏愛，來自對父親不死的深情。問她，父母偏心對小孩好嗎？她倚了倚腦袋，捧著純眞而童稚的回憶，說，「因為偏心而受寵，是一件幸福的事。」又說，「有媽媽疼愛的童年，回憶起來就是不一樣。」

母親再婚後，姊妹倆改冠養父的姓。美虹是以「陳美虹」的身分，離開人世的。一九九七年底，移居日本的養父來電，告訴當時還姓「陳」的美蜺，劉耀廷幾度到夢裡尋他，期盼美蜺「認祖歸宗」，換回本姓。美蜺說，養父是物理學家，不信鬼神，也不拿香，「可見我生父托夢一事，並非僞造。」然而，美蜺感念養父的恩情，對「終止收養」程序始終被動，無法下定決心。不料，三個月後，美蜺清楚記得日期，三月十四日，生父劉耀廷走入她的夢中。「爸爸笑而不語看著我，」手中拿著一封文件，封面上只有一個字，「劉」，文件側面則寫著兩個字，「平反」。

夢醒之後，美蜺接下了父親的心願，因爲，「母親與姊姊都走了，能替父親平雪沉冤的人，只剩下我了。」養父陳顯榮爲此專程回臺，偕美蜺辦理了「終止收養手續」，之後，美蜺再度掀開母親遺下的木盒，將父母生前的通信仔細讀完，重啟一段「重新認識父親，認識政治，認識白色恐怖」的旅程。對美蜺來說，所謂的「平反」就是，說出父親與母親的故事，讓歷史的光束，照亮那「曾經不可言說」的幽冥晦暗。

關於父親，關於父親的氣息，美蜺在回憶的海洋中，撈起一個「感官」的片段：時間退回五〇年代，曾經與父親同難的獄友們，出獄後來臺南探望母女三人，當時，「我天眞地以爲，這些和父親一樣被關過的叔叔們，一定會留著父親的味道，我好想抱著他們，看看是否能夠聞到父親的氣息。」然而，白色恐怖的陰影，造就了她內斂的性格，久經特務監視的經驗，也令她怯於表現眞情。美蜺不敢擁抱，不敢聞嗅，也不敢親吻那些叔叔們，那些「父親的替身」。至今，她依舊只能親吻父親的相片，撫摸父親的唱片，聞嗅父親生前親手製作的美麗相冊，就像擁抱不死的回憶。

1 陳美虹於一九八五年，與七〇年代的政治犯吳俊宏結婚，與白色恐怖再度結緣。本篇引述的「陳顯榮一家與二二八」，參考自吳俊宏的〈永不開花的枯葦〉一文。

2 自首與自新有別。所謂自首，是指在官方尚未逮捕的情況下，主動向警察或特務機關報到，出面投案，通常在交待清楚後，會直接釋放回家。自新，則是被捕者於獄中，接受了特務的交換條件，交出組織名單，乃至於協助抓人，或直接進入官方特務機關任職，以換取免罪與自由。

案情簡介

劉耀庭（廷），高雄鼓山人，涉及一九五三年判決的「省工委臺北市工人工委會大安印刷廠支部等案」，於一九五四年一月二十九日，與魏文賢同處死刑，得年二十九歲。

二二八後，臺北市工人組織日益蓬勃。一九四九年，劉學坤（化名劉述生）、呂赫若領導「大安印刷廠支部」，別稱「ＴＬ支部」，負責祕密刊印地下活動相關書籍、文宣。劉學坤並於同年十月邀請一夥工人入黨。隨著島內情勢日益緊張，劉學坤、呂赫若先後潛入鹿窟山區。其中呂赫若於一九五〇年九月三日於山區遭毒蛇咬死。一九五二年底，大規模軍警包圍鹿窟，封山多日。饑餓的劉學坤前往民家索食時，遭軍警當場擊斃。此後，大安印刷廠支部曝光時，由於相關領導者已死，劉耀廷最初先以「知曉印刷廠常於夜間刊印文件，卻不通報」罪名判刑五年。審理過程中，卻因昔日的印刷廠同事吳金「自首」，坦述其他情節，導致劉耀廷等人改判死刑。

在政治檔案中，當局記錄他的名字是「劉耀庭」。但在與家人的信紙上，家人喚他作「劉耀廷」。故本章的書寫，採用家人銘記的用字。

◆以下依序為

劉耀廷給妻子的第二十三封信

劉耀廷給妻子的第三十四封信

給我的愛妻月霞第二十三信：

九月十七日接到了月霞的第二十信及十四日收到了一包一件衣裳內有信紙、五件內衣已查收，望妻不要掛念!! 母親以外的大家全部平安快樂地過日，使我很快慰，我在這裏也是每日很健康地過日，望妳們放心就是。

聽月霞說我們最可愛的「星星」日々越覺的起來，真是很高興，我在這裏每日就是祈願妳們大家的平安及小孩們的活潑而長大起來：

月霞妳在家裏很寂寞嗎？不信!! 月霞々妳錯了，妳是不是誰的愛妻呢!! 我的月霞!! 妳須要聽我說的話，雖然我們離開了彼此，但是我倆的心思一樣々也不會離開了，月霞!! 我們結了夫妻了，一切的艱困苦勇敢地站起來，不要為了我來痛悼，祇顧使妳失去原來身体的健康。月霞々妳已經也是倆個小孩子的母親了，我不歡迎妳做這一個軟弱的母親，我希望妳須要做一個意志很強固的母親來，要了解現在遇一切的事情後，不要溺愛她們，我使她們將來的成果，須要嚴格地來教培了她們成人，這是重責，全依靠了月霞，妳是在月霞的雙肩。她們最依靠的也是她們的母親一個人，月霞!! 對不起!! 想該是我要看著妳們母子，這也是我未來的最希望的，但是現在的我是完全沒法做到，月霞!! 我們是深望我妻原諒就是!! 月霞々不要叱責我的無能力吧。我只是每日不時祈願月霞的健康過了快樂的生活，換我順孝了我們的母親，安慰了她，使她安樂地過日就是，那末今天到這裏!!

九月二十七日在紙上打了我的月霞再會吧!!

接此信後，給我妻月霞的身邊，祝安!!

九月二十日 夜書。

妳的夫 鄭延文寫

給我的愛妻月霞第三十四信!!

十二月五日接到了月霞給我的第三十二信及十一月 日收了一包一件所有裝的餅、鹹魚、魚脯等物品直收,請我妻放心就是。

月霞ゝ妳好嗎?所說母親及兄等全部都很健康地過日,使我很喜歡了。我在這裏也是每日照常無異的過日,所以月霞也可以放心,並代我向母親等傳安就是。

月霞ゝ我們的愛的小妹妹,這前幾天能站起來了嗎?年長及体重也差的很多了,很好〈 後我看ゝ後歡喜。只是希望我妻妳自己的身体注意保重,以來撫育了我們的愛的小妹妹成人就是。這是我離妳対月霞最大的希望。

月霞ゝ我在這裏時常想出了我在家裏時,対關雄兄妹的教示過了很嚴守了,這樣的做法是我的錯誤了。他們在來的性質,被我過嚴的叱責,所以使他們不能伸出了他們在來的性質,不能活潑,就沒他們養成了偏屈的性質。他們學業的成績不太好的責任,我確信也要負責了。那時候請採取軟柔的言語來教示他們了這句話,月霞也対我說了好幾次!!算了。

月霞ゝ關於他們之外的人和我們的小妹妹就要托記我妻好ゝ地撫育了。最期只是我時常対母親、兄等及我妻按照孔之!

月霞我們為一時的不孝之故所以深望我妻代我向她們道歉就是。請多ゝ原諒我吧!!我的月霞ゝ忍嚴寒的要ゝ定判了深發ゝ年ゝ就是、那將來到這裏,以後好ゝ舉揚月霞的名字再會吧!!

十二月四日在信紙上再會吧!!祝我妻的快樂!!

并祝母親的福安!!

十二月七日

邦雄 寫

①

②

① 劉耀廷與施月霞的結婚照。兩人相戀多年，於一九五一年一月二十八日結婚。一九五二年十月十七日深夜，劉耀廷在家中被捕。

② 施月霞抱著美蜺，劉耀廷母親抱著美虹，特地去相館拍照，寄給獄中的劉耀廷。拍攝時間約為一九五三年十月下旬，劉耀廷坐牢已經超過一年。

①

②

① 雙胞胎美虹與美蜺五歲的模樣。
劉耀廷被捕時，她們尚未出生。

② 美虹、美蜺與愛犬「美麗」。

劉耀廷在獄中親手製作的相簿，以雕刻、拼貼、繪畫等方式細膩地裝飾。這是劉耀廷得知死亡判決後最終的勞動，給摯愛充滿祝福的禮物。

施月霞將槍決當天的日曆撕下，貼在相簿首頁，以誌不忘。

壽比南山
母親
给月霞存念
祝
你们的健康和快樂
你们的耀廷
於台北
1953.10月.作

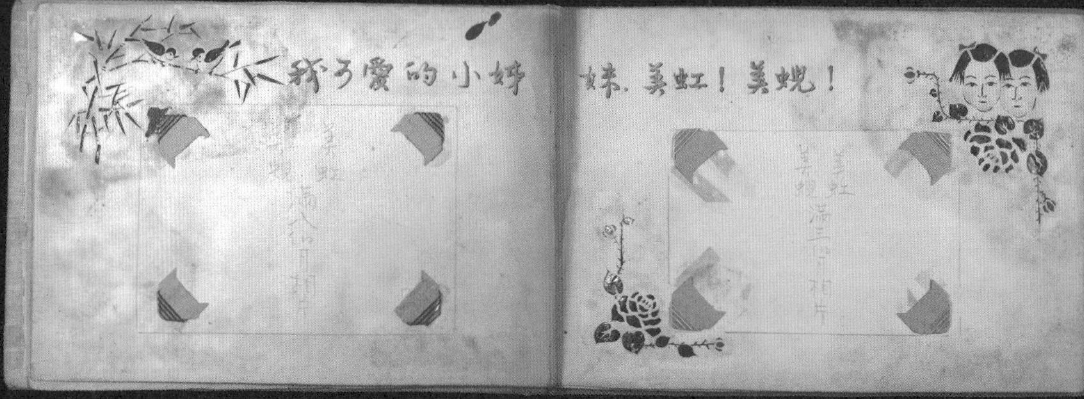

劉耀廷親手製作的相簿中，貼滿施月霞與兩個女兒的照片。有些照片是劉耀廷請妻子寄到獄中給他的，有些則是施月霞於丈夫過世後慢慢添進去的。

劉耀廷臨刑前退回施月霞寄來的照片，回贈兩本獄中手作相簿，指名「給我此生最愛的女人」。

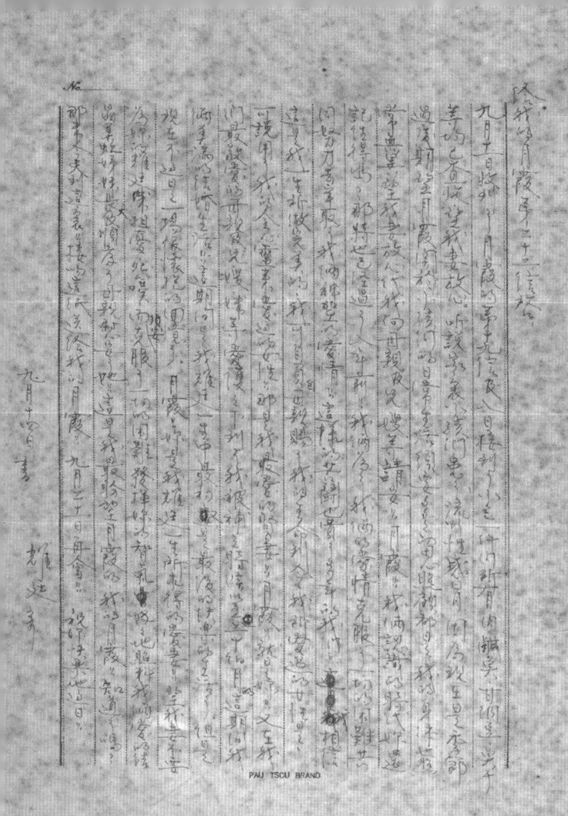

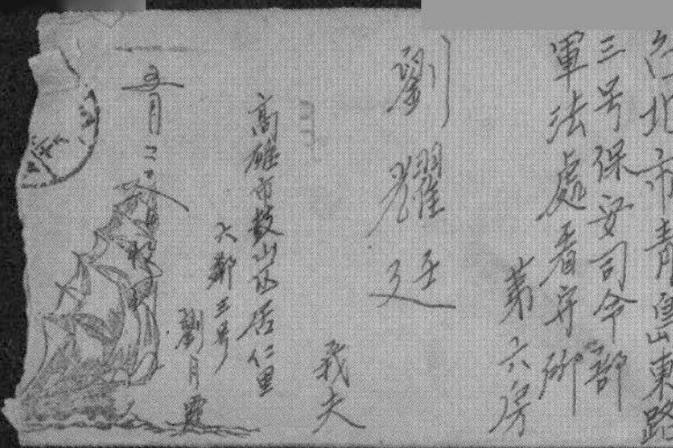

②

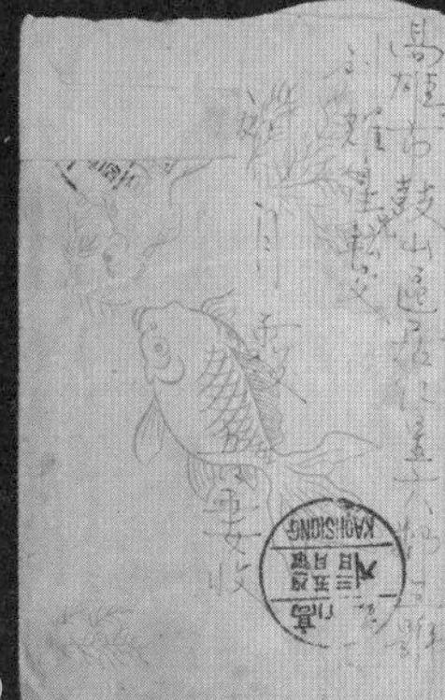
③

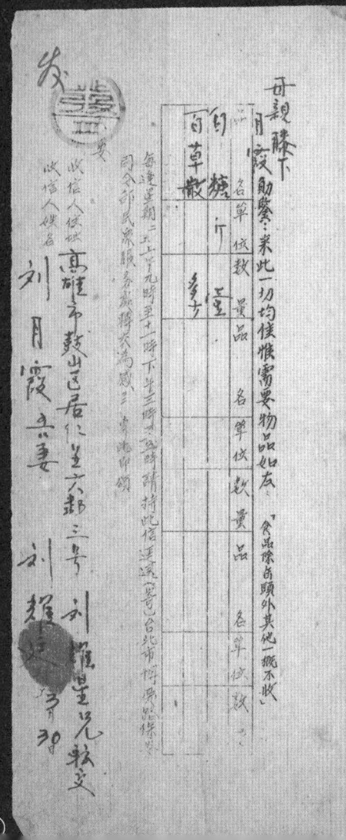
④

劉耀廷的第二十二信充滿濃郁的情話，他寫到「我倆為了我倆的愛情克服了一切的困難 共同努力去爭取我倆神聖的愛情」，又說「用了我的全心靈來愛過的女性，那是我最愛的賢妻，月霞，就是妳」。這封信於九月十四日執筆，三天後劉耀廷被判死刑。為了避免信件無端遭查緝扣押，每一封信都編了序號，請對方確認。

劉耀廷與施月霞寄給彼此的信封

劉耀廷入獄前半年，尚未獲准與家人通信，家人只能透過物資收執條知道劉耀廷的消息。

施月霞給劉耀廷的信中寫下「吻在這裡給我夫的口唇裡」，
並在信紙上留下唇印。唇色經過數十年依舊濃烈。

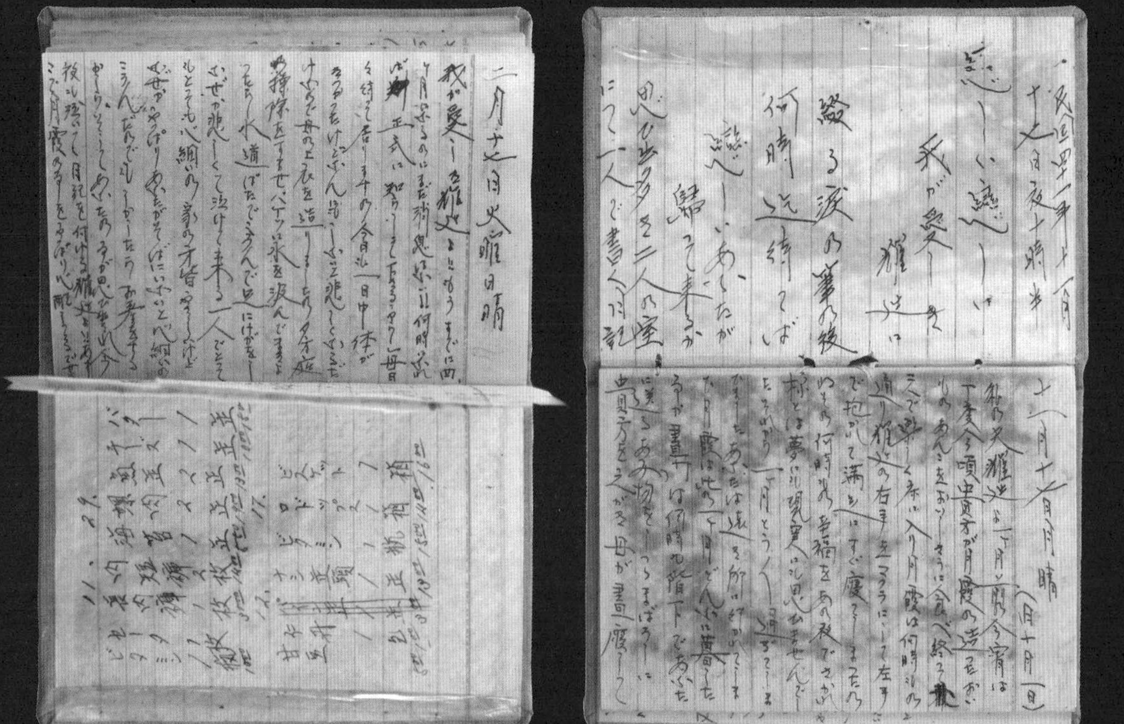

施月霞於丈夫被捕後，以日語寫的日記。

劉耀廷槍決前的照片。從被捕到槍決間的十五個月又十二天，劉耀廷未曾獲准與施月霞見面。槍決日為一九五四年一月二十九日，結婚三週年隔天，劉耀廷留給世間一個笑容。

每一位死刑犯都被當局拍下槍決前後照片，讓蔣介石過目確認。

後記

愛與意志

胡淑雯

直到今天，六十一歲的劉美蜺依舊無法安適地，將家裡的窗簾拉開，無條件信任陽光。她總是害怕窗外有人監視，害怕電話遭到竊聽。這樣一件看似瑣碎的小事，直指「白色恐怖」的特質：它無所不在，無可消失；它從來不曾「過去」，從不只是「過去」的事。恐懼像一片淤塞的傷口，在時間的長河裡不言不語，持續發炎潰瘍，成爲一種生活方式。

施月霞與劉耀廷生前的最後通信，是在特務的監視底下進行的。最根本的事情都不能談，最深的情感，藏在「沒寫出來」、「只寫一半」的語句中。能寫的，無非飲食、健康、家庭近況、孩子的出生與成長。在言論檢查底下，進行著破碎的溝通，就連交換「痛苦」與「思念」，都被迫小心翼翼。

我在初夏的暑熱中，觸摸他們的字跡，試圖在節制而壓抑的筆調下，翻找不可說的心事，尋覓匍匐於表象底下的「眞相」。有一刻我驟然意識到，自己正動用的，不就是特務偷窺的本事嗎？我有什麼資格閱讀這些書信，刺探他人私密的痛苦？除了劉美蜺女士的慷慨與信任，唯一可以說得過去的，唯有一顆虔敬的心吧。對這些信件，抱持著某種截然不同於特務的，哀傷的敬意：輕輕收納，以免損傷脆薄的紙頁。喝水的杯子，絕不與信件置放同一桌面，以免打翻。汗溼了指尖，隨時擦乾。哭了，別讓自己的眼淚滴壞了那些珍貴的字跡。

這些信件歷經了六十幾年的顛沛流離，來到我的眼前，完整無缺，一字不壞。我經常自問：需要多麼堅強的愛，與愛的意志，才能將「過去」保存到這種程度，讓記憶倖免於難？當個體的記憶，來到像我這樣的陌生人面前，這或許意味著，它決定將自己赤裸無遮地奉獻出來，加入集體記憶的行列，爲歷史與歷史書寫，創造新的血肉。身爲一個「被託付」的人，我心存感激，並且爲自己無端獲得的信任感到慚愧，在閱讀信件與日記的過程中，幾度激動地掉下眼淚，同時心生肅穆，覺得自己得到了最深的祝福。

初稿完成後，將稿件列印下來，寄給劉美蜺女士，幾日後接到她的電話，問我地址。電話那頭的她神祕兮兮，躲著家人告訴我，這兩天哭了幾次，怕家人擔心，也怕家人以保護爲名，勸她「放掉那些往事」。再過幾天，收到美蜺的來信與卡片，是手寫的信件，久違的、典雅的、紙筆獨有的抒情。信裡說，閱讀稿件時「不自禁的自第一個字淚流十四整頁……」並且借用我的話，說，「覺得自己得到了最深的祝福」，她寫下父親、母親、姊姊、與「高雄阿嬤」的名字，替他們收下「淑雯小姐」的祝福，隨後寫道，「妳的話，知己般撫慰著我」，「眞的，勿勸自己遺忘，不需把過去忘掉，眞好！」是的，劉美蜺不想忘記，我也不想忘記，我們都不會忘記。

會錦堂

世界不是僅只充滿了苦惱的東西，而是我們鬥爭的對象。

——曾錦堂寫給家人的明信片

迷霧中的四張容顏

林傳凱

本章關於一位早逝的青年，也關於我們這些年採訪時的一些困惑。青年死於一九五一年六月十七日，得年二十二歲。關於他的故事，在相識的人之間，沉默了好長一段時間。大約六十年後，有些後生晚輩嘗試勾勒他的模樣，卻發現在不同的記憶中，他的身影，好像分裂成四張不同的容顏，甚至存在緊張、矛盾的關係。這時候，問題一方面仍關於青年本人是什麼模樣？同時也昇華到一個更普遍的提問——「記憶」的本質是什麼？

因此，這是關於一位青年的故事，也關於追尋他的人們的故事。究竟白色恐怖後的記憶重建是否可能？如何可能，又會遭遇什麼困難，有沒有一個終究無法跨越的極限？如果探索終有限度，面對分歧的記憶版本，我們該如何面對？如何在不同容顏的張力間找到通向過去與未來的路？

他是曾錦堂。接下來，讓我們來細細端詳，他留在後世中的四張容顏。

第一張容顏：家庭的容顏

關於曾錦堂的各種記憶，本質上，都非爲了滿足六、七十年後對「眞相」的渴求而存在。從一九五一年的槍決起算：歷經數十年，臺灣社會才走到一九八七年解嚴、一九九五年二二八賠償、一九九八年白色恐怖補償，乃至於追索眞相成爲一股潮流的局面。不過，必須要提醒今天的探索者，當前相逢的各種記憶，往往形成於六、七十年前。彼時，誰也無法預見遙遠未來將有「平反」的一天。對記憶者來說，未來曾經過於虛幻。最眞實的體驗，卻是日復一日的煎熬，並就此受折磨一甲子。

當時的書信被沒收了，臨死的訣別也被剝奪。對政治犯與家屬來說，都是未完成的句點。取代句點的，是遺憾，是未解的謎團，同時還有加諸「匪諜家屬」身上的沉重枷鎖。因此，家庭的記憶，更多時候是爲了對抗判決之後的每一個艱困當下——爲了疑惑、爲了遺憾、爲了抵禦歧視、爲了否定親人的汙名，而在內心建立一個不爲外人道的「反國家敘事」的記憶版本。

根據檔案，曾錦堂在一九五〇年八月十七日被捕。從那天起，一直到一九五一年六月十七日清晨，家人客觀上缺席了曾錦堂入獄期間的經歷，只能從返往的家書，間接探知他在獄中的狀況。不過此前，家人一路陪著曾錦堂成長，自襁褓到青年，那二十年間，他們朝夕相處，成爲記憶的基調。

曾錦堂的家人，在二〇一四年提供給我們的記憶是這樣的：一九二九年，曾錦堂出生於臺南市，全家借住臺南市的古剎西華堂。曾家有三位兒子：曾培堯、曾錦堂、曾煥堂；一位女兒：曾麗香。在妹妹麗香的回憶中，二哥聰明、活潑，愛吹口琴與彈吉他，無師自通，卻樣樣拿手。她也轉述了三哥曾煥堂的回憶——曾錦堂曾對他說：「希望以後一起創業」。煥堂這樣描述這位早逝的兄長：「若哥哥還在世，絕不會輸王永慶。因爲他是很有眼光的人，有前瞻性、有野心、更有膽識。」

麗香談起與哥哥相處的回憶——由於家中三位兄長與她的年紀相差甚多，她不時感到寂寞。曾錦堂卻很細心，注意到妹妹的低落，便常常帶小貓、小狗回家作她的玩伴。或是麗香心情不好時，便搭著她的肩膀，一起繞著西華堂的大埕說笑、唱歌。二〇一四年也還在世的老舅舅，年屆九十，回憶起這個外甥，直說他嘴巴甜、愛說話。家人的記憶中，曾錦堂是體貼、開朗、能言善道的青年。

在幼年的妹妹眼中，相較於自己的孤僻，哥哥是耀眼的太陽。曾錦堂自公學校畢業後，考進臺南工學院的附屬工業學校（今成大附工）機械科。除了成績好，他也熱中於校內的公共事務，特別受同學們的喜愛，擔任自治會長。曾錦堂的遺物，有一張與附工同學的合照——連他在內，四位青春、朝氣、帶著調皮笑容的學生，穿著制服，一齊在臺南市中山公園（今臺南公園）合影。照片中，四人手上拿著書，趴臥草地。照片背面寫著「一九四九年十月三日」。合影的四位青年，分別是曾錦堂、林嘉明、李添木、邱焜棋，都是他要好的同學。

接著，麗香對哥哥的回憶，來到了特務抓人的那一天。一九五〇年八月十七日，深夜傳來緊促敲門聲。兄長穿著臺南附工的制服，似乎早有預感。陌生人表明他有「匪嫌」，要曾錦堂隨他們走一趟。母親護子心切，囑咐曾錦堂從後門逃走，卻換來堅定的拒絕。也許曾錦堂是不想給家人帶來災難吧！當晚的細節及之後的種種，在麗香的記憶裡早已模糊。她唯獨有一個深刻印象——特務窮凶極惡，殺氣騰騰，讓年幼的她相當驚駭，多年後仍然是鮮明的印記。

悲劇如何發生？曾家人所知不多，甚至連同案的人有誰、或是合照中三位青年是否也遭遇這場災變？一切都理不清楚。麗香心想，風暴的開端也許與合照中的「書」有關。她猜測，哥哥應該是參加了學校的讀書會，讀了「紅色書籍」。至於讀書會有誰？何時進行？哪些人入獄？麗香一概不知，也不覺得哥哥眞有參與國家指控的「非法組織」。又好比兄弟曾煥堂的回憶——曾錦堂曾在家中祕密組裝無線電，在當年可是違法的事。因此，舅舅判斷「曾錦堂一定有做些什麼」。麗香卻不同意，她認爲哥哥「應該只是純粹有興趣」。

即使在家族的記憶中，對於曾錦堂爲何招來災厄，也有著分歧的猜想——卻也都止於猜想，缺乏清楚的細節。那麼，麗香究竟怎麼理解悲劇的起因？她的判斷是：「源於一位外省老師。」多年前，她接受彰化高中老師呂興忠訪問時，這樣詮釋了哥哥的案情：「是『讀書會』

中一位來自中國的年輕教師，被國府視爲匪諜逮捕時，身上帶著他與曾錦堂等十位得意門生的合照，這張照片就成爲特務羅織罪名的『證據』。」後來教師被捕，跟他親近的學生也都被國家指控爲匪諜，枉送了青春。

當然，如果細讀曾錦堂留下的家書，有些段落不免讓我們這些外人猜想，曾錦堂也許並非是一個對思想、現實關懷毫無自身判斷的青年。家書的一些段落，流露與戰後初期的臺灣青年相似的思想傾向。例如他在被捕後的明信片寫到：「世界不是僅只充滿了苦惱的東西，而是我們鬥爭的對象」，「如果我們能夠鬥爭，起來打破了前面的阻礙，仍可以達到我們的要求，得到勝利的歡喜」。從他當時使用的「鬥爭」等詞彙，大概不難從中揣摩出他的思想光譜。

回過頭想，朝夕相處的家人，對曾錦堂的理解應該知之甚深。什麼時刻開始，家人對曾錦堂的認識開始有了留白，也許是曾錦堂去學校念書後的事了——麗香就說：「我這個哥哥很忙，印象中很難得看到他。」他熱中於學校活動，而這些同學、社團、活動，麗香其實說不清楚。至於這位攸關曾錦堂生死的外省老師，在麗香的記憶中，也沒有確切的臉孔與名字。作爲一個關鍵人物，他的身分與其說是實證的，更不如說是象徵的存在。外省老師像是雙面刃——帶著新時代、新知識的氣息，吸引了光復後想要認識祖國與新時代的熱情本省青年；卻也同時帶有複雜、欺騙與背後隱含的政治目的，最終成爲死神將鐮刀揮向衆人的導火線。說到底，他的姓名與臉孔並不重要，但是對於這位外省老師的想像，終究給了麗香對於無以名狀的悲劇一個「可理解」的答案。總之，人死了，死了以後，再去追究太多的細節都無意義——政治太複雜，戰後的政治更複雜。麗香只能守住一條線：一種受壓迫家庭的立場，一種堅守臺灣認同並拒斥外來統治的政治判斷。

可以推想，曾錦堂的死亡對家庭是一個巨大震撼。曾家保存了一張罕見的照片：一九五一年六月十七日，曾錦堂槍決於馬場町後，家人把他的遺體領回，便在臺南老家的正廳擺設靈堂，用相機拍下他平躺、全身著白衣的遺體。[1]這並非當時臺灣民間常有的習慣——在戰後的政治暴力史中，除了二二八遭害的嘉義畫家陳澄波、死於白色恐怖的一位潭子呂家少年，接著就是曾錦堂的家庭，才拍攝並保存了這樣的相片。

曾家的長輩，當年基於什麼動機，才爲死後的曾錦堂拍下這樣一張照片？是爲了追念或作爲無言的見證與控訴？至今已不可考。不過大概可以確定，從此之後，曾錦堂愈來愈成爲家中的禁忌。麗香說，原本曾家三兄弟都熱愛古典音樂與歌劇，常在家中三重唱。從他死後，歌聲也在家中消失。而日本時代有淡水女學堂高學歷的母親，因歷經劇變，健康每下愈況。個性孤僻的麗香，開始變得體貼。她幼年時很常追問錦堂爲什麼消失？但大哥提醒她，「不要問，爸媽會傷心。」她學會了沉默，從此不再追問。

一家人繼續生活。關於曾錦堂，彷彿只剩一片沉默。大家都遺忘了嗎？表面上如此，實則不然。一九六一年，曾培堯開設畫展，廣獲好評。正當麗香以培堯的成就感到驕傲時，父親突然開口說：「你的錦堂兄也是曾家優秀的子弟，可惜還來不及發揮才華，就被奪走了生命。」一九九一年，曾培堯過世，大嫂整理他的遺物，麗香才第一次見到被埋藏了四十年的錦堂獄中家書。麗香意識到，不只是她自己，全家人都沒有忘記錦堂。一家人，雖然不說，但心底都各自埋藏了一份對曾錦堂的回憶與傷痛。

在這樣的家庭氛圍中，「錦堂之死」的確隨著時間流逝而漸漸沉默。曾家人似乎不曾主動探聽——曾錦堂還有哪些難友？有什麼倖存者出獄了？哪裡可以瞭解曾錦堂的案情或在獄中的情形？漸漸的，關於他的名字，像是沉入湖底的石頭，被愈來愈多的沉積物給掩蓋。我想，在我們進一步叨擾家屬前，關於他的記憶，已經很久未被這樣擾動。

二〇一四年，我們曾請教麗香，知不知道曾錦堂的墓在何方？她說她已經忘了墓在哪裡，甚至不記得有沒有為哥哥辦過喪禮——雖然家中保存了一張他躺在靈堂的照片。不過那死去的遺體，與她印象中的哥哥差距甚大。哥哥被收屍回家時，她感到陌生與迷惘——屍體比印象中爽朗的哥哥要矮了一截，矮小萎靡，甚至懷疑家人是不是搞錯了人。她也一度幻想：哥哥其實沒有死，只是去日本、美國留學了，也許終有一天會爽朗地回到家中。麗香對於哥哥的記憶，寧願停留在他還有呼吸、對她疼愛至極的時刻——他是單純的青年、優秀的青年、熱心向學而惹禍上身的青年。因此，毋須再追問無助於挽回悲劇的細節。過去的記憶尚有餘溫，足以陪伴漫漫長冬。

第二張容顏：國家檔案的容顏

第二張容顏，存放在國家檔案局，統稱爲「政治檔案」。查詢名爲《鄭海樹等叛亂案》的卷宗，便能看見曾錦堂被捕後，訊問、起訴、判決、執行的連串紀錄。這卷紀錄的誕生，是國家想要描繪「叛亂分子」的活動，並給每位涉案者相應的制裁。

卷宗裡可以看到保密局於一九五〇年十一月十六日爲曾錦堂做的筆錄。一開始問到家庭背景：父親在臺南市海東國小當老師、兄長在雲林龍巖糖廠當會計員、弟弟則就讀臺南附工四年級。接著來到關鍵，特務問曾錦堂：「你於何時何地經何人介紹加入共產黨？」曾錦堂回答：「我是卅七年九月，在臺南市由徐國維介紹加入共產黨。」特務繼續問：「你的上級是誰？有否在附工建立共黨支部？黨員有哪些人？」曾錦堂則回答：「我的上級是何川。支部尚未正式建立，目前仍是工作小組，黨員有邱焜棋、林嘉明、李添木。」

我不一一謄錄這段「對話」，只摘錄裡面的重點：曾錦堂表示自己組織「學生工作小組」，在學校發展群衆、宣傳思想，並且散發過「宣傳共軍作戰勝利」的傳單。特務特別追問了一句：「你跟張皆得有什麼關係？」曾錦堂回答：「張皆得是徐國維的關係，和我沒有『橫』的連絡。」

從這份筆錄，我們先整理出幾個可能成爲線索的名字：徐國維、何川、邱焜棋、林嘉明、李添木、張皆得。對照一下，其中邱、林、李三人，就是曾家保存的四人合照中，一起在中山公園持書留影的青年。原來，他們也捲入了白色恐怖。

從判決書還可以知道：何川（臺南工業學校教員）、邱焜棋（臺南附工電機科六年級）與曾錦堂同日槍決。林嘉明（臺南附工電機科五年級）、李添木（臺南附工電機科六年級）判刑五年；張皆得（臺南附工油漆工人）判了十二年。徐國維則不在這張判決書。他是誰呢？我們在另一個卷宗，發現了職業爲「家庭工業」的徐國維。他在一九五一年的二月十四日——約比曾錦堂早了五個月——便仆倒於刑場，得年二十八歲。

究竟這些人之間，存在著什麼關聯？

根據檔案中的說法，這些人牽涉到名爲「臺南市工作委員會」的地下組織，隸屬於更龐大的「臺灣省工作委員會」，源頭是對岸的中國共產黨。綜合其他卷宗，能得到這樣的輪廓：中共於「抗戰」勝利後，於一九四五年決定派遣一批臺籍或閩粵籍的黨員來到臺灣草創組織。其中，領導者是日本時代便去對岸參加共黨的彰化花壇人蔡孝乾。來臺初期，臺灣人對這個組織並不熱絡。但歷經了二二八的衝突後，愈來愈多不滿政府的臺灣人投入其中，在各地長出規模不等的組織。

通過《鄭海樹等叛亂案》的紀錄，我們也能爲官方指控的「臺南市工作委員會」勾勒大致輪廓：

一九四六年春天，臺南青年鄭海樹從日本留學返臺，進入郵電管理局臺北機務所。同時，同樣來自臺南的青年何川，自臺南工學院畢業後，也來到臺北市的大同中學當老師。當時他們住的宿舍，位於臺北市北門一帶。宿舍的主人是兩位青年——在《新生報》擔任記者的臺南青年蔡瑞欽[2]、在臺大工學院就讀的麻豆青年蔡國智[3]。此外，常來拜訪的朋友，包括臺大醫學系畢業的臺北青年郭琇琮[4]、曾赴重慶擔任記者並在臺北開設「啟蒙書屋」的白河青年吳思漢[5]等。[6]從其他資料可知——他們多是日本時代的「祖國派」，甚至因反日坐牢，或遠走對岸。一九四五年八月日本投降，郭琇琮、吳思漢就籌組「學生聯盟」，於十月二十五日「光復」時，組織萬名學生遊行歡迎祖國。他們都是戰後活躍於臺北的青年運動者，彼此經常交流。

一九四七年二二八最初的衝突點大稻埕天馬茶房，離幾位青年的宿舍只隔了幾條街。三月上旬，更變成血腥鎮壓。此情此景，對他們相當震撼。檔案收藏了一份何川用日文寫於軍法處的「回憶錄」，[7]軍法單位將其翻成中文。我摘錄其中從光復到二二八的段落——

何川在涉及一九四五年十月光復的段落寫道：「迎接國民政府及國軍那時候民眾的心情，現在想起來也夠流下淚的……但是，祖國是知道了我們這種心情了罷？現實是夠悲慘的，我們以爲救世主而迎接的國軍，翌日在市內的珠寶店搶奪了金而逃走，國軍的強盜事件接踵發生……。歡騰！幻滅！冷嘲！由這反動醒來眞摯地去思想，我們陷入了難爲形容的苦悶。我們的國家！我們的命運！但是連一條出路都找不出來了……」、「好容易回到了祖國懷抱，現在再來恨祖國，臺灣民眾到底願歸宿何處？」

何川說，他對光復期待愈大，失落也就愈深，「全部的夢已經失掉了，前途是黑暗的，我將謀自己一個人的出路，爲了我自己和我所愛的人們。」此時，他萎靡地去酒家喝酒、玩女人。直到有一天，他遇到了久違的親友K，何川邀他一起上酒家。離開酒家的路上，何川醉倒在政府前廣場的長椅，望著天空，口中大嘯：「啊！人生太過於寂寞，國家、社會都不過是空虛的夢！我要忘卻一切。」此時，他被猛地打了一個耳光，K憤怒地斥責他：「傻瓜！你就這樣墮落了嗎！我是耐性著到現在的。年青人如此，國家才會搞得這樣。失望、悲觀，通通沒有！一切的一切不就是我們的責任嗎？」他後來才知道，K決定投身到第六十三軍，去對岸參加內戰了。

之後是一九四七年的二二八。何川身邊的青年，許多人憤慨投入抗爭，因此亡了身。此時，郭琇琮、吳思漢經常與何川來往。有一日，郭琇琮表示有祕密要和何川商量。他說：「你們在議論的時候，我總是在旁邊靜聽著。我想你的主張是正確的，我們必須展開合法的政治運動，以青年團結力量改革臺灣的政治，非成爲全國改造的前鋒不可。怎麼樣！你的意見？」何川同意後，郭要他邀請T和Z——對照筆錄就是蔡瑞欽、鄭海樹——參加一個「有同樣主張的臺灣青年的組織」，時間是一九四七年五月。之後，何川與鄭海樹成爲黨員，便回故鄉臺南活動。

一九四七年夏天，鄭海樹、何川返鄉，再邀請何川的族兄何秀吉入黨，三人同在臺南工業學校擔任老師。一九四八年春天，他們祕密成立「臺南市委會」，此後由鄭海樹擔任書記統籌全委員會的運作、何川負責組織、何秀吉負責宣傳。[8]這個組織漸漸擴大，下面發展了臺南工學院總支部（分成學生支部、教員小組）、臺南附工支部、臺南工業學校支部、長榮中學支部、國小教員小組、白河國小小組、兩個街頭小組、以及一些個別的關係與小組。

根據檔案：曾錦堂，便是牽涉一九四八年在學校形成的臺南附工支部，才被國家鎖定與逮捕。

我們再看看檔案中對附工支部的記載——鄭海樹供稱：「臺南工學院附屬工業學校有一支部，負責人是曾錦堂，黨員有李添木、林嘉明、邱焜棋。另一工人小組，黨員是張皆得、陳溪。」對照曾錦堂的供詞，他與鄭海樹、何川的供詞差異是——他聲稱附工還沒成立「支部」，只有一個「小組」。至於合照中的其他三人呢？邱焜棋供稱，他在一九四九年七月由曾錦堂介紹；李添木說，他在一九五〇年二月由曾錦堂、邱焜棋一起介紹；林嘉明則說，他是在一九五〇年一月由邱焜棋介紹。

當拼圖慢慢湊起來，還有一個關鍵問題——介紹曾錦堂入黨的徐國維究竟是誰？這必須移至另一個名為《徐國維等叛亂案》的卷宗，才能讀到他在一九五〇年十一月十三日的筆錄。他的背景是這樣的：臺南市人，日本京都帝國大學工業化學科畢業，戰後在臺南附工擔任老師到一九四八年底——由此可推測，他可能是曾錦堂在校時的老師。然後，徐國維自稱在一九四八年二月，由何川介紹，參與了共產黨。之後他吸收過兩個人：一位是曾錦堂，一位是學校的技工張皆得。

至此，檔案間似乎有一條逐漸清晰的故事線浮現——不過，這一條故事線又頗為單薄。

翻開所有政治檔案，我們會發現，無論是特務或軍法官，國家部門生產的記憶，最主流的句型就是「○○年A吸收B」、「C與D同屬一個小組」、「E的上級是F」或「G領導了H、I、J」的語法結構。

實際上，在所有的政治檔案中，除非像何川自己寫了「回憶錄」等陳情文件，否則，特務書寫的紀錄，目標只在點跟點間建立連結——你何時、何地參加叛亂？誰吸收你？你吸收誰？組織有哪些人？——藉此勾勒出一張叛亂之網，然後卯足一切氣力將衆人一網打盡。從檔案中根本讀不到——特務與軍法官也很可能毫不關心——被捕者投入「抗爭」的意圖、思辨、情感、心路歷程（倘若他們眞有參加的話）。國家對被捕者的動機，一概只留下極簡化的訊息——匪、叛亂、中毒、喪心病狂、缺乏家國觀念、意圖以非法方式顚覆政府。這樣的句型結構，成爲國家勾勒政治犯臉孔的主要色調。

多年後，當家屬與大衆看到檔案，面對通篇稱「匪」的敘事，常常激起強烈反感，斥爲國家侮蔑政治犯人格的負面標籤。同時，長年教條的反共宣傳，更讓許多人把國家昔日竭力打造的一切說詞，視爲荒謬笑話。從一九九○年代起算，有一段不算短的時間，不少人提到政治檔案，都直覺視爲特務羅織、全不可信的通篇謊言。進而認定當事者或家屬的記憶，會比起國家的書寫，更貼近六、七十年前悲劇的眞相。

確實，對於政治犯的意圖與思想，政治檔案做了極匱乏的記述。不過檔案細緻的焦點不在於思想，而在於一張張的「網」，並蔓延、交織爲一個龐大「組織」的畫像。許多與曾錦堂連結成案的難友身分，家屬也未必知曉——不過，將政治檔案全斥爲謊言後，究竟曾錦堂在世時認不認識徐國維、何川、張皆得等人？倘若認識，他們如何相識？如何交往？與檔案的描述有無出入？這些提問，往往在對國家敘事的反感下，也連帶擱置，成爲毋須再追問的謎題。

其實檔案並非一無是處，仍夾帶了一點罕見的線索。例如，國家也替曾錦堂拍了一組可稱爲「孤本」的照片——他生前的最後一張照片，及死後的第一張照片。這組照片，送到總統府給蔣介石閱覽，他會親閱死刑者們確實已在胸口開了大洞、血花淋漓地臥倒新店溪畔。

凝視死前的照片，仍帶來一點朦朧的訊息。檔案讓我們知道——一九五一年六月十七日清晨，共有十人送往馬場町。其中，曾錦堂與何川、還有同案的幾位青年，彷彿帶著淺淺笑容。他們是不是眞的微笑？爲什麼微笑？懷抱什麼心情？檔案只能給我們一點線索，也帶給我們更大的謎團——如果能找到上述名單中任何一位倖存者，聆聽他們的記憶，也許就能釐清更多迷霧了。

第三張容顏：難友的記憶

最初，我們找到了張皆得先生——保密局特別追問曾錦堂「有什麼關係」的那位技工。

張皆得，臺南人，自幼家貧，母親半盲，公學校畢業後便出來當童工。後來他學會了油漆的功夫，便開始承接粉刷廟宇、房屋的工作。

他過去對政治毫無興趣。即便是二二八的騷動傳到府城時，他也在修理廟宇，每天光是上工就精疲力盡。一直到三月中旬，前往廟宇的途中，他聽見一陣喧鬧。上前才聽說是一位律師被殺害。他繞道去案發現場，死者正是赫赫有名的湯德章。他說：「我眞的很憤慨，政府就給湯德章曝屍，不准家人收屍。他是我們府城一位有聲望的律師，到底是做了什麼罪大惡極的事，要用這樣殘忍的手法殺死他？」

此後，他才開始對政治有了懵懂的關心。他當時在整修的廟宇，是臺南市中西區的五帝廟。幾位做木工的老師傅與師仔，自一九四七年夏秋，便常與他聊起二二八及工人困境。幾位木工的名字是：蔡來、王炎山、陳麗水。[9]之後，老工人提及對岸有個共產黨，並引一位能言善道的中年人「林さん（Lin san）」前來。林さん對他分析工人是一個階級，要團結捍衛共同利益。此後，王炎山又拿了中國共產黨黨綱給他閱讀。很多年後，張皆得才知道，林さん只是老前輩的化名——他的眞實身分，是來自臺南縣大內鄉的李媽兜。[10]

一九四八年春天，張皆得更想求學了。但生活依舊艱苦，因此他進入臺南附工的營繕組，白天當技工，晚上就到附設的夜間補校讀書。那年春天，他先在夜校的教室，認識化學老師徐國維；暑假時，又結識到營繕組打工的日校學生曾錦堂。

他們是這樣結識的。至於進一步的深交，則是以徐國維爲軸心展開。徐國維是府城人，二十五歲左右，未婚。自日本留學返臺後，就在附工教書，日、夜都有開課。他與學生感情特別好，每到週日，大家常一起出遊。他們曾一起到石精臼吃鱔魚麵，張皆得與一群學生硬拗徐國維請客，結帳時攤販卻拒絕收錢，弄得徐國維一臉錯愕。此時，調皮的張皆得才表示：「賣鱔魚麵的是我舅舅，他當然不會跟你收錢！」一段時間後，討論的話題愈來愈敏感，徐國維帶他們去臺南市的運河，僱小船，在水波晃蕩中交流。張皆得至今還記得——一九四八年的中秋節，師生就在船上度過。當時，他與曾錦堂、邱焜棋等非常興奮，在小船間跳來跳去。徐國維緊張地說：「哎呀！這樣會翻船！」張皆得、曾錦堂則大聲回答：「沒關係！沒關係！翻了再說吧！」

他們經常聚在一起，不過卻不大過問彼此在日、夜校的情況。因此關於曾錦堂擔任自治會長的情況，張皆得所知甚少。他說，我們若想瞭解更多，就去找曾錦堂在日校的好朋友吧！

前述提及在中山公園拍攝的一張照片。二〇一四年，當時影像中的青年只剩林嘉明、李添木仍在世上。在張皆得引薦下，我們先訪問了林嘉明先生。八十餘歲的他回憶：曾錦堂讀機械，自己讀電機，彼此不同科。曾錦堂活潑而秀異，入學不久就成為全校的風雲人物。他憶起當年的選舉狀況——提名首任自治會長時，先交由學生提名人選。此時有人大喊：「我提名曾錦堂！」最初迎來一片沉默，接著是一片掌聲。曾錦堂便在完全沒有競爭者的情況下當選了。之後，幾位好同學邱焜棋、李添木、林嘉明，一起「入閣」投身校園自治。

另一個交集，是徐國維在日校的課後活動。徐國維教化學，但學生間廣為流傳，他留日時就接觸左派思想，對政治經濟學別有見地。應該是每週三或週五放學吧！徐國維召集了一個「社會科學研究會」——與其說是社團或讀書會，不如說是由徐國維主講的講座。裡面的主題，涉及勞動、生產關係、階級、剝削、辯證等概念，也介紹了《大衆哲學》與各種左翼文學。對當時的年輕人來說，馬克思主義揭櫫的科學分析，與理工崇尚的科學不謀而合。時局紛亂，相較於自然世界，青年更焦慮於社會爲何如此躁悶？未來將馳向何方？就是在研究會裡面，徐國維與幾位學生愈來愈親密——最初是曾錦堂、邱焜棋，爾後則加入李添木、林嘉明。

接著，我請教了關鍵問題——你們究竟有沒有參加共產黨？

對於這個問題，張皆得很坦然：他最初的啟蒙者，是修廟的老工人們。後來林さん三番兩次鼓勵他入黨，他卻因爲家境問題猶豫。他曾在深夜陪工人散發「勿忘二二八」的傳單，但就是無法下決心答應入黨。後來在夜校認識了徐國維，聽他的談吐，心想該是林さん渴望尋找的同路人吧！一日，在張皆得引薦下，他邀請徐國維到公園跟林さん見面，之後由兩人自行交談。幾天後，林さん告訴張皆得：「你以後不要跟我聯絡了。你就多跟徐國維老師來往吧！」再過沒幾天，徐國維告訴他：「你已經跟組織接觸了一段時間，不要猶豫不決，鼓起勇氣吧！」這時才知道，他們早已參加了同一組織。

一九四八年的一個夜晚，在徐國維主持下，張皆得參加了地下黨。不過，要到以後的以後，他才知道組織的全稱是「臺南市工作委員會」。

我繼續追問，曾錦堂有無參加？張皆得說，相處久了，猜得到他也參加了。不過，地下黨有個紀律：「直的連繫」——直接領導的關係——以外的事都不要探問，以免衍生不必要的「橫向連繫」，徒增曝光風險。因此，他們雖然經常相聚，卻從未討論「組織」的事情。這倒與曾錦堂在保密局的說法一致：「張皆得是徐國維的關係，和我沒有『橫』的連絡。」

一九四八年底，徐國維「受命」辭職，改去九曲堂的永豐餘紙廠上班。張皆得解釋：何川、何秀吉及同案的何阿水，都是永豐餘何家的子弟，自然容易推薦他去家族工廠上班。至於調職動機為何？是為了拓展高雄學運。當時，常有高雄工業學校的學生到紙廠實習，自然就有接觸機會。一九四九年春天，徐國維便消失在校園了。此後，張皆得與日校學生，全改由何川領導。

不過，張皆得與曾錦堂很想念徐國維。一九四九年一整年的時間，一到週日，他倆就常搭火車去九曲堂。彼時是通貨膨脹頂峰，除了紙廠工作，徐國維還在家裡架設一組幫化妝盒電鍍的設備，藉此貼補家用。週日，他倆就常在九曲堂的徐國維家，一面電鍍、一面談天，等到傍晚才返回臺南。

林嘉明則從另一種視角回答我的提問。他在一九五〇年春天參加，當時附工日校的小團體便是由曾錦堂、邱焜棋領導。回憶起來，當時的活動難免有些稚氣——附工旁邊有一處軍營，「上級」交代去探聽有多少駐軍與武器。不過，終究是中學生，沒有方法，語言隔閡更難克服。只基於對二二八的義憤，他們曾在深夜拿鞭炮、煙火往軍營狂拋，製造巨大聲響。等到軍人驚醒，衝出來叫罵，他們早一哄而散。

即便如此，一九五〇年春天，渡海戰爭山雨欲來。爲了上級交代的「牽制駐軍」，他透露了一個不曾爲外人道的祕密——當時軍人待遇差，常盜賣軍用品。幾位年輕人就湊了一點錢，買了一把手槍。大家在日治末期雖然接受過一些軍事訓練，但終究是挖壕溝的工事，壓根不曾摸過槍枝。於是相約在深夜試射，地點是工學院機械系館後面——可惜槍法不甚高明，無人打中目標。況且子彈只有幾顆，還要省著用，因此說是練習槍法，卻也僅此一次。沒多久，案件就爆發了。

林嘉明說，被捕以後，曾錦堂、邱焜棋吞下擁槍的祕密，不曾說出。槍枝始終埋在某間日式老屋的地板下，無人發現。因爲這樣，他與李添木才有機會在恐怖時代倖存，「只」判了五年徒刑。

那麼，一切是怎麼爆發的？

一九五〇年八月十七日，張皆得、曾錦堂、林嘉明、與附工的日夜校學生陸續被捕。之前，「有人被捕」的流言在府城四起，他們都有心理準備。特務來訪的那一天，拿出一封鄭海樹的親筆信，上面交代：「政治問題、政治解決，放心坦白，不久便會釋放。」押入警局後，張皆得發現日校學生都在牢房了。牆上掛了一張黑板，畫出如族譜般的系統圖。此時，學生們推敲組織已全數曝光，可能是領導人全盤托出了。

青年們未受刑求，可能是因爲領導人早把關係交代清楚。「可是徐國維老師呢？他在哪裡？有沒有事？」學生私下議論著。幾天後，徐國維才從高雄押來警局——他，成爲這波逮捕中唯一被刑求的人。

張皆得回憶，徐國維被抓後，只承認與曾錦堂、張皆得的關係——已經曝光的部分。特務又追問，他是不是去高雄發展組織？徐國維堅決否認。一到午夜，特務開始上刑。張皆得描述：「特務把徐國維吊起來。吊起來之後，兩邊的肋骨就暴露出來了，他們就拿子彈一直來回刮肋骨，刮到整個都發黑了、瘀血了，兩邊都黑青了。」傷痕累累後，換成鄭海樹、何川軟性相勸：「不要逞強，會害到大家。」徐國維最終勉強交出在高雄的兩個關係——九曲堂紙廠工人李金璧、高雄工業學校學生許壽山。[11] 半夜三點，他送回押房，奄奄一息。學生們趕緊挪出空間，照顧他傷痕累累的身軀。

初步訊問結束，準備移送臺北。一干人押上吉普車前，鄭海樹再次樂觀地勸告眾人：「不要盲動，配合訊問。我們已經跟他們談好，大家不久後就可以『自新』回家了。」

到達臺北市後，鄭海樹等「領導人」送往保密局南所；徐國維與學生們，則送往保密局北所。在北所的押房，學生細心照顧徐國維的傷勢。張皆得描述：「那肌肉都壞死了，發黑腫脹，用熱水敷時，一碰到就痛得不得了。」他為傷口哀嚎，但更為內心自責而痛苦，他不斷喃喃自語：「我錯了，我錯了，我不該交出許壽山他們。」相對於此，移送南所的「上級」仍然樂觀。與其中一位領導者同房的政治犯蔡焜霖先生回憶：「他剛新婚，常拿著妻子的相片端詳。他告訴我們，不久後，他就會釋放回家了。」多年後，蔡焜霖仍為此感嘆：「他還沒有準備好。」

一九五一年春天，衆人移送保安司令部軍法處等候判決，最先獲判的竟是徐國維。那日是一九五一年二月十四日，農曆正月初九，民間俗稱的「天公生」。傳統上，人們吃素，表示對玉皇大帝的崇敬。也在那一天淸晨，徐國維獲判死刑。目睹此景的政治犯陳英泰回憶：「我永生難忘我看到的景象。穿著白色衣服的高大美男子徐國維，安靜地從我們前面離開，被憲兵押走。」「那一天是我們臺灣人習慣吃素的日子，人們不殺生，徐國維卻在這一天永離世界。」淸晨六點，徐國維槍決，得年二十八歲。

徐國維的死，對鄭海樹、何川、何秀吉的衝擊甚大，讓他們從集體自新的幻夢驚醒——連徐國維都死了，我們全都會死吧？巨大的恐懼與焦慮開始籠罩在押房之間。於是，鄭海樹在內的人，匆匆在牢房內與其他本、外省籍政治犯串聯，準備將監獄中流傳已久、代號爲「吃麵包」的逃獄計畫付諸實現。

最初，由誰提出「吃麵包」的構想與計畫，已不可考。但從一九五〇年六月韓戰爆發後，槍決頻率愈來愈高、判決也日益嚴峻，政治犯就流傳各種「逃離軍法處」的構想。「吃麵包」的內容是：淸晨，獄卒會將押房輪流放封，讓政治犯出外盥洗、洗衣、活動筋骨。此時走出押房的政治犯，要率先打倒獄卒，奪走他們保管的鑰匙。接著迅速打開所有牢房，讓政治犯們奪門而出。那麼，逃離軍法處後要何去何從？請教倖存者，誰也說不清有什麼明確規劃。不過有些人記得，曾任國防部中校參謀的政治犯蘇藝林表示，他有相識者在桃園大溪，是「自己人」，只要逃到大溪，就有辦法調動軍隊，讓大家離開臺灣。

從今日的角度看，這些方案像是天方夜譚。不過，這反映出政治犯的集體心理——無論如何都要逃出像是人間煉獄的軍法處。留著，只有死路一條。

一九五一年二月十六日，徐國維槍決後兩日，臺南青年們聯合一群本、外省籍政治犯，將「吃麵包」付諸實行。當天早晨，由邱焜棋、何秀吉衝出押房，毆打獄卒，奪走鑰匙，打開其他押房的門。不料，察覺異狀的獄方，急忙將整個監禁區的鐵門放下，使大家成為「甕中鱉」。最後，此舉不但未能逃出軍法處，還使未判死刑者再加上十年「逃獄罪」。

曾參與逃獄計畫，日後仍仆倒刑場的高雄彌陀人李凱南，在「吃麵包」失敗後，於囚禁的獨房寫下一曲，並流傳於政治犯間。二〇一四年，張皆得緩緩唱起李凱南所作的一曲：「磨不斷的腳鍊、掙不開的手鎖、生命隨著時間而逝去、自由陷入罪的漩渦、暗悽悽人間地獄、與世永訣……」

一九五一年六月十七日，曾錦堂、邱焜棋、鄭海樹、何川、何秀吉，還有十名臺南籍的青年，於該日清晨六點半在馬場町執行死刑。其餘人等判處五年至十五年有期徒刑。曾錦堂，得年二十二歲。

張皆得說：以上，就是我關於曾錦堂的所有回憶。

第四張容顏：曾錦堂的信件

至此，我們看見了關於曾錦堂的三張容顏，分別散落在——家族、國家、難友的記憶中。仔細比對，三張容顏甚至有些落差。這些落差，隨著本文的寫作，又堆成愈來愈鮮明的對比。

二〇一四年，我們曾邀請林嘉明、張皆得去拜訪曾麗香。在此之前，我請教張皆得：「你清楚曾錦堂的家庭背景嗎？」張皆得說：「大概也是家境不好的青年吧。」實際上，相較於張家的一窮二白，曾家的經濟很不錯。這時候我才意識到，即便張皆得能對曾錦堂在家外的往事，進行細緻的追憶。可是，一如麗香對哥哥在學校做些什麼感到陌生；曾錦堂的難友或同志，對他的家庭背景也未必清楚。

那一天，麗香終於見到中山公園的其中一位合影人了。為了證明所言不虛，張皆得、林嘉明帶著當年的判決書，佐證確實是跟曾錦堂一起歷經生死的難友。麗香先談到「外省匪諜老師」的事情，張皆得趕緊解釋，他們確實跟老師來往甚密，不過老師是道道地地的本省人，是出身府城的徐國維。爾後，面對麗香認為哥哥「沒做什麼，只是被老師牽連」的想法，兩位政治犯講述自己與曾錦堂參與「地下組織」的往事，希望她理解哥哥「確實有想些什麼、做些什麼」，強調曾錦堂有自己的理想。

當兩位政治犯不斷「修正」麗香的記憶時，麗香頗有抗拒——這樣哥哥不是真的成為共產黨或匪諜了嗎？眼前這些陌生——卻又曾與哥哥親近的男人的記憶，與記憶的中哥哥落差太大了。更尖銳的對立在於：林嘉明查覺到麗香一家的價值觀，更傾向本土或臺灣民族主義，然而他們可是堅定的中國民族主義者。林嘉明對麗香說：「妳哥哥若活著，他也會主張統一」、「妳不能違背妳哥哥的信念」。當林嘉明「借」哥哥的口來評斷「何謂正確的主張」時，使麗香更加疑慮。她回答：「即使我哥哥眞的有參加什麼組織，也未必表示他就是支持統一。」

當天在場的，還有同是一九五〇年政治犯的蔡焜霖——他在一九四六年臺灣省第一屆青年夏令營結識了曾錦堂。對於兩方的爭論，他抱持著比較同情麗香的態度。他說：「一個人內心深處的地方，林嘉明不可能完全瞭解。」

實際上，誠如這句話所言，曾錦堂內心深處想些什麼，林嘉明、張皆得未必瞭解，一如曾麗香也未必就能瞭解。況且，從一九五一年六月十七日起算，名爲曾錦堂的青年消逝在世間，他不再呼吸、不再書寫，不再思考——當然也就不可能對六、七十年後的臺灣社會該統該獨抱有任何想法。倖存的人們所固執的，往往是自己對這段過去所構築出的不同版本的記憶、感受、情緒，即由此衍生對於未來的不同投射與嚮往。但這些爭論，未必與死去的曾錦堂本人有任何關聯了。

終究，「記憶」是屬於每個人自己的。麗香若沒有構築「外省匪諜老師」的記憶，就難以回答童年時的驚駭起因爲何？並且證明哥哥是「無辜受害的善良青年」而抵抗汙名。難友們歷經了一連串生離死別，並在受難歲月中建構出「曾錦堂依舊與我們奮鬥」的想像，使離開的彷彿未曾離開，在六十年後仍堅信「他」與「我們」仍會堅持相同的選擇。甚至，國家檔案的記憶，也是爲了證明殺戮的正當性，使二二八後鼓譟的抗爭者轉化爲「匪」。不同版本的記憶，都關於曾錦堂，但也從不等於曾錦堂的意志、及他本人想留給世界的話語。

那麼，曾錦堂本人可曾說過什麼？實際上，從一九四九年到囚禁於軍法處之間，曾錦堂曾寫過一些明信片、信件。這是我們唯一可見的、貨眞價實的，他親口說出的話。

在被捕之前，一九四九年六月十一日的明信片上，曾錦堂試著闡述對於世界的觀點：「世界的一切常常對於我們所要做的事情加以阻礙，使我們覺得困難，使我們發生苦惱。但如果我們能夠鬥爭，起來打破了前面的阻礙，仍可以達到我們的要求，得到勝利的歡喜。所以世界不是僅只充滿了苦惱的東西，而是我們鬥爭的對象。」這段文字，其實是書摘，出自中國馬克思主義者艾思奇寫於一九三六年的通俗讀本《大衆哲學》。這段文字談到了人們有許多種不同的世界觀，觀點不同，對自我與世界的關係就有區別。而在厭世主義者、宿命論者、享樂主義者的選項外，曾錦堂抄下了現實主義者的觀點——外在世界是痛苦、束縛、充滿限制的，我們必須現實地面對與改造它，使世界不再束縛我們，而是成就我們志向的事物。因此，曾錦堂認爲必須「鬥爭」。回顧書寫的時空，多少反映了曾錦堂這位左翼青年的信念，並且幽微地向家人闡述了他之所以做出「不足爲家人道」的政治決定的自我意志。

此後的書信，都是被捕後，移送到臺北市軍法處時的通信了。當時的環境，不可能再坦然書寫與政治觀點有關的文字。不過，一九五一年二月五日的信件中，他再次闡述了生命觀：「對於學習功課方面，都照樣的實行。我想一個人從出生的那一天起，一直到死亡的那一刻，都需要有恆不斷的學習精神。如古人說的：『日日新』，近世有名文學家所說的：『我現在還學習，我願終生只是一個學生。』」

不過在殘留的書信中，曾錦堂的話是對於家人的安慰。前面提到，他們一九五一年在軍法處，歷經了二月十四日徐國維槍決、二月十六日「吃麵包」逃獄失敗的打擊。可是曾錦堂寫回家的信，卻不讓任何一絲血味染上信紙。他不斷安慰悲傷的母親，自己很好、平安、快樂、充實、安穩度日，以減輕母親的擔憂。

一九五一年一月七日：「四號接到了三十一寄來的信，知道了家中大家都很平安，兒感覺到非常的歡喜。可是聽到媽媽很悲痛以至身體衰弱，使兒十二分的難過——前天已開過一次庭了，大概沒有什麼要緊，而且在這裡還很好，每天都能溫習功課，也不致於太荒唐學業」。

一九五一年二月四日：「至於案件，最近可能再提審一次，大概再過一個半月至兩個月就能結束了。兒相信神聖的法官決不會屈枉一個年青無知的學生，所以請勿過於掛意。」

一九五一年三月十九日，寫給兄長的信件：「前信你說及母親很擔憂我的受苦，其實到『所』以來，並沒什麼苦可言的：飽食終日，手旁不乏書看，累了就睡。我已經寫信去安慰她，同時也煩你寫信去勸她不必多掛慮。」

一九五一年四月三十日：「政府對兒這無知的青年學生採取非常寬大的措施，決不會處予什麼重的刑罰。同時說兒在此看守所，生活還很愉快，官長們對待我們也很和氣，身體也頗健康。如此假使心情上能夠開解一些，兒想定能慢慢好。」

實際上，曾錦堂已得知自己被起訴「二條一」唯一死刑。但每一次寫信，他都希望將置身的人間地獄轉化為平安的樂園形象。曾錦堂被捕後，呈現給家人的容顏，並不是革命朝氣，也不是懵懂無知，而是平穩地、在死神鐮刀旁寫下光明字句的溫暖青年。

即便是死，他也盡可能試著以溫柔的口吻，暗示家人做好心理準備。在「吃麵包」計畫失敗後，他開始製作相簿，希望把他人生中所有珍惜的剪影分類、安置在這本相簿裡。曾錦堂把照片分別三大類——日月潭、母校風光、親愛的人們。他唯獨在「親愛的人們」旁邊題下一首短詩：「回憶是生命的搖籃，感謝她的慈懷。助成我年青的臂膀，也賜我靈魂以安睡！」

在給家人的短短書信中，我們看見了青年的第四張臉孔。他對世界有理想，也懷抱對家人的愛意。他願意與附工的同志投入政治行動，卻不希望爲此帶來的風險讓家人擔憂。這些分裂的記憶版本，也許並非分裂，而是反映了人與人關係的多重面貌，以及青年在不同關係中所做的抉擇。

終究，我們無法重拾曾錦堂的「完整」容顏。但是我們仍可以追溯這段軌跡，理解當槍響之後，注定碎裂的記憶，如何化爲珍惜他的人們心目中各自拾起的寶物，伴隨著各自往後的人生。也許，記憶的碎裂與分歧，原本就是「後白色恐怖」時期心靈地景的常態。

安睡吧，錦堂。也願所有與曾錦堂相逢的人們，能在各自擁抱的記憶中，讓受傷的靈魂得以長眠。

1 根據曾麗香的回憶，這張照片攝於西華堂故居。不過細看牆上的幕帳，寫著「極樂殯儀館」，因此也可能是家屬在臺北領屍時拍的，或是把殯儀館的幕帳帶回西華堂擺設。一九五〇年代槍決的政治犯，先由官方委託臺北市極樂殯儀館洗淨有血汙的遺體，數日後再移送至國防醫學院浸洗池。

2 蔡瑞欽，臺南市人。一九四七年由何川介紹參加地下黨。最初隸屬「臺北市工作委員會」的「新民主同志會」，受化名「外省李」的徐懋德領導。爾後擔任臺灣省教育會研究組組長，於嘉義縣朴子、東石一帶發展文教與農民組織，並與何川重新連繫。一九五〇年被捕，一九五一年三月二十七日判處死刑，同年五月二十日槍決，享年三十二歲。

3 蔡國智，臺南縣麻豆人，戰後由公費保送至廈門大學英語系。一九四七年參加地下黨，隸屬於「學生工作委員會臺大工學院支部」。畢業後於高雄肥料第三廠任職，擔任「高雄市工作委員會」下的「肥料第三廠支部」書記。一九四九年案發，一九五〇年十一月十九日判處有期徒刑十年。他的兄長蔡國禮爲麻豆鎮「蔡內科醫院」院主，由蔡國智介紹接觸地下黨，後成爲「麻豆總支部」領導幹部之一，推動農民運動。一九五〇年八月九日，蔡國禮判處死刑，同年九月三十日槍決，享年三十歲。蔡國智出獄後，一度靠在龍山寺賣炒花生等職業維生，與難友羅瑞秀結婚，現已辭世。

4 郭琇琮，臺北市士林人。一九四五年九月自臺北帝國大學醫學部畢業。戰後與吳思漢籌組「學生聯盟」歡迎祖國。二二八後甚感失望，轉由「老臺共」廖瑞發介紹進地下黨。爾後領導「臺北市工作委員會」並任市委書記。一九五〇年案發，同年九月七日判處死刑，十一月二十八日槍決，享年三十三歲。

5 吳思漢，臺南縣白河人。京都大學醫學部肄業。因嚮往「祖國」，一九四四年棄學由中國東北輾轉前往「後方」重慶。戰後擔任報紙編輯，並開設書店傳播思想。二二八後因失望甚深，轉而參加地下黨，協助郭琇琮領導「臺北市工作委員會」並任委員。一九五〇年案發，同年九月七日判處死刑，十一月二十八日槍決，得年二十七歲。

6 何川還提到林麗鏘、蘇必凱、蔡國禮、李梆鈴是共黨；在吳思漢經營的啟蒙書屋工作的吳金城、戴振本也可能有參加。林麗鏘於二二八遇害，兄長林麗南則因遭受刺激，於一九四八年參與共黨，並在一九五〇年的「臺北市工作委員會案」判刑十二年。蘇必凱因牽涉「麻豆支部案」，逃亡後自首。解嚴後，與出獄的同志合力將日本時代的《警察沿革誌》翻譯成中文的《臺灣社會運動史》。李棉鈴，臺北市人，後與蔡國智一起負責高雄肥料第三廠的地下活動，一九五〇年因「高雄市工作委員會案」判刑十年。吳金城，一九四九年經吳思漢介紹參加地下黨，一九五三年牽涉「山地工作委員會案」遭槍決，得年二十九歲。這群人之中，只有戴振本倖免於白色恐怖。

7 「回憶錄」的寫作時間，大約是「吃麵包」計畫失敗後，按照該文，似乎有與軍法單位請求寬恕的意思，開頭說到：「民國三十六年在臺北加入了共匪組織，到三十八年底爲止，一向在它裡面掙扎過來的我，雖然過餘地付出了高的代價，但是總能因此明白地得知赤色魔網的眞相」、「我不能不把我這血跟淚的苦痛的經驗，告訴給同樣被恐怖的魔手窺視，而同背負著苦悶及光榮的歷史命運的青年同胞們知道。這恰似一個醫生，本身被頑強的傳染病侵害，而總於最後發現了病源菌，將之報告世人，高呼『豫防和撲滅』此病的心情一樣」。即便如此，何川仍坦述了臺灣青年在戰後的心境轉折，尤其對「祖國」由熱烈期待到極度失望的痛苦。

8 「臺南市工作委員會」剛籌組時，領導成員還有俗稱「老李」的李媽兜。李媽兜只有小學學歷，日本時代爲「文化協會」等組織的成員，長年在社會基層打滾，吸引的成員多爲工匠、小商人，與何川等人的交往圈頗有差距。參照李媽兜的自白書，一九四八年間，李媽兜的工作表現受到來自福建的省工委副書記陳澤民的指責，認爲他沒有辦法打進臺南市林立的學校機關間。此後，「臺南市委會」重整，才把領導權交給鄭海樹、何川、何秀吉三人，李媽兜退出後積極以學校爲發展目標。因此一九四八年後，「臺南市委會」發展的不是臺南工學院、臺南附工、臺南工業學校、長榮中學等基層組織，就是由小學教師組成的基層組織。

9 蔡來與王炎山是親兄弟。蔡來年紀最長，日本時代就參與臺南市左翼木工組織。一九四六年李媽兜介紹他們入黨，隸屬「臺南市第一街頭支部」。一九五一年案發，一九五三年五月二十一日判決，蔡來判刑十五年，時年四十七歲。王炎山與陳麗水都於同年五月二十六日槍決，王炎山得年二十七歲，陳麗水得年二十九歲。

10 李媽兜，臺南縣大內人。自幼家貧，僅有小學學歷，曾因參與「文化協會」而入獄。出獄後李媽兜前往福建一帶謀職，並曾於新北市蘆洲人李友邦籌組的「臺灣義勇隊」中擔任教官。戰後返臺，又遇失業困境，後於一九四六年參加地下黨。二二八後，他的組織活動日益蓬勃，領導「臺南市工作委員會」，活動範圍自雲林二崙延伸到屏東潮州。一九四九年後李媽兜逃亡，並於一九五二年春天被捕，一九五三年一月十三日判處死刑，同年七月十八日槍決，享年五十三歲。

11 李金璧，高雄人，原服務於九曲堂紙廠，被捕時已受徵召入伍，擔任聯合勤務總司令部汽車修理廠器材庫上等兵。許壽山，高雄人，高雄工業學校學生。兩人因徐國維的供詞被捕，許壽山原判五年、李金璧原判十年，後經總統府指示分別改判十年、十五年，送往火燒島服刑。不過，徐國維其實保留了大量案情未交出，許壽山也堅持未供出其他同學。直到一九五二年高工學生柯五龍等人結束兩年逃亡出面自首，才將徐國維、許壽山未供出的情節交出，此舉導致許壽山自綠島調回，重新審判，並於一九五三年二月十四日判處死刑，同年五月九日執刑，得年二十四歲。

案情簡介

曾錦堂，臺南市人，涉及一九五一年判決的「省工委臺南市工作委員會案」，於一九五一年六月十七日，與鄭海樹、何川、何秀吉、邱焜棋、梅衡山、唐朝雲、軒轅國權、黃武宗、何阿水等人同處死刑，得年二十二歲。

一九四八年夏天，曾錦堂經由學校老師徐國維介紹，參與地下組織，領導「臺南附工」的學生運動。一九五〇年，全臺地下組織動搖。夏天，臺南市組織也遭特務破獲。由於領導人鄭海樹、何川等人相信特務的誘詞，將全市組織托出，導致曾錦堂等學生立刻被捕。一九五一年春天，徐國維先執行死刑。兩日後，在軍法處深感絕望的衆人，曾試圖發動逃獄，未成。該年夏天，曾錦堂判處死刑，命喪馬場町。

◆以下依序為

曾錦堂給父母的信（兩封）

曾錦堂給大哥曾培堯的信（兩封）

曾錦堂給父親的信

No.

親愛的父母親：

四号接到了三十一寄來的信，知道了家中大家都很平安，兒感覺到非常的歡喜，可是听到媽媽很疼痛以至身体衰弱，使兒十二分的難過——前天已開過一次庭了，大概沒有什麼要緊，而且在這裡還很好，每天都能温習功課，也不致於太荒廢学業，請媽々放心，不要過於勞神，保重身体，兒在此才能安心。同日又接到書籍小包，並六号又再收到雜物包裹，里面的東西按照清單点數都沒有差——這簡直使兒不知道用什麼話來答爸々媽々的愛才好。

今後除「中日會話」外其他書籍及其他物品請不必送來，現在所有的已經够用了，但菜還得請按期的送來，大概十天一次比較適當，但切勿買貴的食料，只要能補給榮養就很好了，例如：牛肉烤片，

昭和　年　月　日

臺南州自動車運輸株式會社

No.

（油、花生、皮蛋等）
最後請換臺幣來替我多服侍父親，加緊用功。

祝家安

愚兄
錦座上
一·七

昭和　年　月　日

臺南州自動車運輸株式會社

臺灣省保安司令部軍法處看守所在押人用牋

兩親鈞鑒：二十八号的来信以及郵滙，小包等都如数接到了，兒真是感謝恩情不盡。

前次提到的小棉被可以不送来，因為現在已漸漸趋暖了，而且多穿点衣服就行了。

至於案件，最近可能再提審一次，大概再過一個半月至兩個月就能結束了，兒相信神聖的法官決不會屈枉一個年青無知的學生，所以請勿過於掛意。

如前信已說及的，菜還是煩請繼續地送来，因為這全要靠自家的。（牛肉乾片、炸油花生、鹹魚等比較適宜，並請附送黑糖及肥皂四塊。）

祝家安！

愚兒 錦堂 二、四、

No. 1

民國四十年 二月 五日

培堯大哥如晤：28号寄上的信，已經收到了罷！前一次信因為恐怕趕不上收信時間，因此寫得很亂，請您原諒。（所規定每星期一上午代發信件）

手現在用後洗面場因未洗面場在屋外青天之下，洗澡時間是5～10分鐘。一清早就在房子裡面用昨晚留下來的涼水洗口，等着輪到自己的房間，矮的門一開大家就彎着腰一個一個地跳出來，完全和雞舍的小雞們經過黑夜的禁閉，被放出尋食的一樣。直奔洗面場，匆忙地脫光衣服，一手拿着牙杯，一手握着手巾，以牙杯向池底拼命掏水，就潑在身上，以手巾趕緊地擦，使最先被冷水洗蕩而成雞母皮樣的（全身皮）膚馬上變紅色。無論天氣是如何的寒冷，年青的都盡可能每日做——在此保持健康的才一條件就是清潔。只是偶然有幾個害病的站在旁邊看。但討厭的台北細雨，有時一連就是整個禮拜，如此就連洗面也該不上了。

對於學習功課方面，都照樣的實行，（我認為）一個人自從出生的那一天起一直到死亡的那一刻，都需要有恆不斷的學習（精神）。如古人說的：「日日新」，近世[redacted]有名的文學家所說的：「我現在還學習，我願終身只

臺灣機械工業株式會社
本社工場 高雄市 … 電話 八七八番
臺北出張所 臺北市 … 電話 一、四四八番

是一個学生」。

爸々來信說『耀波叔父二十七号舉行結婚典禮』了，假若您有机會遇到他的話，替我向他道賀，說我祝福他們的"愛情永固"。並如有結婚記念合影（新娘、新郎），送一張給我。

祝

快樂！

弟錦堂[redacted]上

二、五号、

『還記』

請你有餘力的時候送副食品來給我（如烤牛肉片最好）。

[redacted]

一九五一、二、十三收

於龍岩

培堯大哥：

我很愉快的告訴你，我已經把照片簿弄好了，並且做得相當滿意，這件事得到二位難友熱心地幫助，整整耗費了我一天的工夫才完成的。最先把紙張每隔一張裁掉一張，結果本子比以前薄了一半，這樣能夠避免由於夾上相片致使本子變成太厚、難看。其次用你前次寄郵包的淡青色的紙，裁成條條做三角夾板形式如下：。這很費力，因為七十一張的相片需要284個。最後把照片分類編排貼上夾板夾上去了。我把它分做三大類：1.日月潭 2.母校風光 3.親愛的人們 並在「親愛的人們」題了一首短詩：

回憶是生命的搖籃，感謝她的慈懷，
助成我年青的翅膀，也賜我靈魂以安睡。

做完這件事我的心喜悅了好幾天。

前信你說及母親很担憂我的受苦，其實到「所」以來，並沒什麼苦可言的：飽食終日，手旁不乏書看，累了就睡。我已經寫信去安慰她，同時也煩你寫信去勸她不必多掛慮。

你那種生活態度，使我非常的羨慕，按時上班，熱心盡責，下班

以後剩餘的時間，就深深的沉浸在自己所愛好的美術的世界裡，
雖然沒有較高的物質享受，但有這种高尚的精神享受，可算
是很幸福的了，祝福你
『創造美滿的生活，開拓有幸的命運』吧

弟 錦堂 上
三．十九早

臺灣省保安司令部軍法處看守所在押人用牋

政府對兒這無知的青年学生採取非常寬大的措施，決不會處予什麼[illegible]重的刑罰。同時說兒在此看守所，生活還很愉快，官長們對待我們也很和氣，身体也頗健康。如此假使心情上能够開解一些，兒想定能慢々好。

四姨、々姨近来好嗎？尤其々姨的身体怎樣？前次寄那些糖果給我，我忘了寫信謝（道）謝，請爸々替我問一声。

又下次寄郵包時煩寄下列物件：

1. 內褲一條（寬一点的）2. 藥皂二个 3. 洗衣皂4塊 4. 黑的糖（若干1－三斤）5. 萬金油二盒

兒
錦堂 上
四.二〇

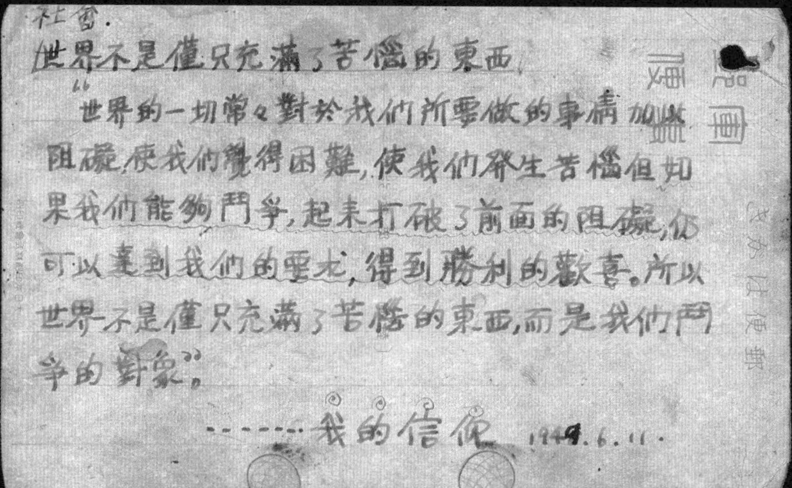

社會.

世界不是僅只充滿了苦惱的東西

"世界的一切常々對於我們所要做的事情加以阻礙,使我們覺得困難,使我們發生苦惱但如果我們能夠鬥爭,起來打破了前面的阻礙,仍可以達到我們的要求,得到勝利的歡喜。所以世界不是僅只充滿了苦惱的東西,而是我們鬥爭的對象"。

------我的信仰 1949.6.11.

曾錦堂於一九四九年六月十一日寫給家人的明信片，闡述自己的信仰：「世界不是僅只充滿了苦惱的東西，而是我們鬥爭的對象。」

①

③

②

①② 戴著臺南附工制服帽的曾錦堂

③ 打赤膊的曾錦堂

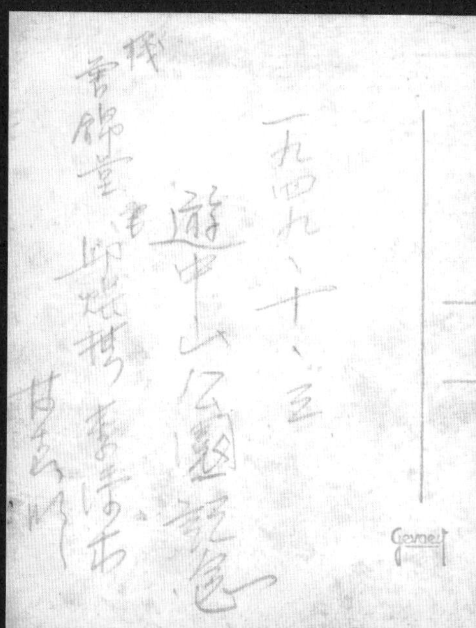

曾錦堂與同學一九四九年十月三日遊臺南中山公園（今臺南公園）紀念，左起李添木、林嘉明、曾錦堂、邱焜棋，四人皆為臺南附工學生。

照片背面為曾錦堂的字跡。

①

②

① 曾錦堂在獄中親手製作的相簿。完成於一九五一年三月，分成三篇：(一)日月潭，內容為哥哥曾培堯重遊紀念、(二)母校風光，內容多為臺南附工建築與景色、(三)親愛的人們，內容為曾錦堂與家人的照片。

②〈日月潭〉篇內頁。相簿上的人是曾錦堂的大哥曾培堯。日後妹妹曾麗香貼上便條紙寫：「如此燦爛可親的面貌，在錦堂兄被摧毀之後已消失了，令人感傷不已。」

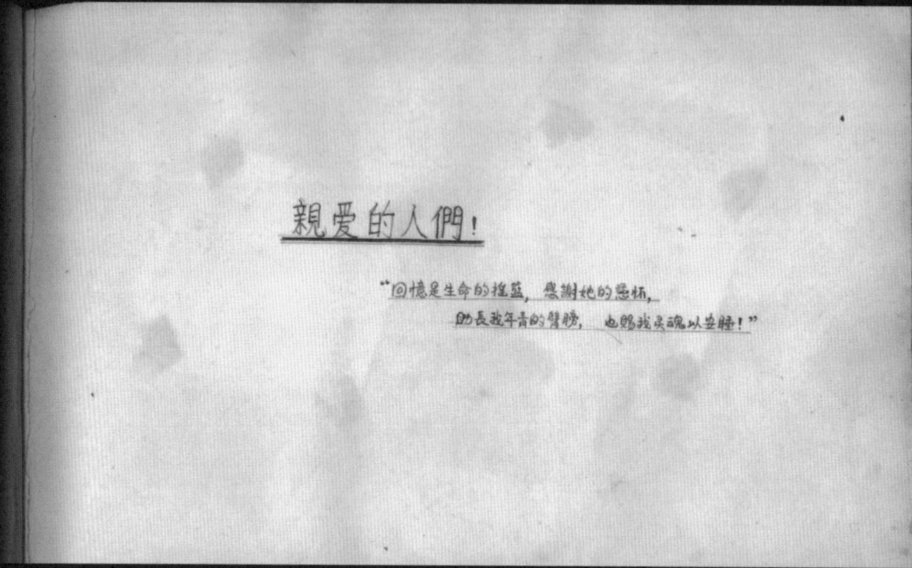

①

②

①〈親愛的人們〉篇名頁，上面寫著：「回憶是生命的搖籃，感謝她的慈懷，助長我年輕的臂膀，也賜我靈魂以安睡！」

②〈親愛的人們〉篇當中一頁，正下方是一九四九年十月六日曾父四十七歲生日的全家福照片，照片中曾錦堂抱著曾麗香。日後曾麗香貼上便條紙寫：「錦堂兄在安撫著使性子的麗香」。

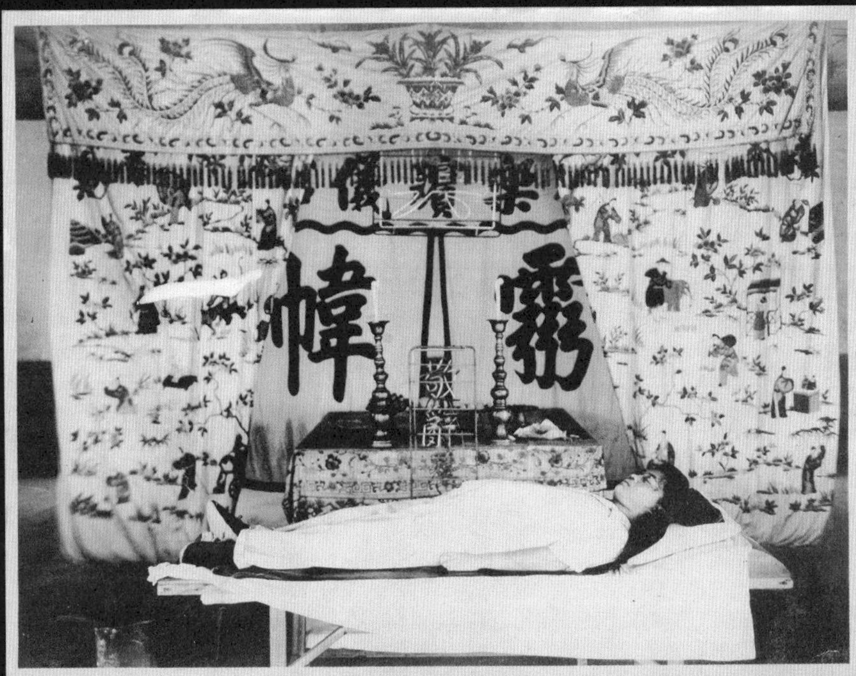

曾錦堂遺照。曾麗香回憶，曾錦堂遭槍決後，家族的長輩們將他從臺北領回，於臺南老家的正廳擺設靈堂，並拍下這張照片。

曾錦堂槍決前的照片。曾錦堂於一九五〇年八月
被捕，一九五一年六月十七日槍決於馬場町。

後記

走向你的歧路

林傳凱

本文初次完稿，是在二〇一四年。轉眼間，八年過去了。關於本文的初衷，我想以其中一位作者的立場，寫下我的想法。

過去的十多年裡，我對於歷史的探索，經常穿梭在政治檔案、政治犯、家屬與親友間。往返的過程中，逐漸浮現一條熟悉的路徑。我對於這些早逝的政治犯的「第一眼」，經常是夾在檔案中，呈報給國防部與總統府公文裡的「槍決前的照片」。這些照片，或沉默，或笑容，偶爾也可以看見哭泣的容顏——我最初能知道的就只有這麼多。

照片本身容易激起情感共鳴，但本身就有歧路。往後的歲月中，閱讀與採訪得愈多，便驚覺不能只以「死前的笑容」反推政治犯生前的心境。例如在曾錦堂的案件中，不少難友也帶著笑容。我曾聽過詮釋者說：「笑容，是因爲視死如歸。」但即便是一九五〇年秋天被捕後的一連串歷程，十個月間，一些同案先在警局相信「政治案件、政治解決」的誘惑、移送保密局的樂觀、一九五一年二月的徐國維之死、兩日後的「吃麵包」失敗、乃至於在獄中寫下（至少表面上）帶有請求寬恕意味的「回憶錄」……，我實在很難說，單憑一張有笑容的照片加上「視死如歸」四個字，就真能描繪那十個月間峰迴路轉、反覆掙扎的複雜心境。

如果，照片的訊息太單薄，那麼採訪親歷者吧。這時候，新的挑戰又接踵而至。首先，一九九〇年代以來，愈來愈多政治犯留下口述。不過時間軸一拉長，可以發現，即便是同一人的說法，在往後的二十年間也常有變化。坦白說，如本文描繪的張皆得先生，能從一而終堅持一種敘事版本者，並不多見。換言之，政治犯的口述就拉出許多歧路。要逼近逝去者的容顏，未必那樣理所當然。

家屬與親友也有同樣的困境。即便是同一個家庭，家屬之間的記憶也經常南轅北轍。曾見過一些家庭，弟弟堅持「哥哥有理想，所以參加地下黨，是寧死不出賣難友的烈士」，妹妹卻堅持「哥哥這麼優秀，一定不會是共產黨」。可是在檔案與難友的記憶中，這位前輩曾在「自新」的歧路掙扎著。家內的記憶分歧、家屬與政治犯的記憶分歧、口述與檔案間的分歧。實際上，要通往那些「照片」主人的路，往往不是直線的、堆疊愈來愈多資料就會「不證自明」的一條路。

當然，所有記憶都帶有真實的情感——這也是本文的重點之一。這樣的情感，甚至會讓持有記憶的人，彷彿覺得死者還活著，或是，必須活著去繼承死者留下的一點志向。不僅僅是曾錦堂身邊的人們，太多例子中，我們遇見倖存或後來的人們，強調要扛起他們的理想、強調「烈士」的理想是「我們」不能遺忘的道標。其中，是統、是獨、是左、是右……，眾聲喧譁，彷彿這些逝者們，還在一個生氣勃勃的大廳爭論著。

其實，他們已經死了。就像文中說的，早已停止呼吸、停止思考、停止判斷與做出政治行動。如果說，他們當年的思想，是主觀的心智與客觀的社會環境交融辯證下的產物。那麼，六、七十年過去了，外在環境也歷經了新的辯證、提出了新的挑戰。因此，「刻舟求劍」的思想判讀，也許有危險吧。我們也可以看看從軍法處倖存的同輩，晚年，他們的思想，有堅持，有轉變，然後也產生各種路線分歧或矛盾。

走過這樣一段路，彷彿更知道什麼，也彷彿更不確定。那就回到曾錦堂自己的家書吧。他的家書裡，我們看見了一個依舊朦朧，卻逐漸有溫度的青年。被捕前，他抄寫《大眾哲學》，告訴家人「現實」是他想鬥爭與改造的對象；被捕後，在歷經老師之死與「吃麵包」失敗，他卻不斷勾勒一個「違反現實」的安穩世界，安慰傷心欲絕的母親。也許，有理想，也懷抱對家人的愛，這是在歷經了漫長追索後，我們少數能確定關於他的一點容顏。

按：二〇一五年出版的第一版文章，是由陳宗延採訪曾麗香，我訪談了幾位政治犯並分析檔案，然後共同完稿。二〇二二年的新版文章，我仍沿用了宗延的訪談，並結合新出土的資料，重新組織成本文。在此特別對宗延致謝，並作為歷史紀錄。

王文培

我要走了，我毫不感到痛苦，倒很覺達觀。短促的人生像閃爍倏然而逝的隕星，不足珍惜。然而我卻為將來留了些碩果，這一點足可慰藉。

——王文培寫給父母親的遺書

我能不留戀的走這要走的路

林傳凱

檔案局，塵封的碎片

二〇二二年，進入「國家檔案資訊網」，檔號A305440000C/0042/276.11/122的卷宗。申請檔案，打開頁面，散落一串碎片。內容：一位青年之死，句點於一九五三年九月五日。[1]

尾數008=0005至011=0015：逃亡時的日記。四種文字交錯——中文、日文、英文、及較少見的教會羅馬字。

尾數009=0012：日記的一頁。苦澀與躁動，關於意識的深層矛盾。他用羅馬字寫的字句，轉譯成漢字大約是：「我的靈魂依然在懸空中飄揚。既然如此，我應該在人生个態度中保持清潔，進一步來講，我有我的愛情，寄託的所在，我對理想的這个所在，應有相當的信心才好，若比今仔日對任何女色有所感覺，彼正正是蟾蜍肖想天鵝肉，彼比乞食欣羨小姐」。但是，他接著寫到：「在我的內心，現此時，有渴望伴侶的心，……這是近來所經過的生活，確實逼使我需要伴侶……，伴侶的存在，會對我這个焦躁的心，作爲化解的甘露」。他似乎爲兩端痛苦，一是社會的理想，一是內心的愛欲，在緊繃的弦兩端拉扯。

尾數009=0006：自勉之語。清秀的字跡寫到：「路本是沒有的，走的人多了才成了路」，隨後標示出處：「魯迅」。筆記本封底，一首歌曲：「起來，不願做奴隸的人們，把我們的血肉，築成我們新的長城……」

尾數005=0008-0009：遺書。對象：父母、三位姊妹、未婚妻翠雲。他勸慰父母：「有許多人家曾犧牲了兒女，這一點請予以諒解，而達觀。」此前，他的同學們，已有許多人槍決、入獄、自首。最末，是對倖存的朋友的話：「總有一天你們會明瞭我的立場，因此我能不留戀的走這要走的路。」

檔號012=0012-0013：判決書，子彈五粒，通向川端橋刑場。他的父親則因「明知爲匪諜而不告密檢舉」判刑六年。另一段悲歌。

一九五三年九月四日的午夜，他也許想過，親筆寫下的字，將隨著要化爲死物的身體，一併送返南國的家。事與願違的是：五日清晨，日光確實灑在新店溪畔，照在他仆倒的軀體上。遺書卻未見光。此後六十年，壓疊在異鄉的鐵櫃。

二〇一二年後，他生命尾聲的呢喃，才拂去厚重的灰塵，重新見到光。

王文培，一九二八年生於高雄，一九五三年死於臺北，得年二十五歲。究竟，在檔案的碎片背後，那條他稱作「這要走的路」，是怎樣在時代的板塊擠壓下，刻劃出那條白色而寂寞的小徑？

高雄、少年、孔明車（一九二八—一九四五）

他出生在南方。父親王秋榮——不過更多人稱他為王大銘，祖籍新竹，早年落腳高雄。妻子黃銀，育有一男四女。除了一位女兒過繼給別人，家中還有調雲、鸞鸚、素貞三姊妹。經商為生。

「大銘商行」在前金，販售當年不普及的自行車。人們雅稱「孔明車」，價格昂貴，上路還要申請「自轉車鑑札（許可證）」。車鏈、發條、輪軸……構成的奇妙機械，線條簡單，卻能通往八方。一九四〇年代，美軍不時盤旋天際。旋轉的車輪，卻能在家中譜出安心的旋律，勉強撐起小康之家。

戰爭末期，他考上高雄商業學校。同班同學林賜安回憶——空襲陰霾下，學生被編成「防空班」，同區學生要一起上下學，他才跟王文培在「鹽埕班」結下不解之緣。林賜安笑道：「孔明車可是新奇事物。」平靜的放學日，大夥喜歡路經大銘商行，朝裡頭張望。和善的王大銘不在意是生財的商品，不但讓他們親手摸摸，還能騎上一小段路。烽火歲月，大銘商行就是戰雲下的小樂園。

他們常與「崛江班」打架。鹽埕班以臺籍少年爲主，崛江班則以崛江町、山下町的「內地學生」組成。[2]雖然宣稱「臺日平等」，校園中實際上仍有歧視。漸漸的，歧視變爲校外對峙。鹽埕班打群架的班底有王文培、林賜安[3]、賴裕傳[4]、洪天復[5]、林金發[6]、李淸亮[7]等人——爾後，他們竟然全都捲入了白色恐怖。放學、打架、去壽山搬石頭作「學徒兵」……。在戰爭的末期，他們愈來愈親密，一起挨過了二戰終局。

戰爭結束了！愉快的車鏈聲卻起了變化。一九四五年十月，新政府來到島上，引爆經濟失衡，沖潰小家庭的堤防。王文培被捕後自述：「我的家庭原是一個小康的家庭，唯光復後因爲社會不安定，一切均是混亂，影響到我父親的商業無法經營，家庭生活陷於困苦境域，因而引起我對現狀的不滿。」局勢急轉直下，旋轉的車輪慢慢停滯。物質的變化，逐步改寫他的精神地景，埋下了苦悶而亟欲改變的種子。

通往臺北的路（一九四五—一九四八）

回憶起戰後初期，林賜安說道：「許多人後來上臺北念書了。」他又苦笑地補上一句：「若我早一年考進商業學校，跟王文培、賴裕傳一起上臺北。也許，我就跟他們一起槍決了，不只判刑五年。」動盪的年代，制度的倉促混亂，竟然偶然拉出了生與死的距離。魔咒是「上臺北」——離愈近、待愈久，彷彿與死亡就愈親密。

所謂「制度混亂」是怎麼回事？得要話說從頭——日本時代，這群少年都是同一屆的公學校畢業生。要考商業學校時，其中一項檢定項目是「體能」。林賜安出身農家，身手靈活。不料，考試前夕，爲了跟同學炫耀單槓絕活，竟意外摔落，手臂脫臼，錯過了考試。他只得隔年再考，最終成了王文培、賴裕傳的學弟。

小小的落差，在戰後演變成更大的差距。日本時代，中等教育沒有初、高等之分，讀完四年就可以取得畢業證書。戰後，沿革「中制」，要劃分爲各三年的兩個階段。一九四五年十月，林賜安正是商校三年級；王文培、賴裕傳則是四年級。新政府宣布：一到三年級轉爲「初中學歷」，接下來還要讀高中職；四年級轉爲「高中職學歷」，能直接考大學。林賜安嘆道：「原本差一屆。之後，我跟他們，一下子變成差三、四屆。」

王文培一九四六年畢業，取得考大學的資格。但由於不熟悉新的「國語」，他與賴裕傳插班考進高雄中學，先準備一段時間再報名。一年後，賴裕傳考上師範學院英語系，北上讀書。也在此時，臺北剛歷經了二二八的鎮壓。放暑假時，歸鄉之際，憤怒的賴裕傳，帶著校園習得的新觀點，熱切地分享給王文培。一九四七年暑假，無論家境或全島的破敗，都讓王文培快快不樂。北方的禮物，逐漸形塑他解剖世界的新視角——階級組成空間、辯證推進時間。王文培練習用新的名詞描繪世界：「同學賴裕傳的宣傳……，使我認爲臺灣的社會是一個『封建』的社會，非改革不可。」

「封建」這個詞，此前未出現在他的生命。此時卻開始冒牙，童蒙卻激進。一九四八年夏天，王文培同時考取臺大、師院。他選擇了臺大商學系，接著也負笈北上。

校園與新時代（一九四八—一九四九）

來到臺北後，他的心思旋即離開教室，走向學生運動的隊伍。

校園裡，外省師生帶來對岸「學潮」的新穎消息。講師楊宣堂，在商學系的課堂講述《新民主主義》。國文課上，閱讀魯迅、茅盾、巴金的左翼觀點。話劇、歌詠、木刻版畫……流行於社團，高舉藝術要源於現實、改造現實的信念。王文培與其他臺籍學生，流連在不遠的牯嶺街，揀選日人離臺留下的河上肇、小林多喜二……。今日雖然沉重，明日卻彷彿浮現「新」的線條，年輕的心靈開始與全球的左傾思潮開始共振。王文培細心想著——世界是階級之間的對立、階級之間的壓迫。當前的政府，擁護統治階級；自己，則要站在弱勢卻人數眾多的一方，顛覆不應如此的秩序。

一九四八至一九四九年，「破舊立新」瀰漫在學生之間。日後看來，王文培交往的臺大同學，有太多人捲入了白色恐怖。礙於篇幅，我們無法一一描繪他們的故事，只能快速瀏覽一串名單——許昭然（臺大法學院）[8]、歐振隆（臺大法學院）[9]、吳逸民（臺大法學院）[10]、王超倫（臺大工學院）[11]、張坤修（臺大文學院）[12]、林金發（臺大法學院）、洪天復（臺大法學院）、陳奇銘（臺大法學院）[13]、方振淵（臺大法學院）[14]、涂南山（臺大法學院）[15]、柯耀南（臺大法學院）[16]、葉城松（臺大法學院）[17]、孫居清（臺大法學院）[18]等。這並非全校的遇難者清冊，卻已經相當駭人。

共黨在學生間瀰漫開，終究是二二八後的事。一九四七年春天，帶著欺騙的鎮壓，讓青年們第一次在生活的周遭，目睹軍人開槍、處決的痕跡，化成嶄新卻痛苦的「成年禮」。春天過後，血味並未散去。每一次翻閱魯迅、列寧、馬克思時，鼻梁、雙目、指尖就浮現血味。每一行油印字句，都與激昂的憤慨共鳴。於是，青年們陸續收到用「血」寫成的邀請函，在二二八後，期盼另一個可能的世界，轉身走進「地下」之路。

實際上，他們未必知曉彼此的「地下」關係。不過，與王文培同處一個校園的戴傳李回憶：「那時候，我們只要一看外表及態度就會曉得某人是否爲本黨同志，十分奇妙。」[19]根據紀錄，賴裕傳在一九四七年五月就參加地下黨，擔任「學生工作委員會」的「師院支部書記」。由於賴裕傳、王文培就讀不同學校，按照紀律，不能有「橫」的牽涉。因此，縱使交誼深厚，最終，王文培是由同院的另一位同學——許昭然——遞出「邀請函」。

一九四九年二月，寒假返鄉時，許昭然邀請王文培，及就讀臺大哲學系的雄中校友張坤修參加組織。開學後，王文培急切想壯大革命隊伍，他以系上「思想言論已很左傾、激烈，並且購有大批左傾書籍」的歐振隆、吳逸民爲對象。幾番接觸後，雖然價值相近，他們卻婉拒了王文培的邀請。多年後受訪時，吳逸民才苦笑道——他知曉王文培的意思，但早答應歐振隆更早前的邀請。因此，按照紀律，彼此別有「橫」的牽扯才好。

那個年代彷彿是這樣的——時代是一陣大風，吹來了，不是這裡遞出邀請，就是那裡遞出邀請，誰都無法置身事外，一起吹進革命的行伍。

從檔案中，可以整理出王文培在一九四九年上半的活動軌跡：

一九四九年二月，答應許昭然，與張坤修一起參加地下黨，開始尋找同志。
一九四九年三月，參與「配米運動」[20]，要求改善學生待遇。
一九四九年四月，發生「四六事件」，未被牽連。
一九四九年五、六月，接觸歐振隆、吳逸民，試圖吸收，未果。
一九四九年六月，與許昭然，以及另一位新認識的王超倫，在樹林車站小組聚會。
一九四九年七月，暑假返家。

返校（一九四九）

一九四九年春天，王文培變了。以前，每次返鄉，他就與雄中畢業的張坤修、彭克巽[21]，一同回母校走走。彼時，校園還有濃厚日本風氣。高一的李明海記下初識印象：「（民國）三十七年六月，當我在高雄中學……，來了有姓王及彭，到我們常休息的地方在一處談話。由於日本時代的遺風，下級生必須尊重上級生，在路遇到時需敬禮或鞠躬行禮的。但他們兩人皆不使下級生如此做，所以我對他們抱有好感」。他們是「學校裡的秀才」，[22]卻毫無架子，很快掙得學弟好感。

畢竟是男校，學弟好奇打探大學裡「男女共學的狀況、自由的風氣」，學長則親切回覆。不過，隔年春天，年假尾聲，學弟眼中的學長有了轉變，「王文培這時的言論和以前不同，似乎有點激烈了」。王文培緊迫問他——有沒有參加自治會、辯論會？有沒有編輯校刊《菩提樹》？都沒有！王文培難掩失望。此後，王文培邀請學弟參與一個神祕的「同盟」。李明海膽怯了，王文培激烈批評他：「布爾喬亞！中間分子！中間路線是永遠不存在的！」此後，學弟歸還商借的代數、幾何書籍。兩人漸行漸遠。

就是這個月——王文培剛剛答應入黨，要壯大革命隊伍。

一九九〇年代，妹妹鸞鸝受訪時會說——哥哥寒暑假才回高雄，貌似平凡學生，未曾聽說他參加任何社團。[23]可是，即使是家人，也未必理解他在這一年的轉變。他離童年時的單純心思，已經愈來愈遠了……。

流浪的孤魂（一九四九・七—一九五二・八）

王文培熱切於革命，荒廢了學業。一九四九年暑假，吳逸民趕來通知，王文培因爲成績不佳被退學了。他連忙上臺北，想確認消息眞僞，並找許昭然商量對策。此時，許昭然卻已失蹤。稍後，法學院爆發「光明報事件」，[24]捉走孫居清、戴傳李等同學，風聲鶴唳。白色恐怖在他身邊炸開，他連忙返回南方躲藏。

一九四九年七月，仍在臺北的賴裕傳完成學業，返回高雄，進入母校高雄商業學校任教。期間，他招攬了林賜安參加組織——沒到臺北讀書的老同學，要比北上的人晚了一、兩年才參加，涉入較淺，也意外避開了「死」的結局。

十月，賴裕傳找到王文培，連同他稱爲「田さん(Den san)」的「上級」一起現身。「田先生」眞名是陳水木[25]，高雄人，賴裕傳的系上學長。他們小心翼翼地商量對策，繼續在高雄串聯青年。

一九四九年底，地下黨核心崩解，全臺陷入大逮捕。隔年五月，輪到賴裕傳、張坤修、「田先生」、洪天復、林賜安等人陸續被捕。與此同時，王文培在臺大的同窗也陸續出事了。事已至此，他只好絕望地離開高雄，從此在各地流浪：

一九五〇年六月　彰化市過溝，住了兩天。

一九五〇年六月　彰化中寮糖廠宿舍，住了兩天。

一九五〇年六月　彰化市場，住了一個星期。

一九五〇年六月　彰化員林，住了兩個星期。

一九五〇年七月　屏東內埔，住了二十多天
一九五〇年七月　新竹市崙仔，住了十多天。
一九五〇年八月　彰化員林，住了十多天。
一九五〇年九月　住了三個月。（按：原文未寫住處）
一九五〇年十二月　臺中大甲，住了兩天。
一九五〇年十二月　隨彰化「新錦珠劇團」前往永康、臺南、新化、麻豆巡演。
一九五一年一月　彰化員林，住了三個星期。
一九五一年二月　屏東內埔，住了兩個月。
一九五一年三月　彰化員林，住了一個月。
一九五一年四月　屏東內埔，住了二十多天。
一九五一年五月　彰化員林，住了五個月。
一九五一年十一月　彰化社頭蕭翠雲家，住了十多天。
一九五一年十一月　臺中霧峰，住了十多天。
一九五一年十二月　彰化社頭蕭翠雲家，住了三個月。
一九五二年三月　臺中霧峰，住了一個月。
一九五二年四月　彰化社頭蕭翠雲家，住了二十多天。
一九五二年四月　臺中霧峰，住了十多天。

一九五二年五月　彰化社頭蕭翠雲家，住了三個月。

一九五二年八月十九日深夜　王文培於社頭被捕。

列出行蹤，是爲了呈現他的身心狀態：不停流浪，沒有明確終點的流浪。所有移動，不是爲了「去哪」，而是爲了「不去哪」。他閃避國家的眼睛，閃避上刑場的終局。

時勢逼他要成爲「無害之人」——太優秀，會引人注意。姊姊調雲說，經由姊夫介紹，躲在新錦珠劇團時，隨劇團巡演，卻不唱戲。某日戲班失竊，警察前來調查時，發覺王文培看來「很斯文」，開始懷疑他的身分，逼得他立刻逃走。根據檔案記載，他日後會在彰化社頭被警方盯上，也源於「有一外地詭秘青年，……較之山地居民，似已『脫俗』」。逃亡時，他必須用力地自我改造，讓存在感變得透明。他不能斯文，不能脫俗，要彷若幽魂，不引起生者注意。

與此同時，槍聲四起，王文培的好友陸續送往了刑場。最初是一九五〇年十一月二十九日——賴裕傳、王超倫、「田先生」等十一人赴刑場。同案的顏世鴻記下當日光景：「王超倫聽到看守唱出自己的名字，並不慌張失措，只是熱淚奪眶，猛用右拳激打左掌說：『我實在不能死，也眞不想死在馬場町。』」王超倫是獨子，他的父親，據說日日去馬場町等候，盼望不要見到孩子，又怕見不到最後一面。「那種場面如何去敘述呢？……但事經五、六十年，我的心仍爲淒絕的場面顫抖」。[26]賴裕傳等人喪命的當天，張坤修、洪天復判刑十五年；林賜安則獲得「短短」五年刑期。

一九五一年十月二十二日，同系涂南山，判刑十年。

一九五二年七月，躲在臺東鹿野，準備結婚的大學同窗歐振隆被捕，死刑。他生前亦是無神論，卻在遺書中留下「矛盾」的深情：「我雖不信有鬼，但此時願有鬼。感謝你對我的厚情，未能如願結為夫妻，但願再世共嬋娟」——寫給未婚妻的遺書，卻被國家沒收，六十年不見天日。同日，吳逸民，判刑十年。

兩年了，他拿著父親偽造的假身分證，以「蔡御」之名，倉皇地化為遺失真名的孤魂。偶然也與舊識擦肩——一九五〇年夏天，他巧遇也在逃亡的大學同學陳奇銘，才聽說另一位同學林金發，亦在逃亡。幾年以後，陳奇銘、林金發都出面自首。悲哀的是，數年的恐怖，已使林金發的精神變得錯亂。[27]一九五二年春天，他又巧遇同學柯耀南，正在計劃逃出島嶼。幸運的是，他最後奇蹟地逃到新加坡，在異鄉度過餘生。

王文培死去後，他的朋友仍舊陸續被判刑、甚至仆倒刑場：許昭然，自首。方振淵，判刑七年。法學院自治會會長葉城松，也逃亡多年，由父親帶出來投案，一九五六年九月二十六日，換得死刑。

看來，只有離開這座島，不然注定是「甕中捉鱉」的死局。但對他來說，即便宛若孤魂，只要還能呼吸，就還想寄望渺茫的「光明」。於是，一九五〇年夏天以後，丟失名字的王文培，繼續在各地飄盪。

社頭蕭宅（一九五〇．五—一九五二．八）

轉捩點，是一九五一年十一月的彰化社頭湳雅村。

在此，他留下了比較完整的日記。他早已斷絕與舊識的一切往來。書寫，成爲內心的自我辯證與精神喊話。逃亡似乎沒有造成完全的恐慌與崩潰。也許是低落時，他常以堅定的語氣，複誦著信念，好讓被國家剝奪一切意義的流亡，還存在一點微小卻頑強的支柱。

不過，也在這段時期，他開始浮現矛盾——他告誡自己，要倚靠理想克服一切孤獨，把自我奉獻給廣大的人民。可是，他的內心卻被投入了一塊石子，先激起小漣漪，漸漸擴散成大漣漪，最後，變成無法抑止的波瀾。

他遇見了蕭翠雲。

起初，王文培住在另一戶人家。他沉默、獨自閱讀、偶爾出來活動筋骨的身影，引起一位鄰家女孩的興趣。妹妹鸞鸚說道：「家兄住處附近有一女孩，因經常與哥哥見面，以致日久生情，成爲愛侶」。

可是，愛侶，可以嗎？可能嗎？自一九五〇年夏天，每有舊識遇害，王文培就反覆提醒自己——記得、記得，不能忘。他寫道：「迄今活著，痛苦越深，我對於敵方的反感越激烈，對於革命的熱情越高昂」。他又說：「有時是日亮，有時是月亮。……『無論如何總得要變的』。對於革命，對於民主，對於自由、自由的逆流，必定會引起漩渦，把反動者一併推進不知底的深壑裡去，這正是自食其果呀！最後一次的否定將要來臨……迎接光明！」他期許自己心無旁騖，當大地上還有百姓痛苦時，就不該有個人的私欲與享樂。

可是，蕭翠雲並不理解這些。她不明瞭眼前這個不時愁苦的男人，深鎖的眉頭在沉重些什麼。王文培眼中，翠雲是個「極平凡不過的農村姑娘，性格上是剛毅而且是膽小的一個女孩子」。她對思想、主義全無瞭解，沒聽過階級，甚至無法想像王文培望著她時，覺得她身上還有「封建社會的習氣」。但是，就是單純的噓寒、問暖、談天，很快的，王文培產生一種逃亡歲月中——甚至過往的生命經驗——都未曾有的體驗。王文培稱爲「純潔天眞的愛」。這份愛，不需要概念、理論，便直接傳遞到他心中。她帶來溫暖、安慰、甚至是對欲望的貪戀。幾番矛盾後，王文培確認了翠雲對自身的意義——「會對我這个焦燥的心，作爲化解的甘露」。

翠雲說，願意一生相伴。

王文培住進了翠雲的家。

距離愈近，掙扎就愈強。閱讀他遺留的日記，逃亡歲月中，他從不認爲自己面對政權時有「罪」。他認爲「犯罪」的反倒是殘殺同志、親友的政權。但當面對什麼「主義」都不懂的女孩，他卻自覺矮了一截，彷彿是「蟾蜍肖想天鵝肉」、「乞食欣羨小姐」，使他浮現了「罪」的意識。一方面，他料想到自己的死亡，將耽誤對方一生的幸福。理智上不該靠近！但愛與欲望，使他不得不承認「在我的內心，現此時，有渴望伴侶的心」，他爲此覺得可恥與愧疚。自己不是想成爲「寄希望於人民的人」嗎？怎麼，現在寄望的是翠雲？貪戀她的安慰、甚至幻想生命的另一種可能？是否成了理想的逃兵？

在一段簡短的文字中，他這樣定位自己：

一個人的生活態度

對於我的態度善與惡否

對於此婚姻的留戀

我要控訴的動機

雙重人格（狡猾）

伴隨著內心掙扎，他對「死」的預感愈來愈強。一九五二年四月五日——住進翠雲家不久——他在日記中留下一封寄不出的信，要給「遙遠」的四位朋友——關在火燒島的張坤修、洪天復；不知在何處逃亡的林金發；及在北京讀書的彭克巽。他在開頭寫道：

親愛的各位同志……坤修、克巽、金發、天復：

「太陽下山，明早依舊爬上來；花兒謝了，明年還是一樣地開……」，曾經在生命力沸騰與燦爛的舞台，憑著年輕人的蓬勃與一股熱情，我為了自由，我為了鬥爭，我為了那熱烘的革命的血脈澎拜的記憶，在疼的發暈的腦海裡猶新。在……流亡期間，或許一切鬥志、一切希望都幻滅了。但只有這一信念——光明總會看見……

他花了許多篇幅，分析革命爲何有望？儘管如此，前半的「樂觀」在後段急轉直下，他對「將死」的未來悲觀異常。他拜託四位同志——「她的愛情越是純潔天眞，我的痛苦、歉意則越深」。認爲她傳統，可能想守寡，「請你們替她開拓一條路」、「請諸位勸她勿有守寡一生的錯誤念頭，而引導她一條光明的路」。這封信，就在反覆請託同志中結束。最末，他說：「罷了，諸位勇敢的同志們，我將永遠祝福你們，相信你們！爲全人類開拓光明的路」，署名「你們的同伴，王文培」。

自覺要死的人，只能寄望坐牢的人、逃亡的人、在異鄉的人。多絕望的時代！

父親仍希望他能不絕望。妹妹鸞鸚說：「後來父親見他們情投意合，感情穩定，認爲哥哥的確需要有人照顧，於是提議雙方訂親。經過對方家人同意，於是這女孩變成了哥哥的未婚妻，訂婚後對哥哥照顧得無微不至」。不料，就在結婚前夕——「女孩的姊夫是個警察，他平常就與女孩的姊姊不和，……通風報信前來圍捕」。檔案記載：一九五二年八月十九日深夜，大批警察破門而入，逮捕準備入眠的王文培，沒收了他的日記，及偷聽廣播的收音機。

文培、翠雲、雙方的父親，一一被捕，移送偵訊。

軍法處，萬籟俱靜時（一九五二—一九五三）

緣故已不可考。不過，移送臺北前，爲了調查他在故鄉的活動，一度將他押回高雄。期間，員警讓他回家見母親、妹妹一面。妹妹鸞鸚回憶：「他面黃肌瘦，氣色很差，看起來像是肺病末期的病患」。他先上了閣樓，拜過觀音，母親從外面叫兩碗麵給他吃。天氣熱，他吃到滿身汗。母親爲他擦汗時，才發現他的身上全是傷痕、瘀青、連指甲也扭曲發炎了。妹妹說，哥哥也許爲了讓母親寬心，說道：「我並沒有做什麼事……，現在事情已經水落石出，我很快就可以回來了」。

這是他最後一次回家。

一九五三年三月二十三日，軍法官邢炎初，以「著手叛亂」處王文培死刑。同日判罪的還有兩人——雄中學弟李明海，他剛隨著王文培的腳步，考進臺大商學系，卻以「明知匪諜卻不檢舉」爲由，判處七年徒刑。然後，王文培的父親王大銘，國家指控他「藏匿叛徒」，判處六年徒刑。

翠雲與他的家人，經反覆訊問，判定眞不清楚王文培的「地下」身分。飭回後，嚴加監管。

一九五三年九月四日深夜，王文培在軍法處的押房，用他秀麗的筆跡，寫下對世界想說的最後一番話。摘錄其中一些段落：

親愛的父母親，

我要走了，我毫不感到痛苦，倒很覺達觀。短促的人生像閃爍倏然而逝的隕星，不足珍惜。然而我卻為將來留了些碩果，這一點足可慰藉。你們定會遭受悽慘的境遇，不過這是暫時的，光明將要接著而來。我害了父親遭囹圄之苦，很覺悵惘，原是有不得已的苦衷，兒子才連累到父親，請您原諒。比起不肖，雖是女孩子，鸞鸍卻有遠大的前程，請你們栽培她，我相信你們的將來是無比的幸福。有許多人家曾犧牲了兒女，這一點請予以諒解，而達觀。

我不多講了，這是無言的抒述。

翠雲，

因我而把妳的前途折磨，很覺不過。但是希望妳能夠不依賴別人，靠自己的力量，能在這社會的渦流裡求得生存。現在沒甚話可說，只希望別有守寡的念頭，這是違反我的意志。祝妳的幸福

親戚朋友們：

總有一天你們會明瞭我的立場，因此我能不留戀的走這要走的路。……這裡請求諸位多予這苦難的家庭伸出惜恤的手吧。

我要以最高的熱誠謝在前面。

再見

文培 一九五三・九・四，深夜萬籟俱靜時

清晨六點，憲兵行刑。王文培結束二十五歲的短促生命。

遺書，就此塵封六十年。

軍監、醫院、王大銘

王文培死後，大銘商行的財產一度被沒收。檔案中，警方清點著王家剩餘的財產：車圈、車瓦、手搖鑽、鏈瓦、腳踏車牙盤……。孔明車支離破碎，一切美好化成殘片，家不成家。

逼到絕境的一家人，在走投無路下，懇請代書陳情有關單位，才歸還了部分財產。可是，家中男人都已不在。在那個時代，「匪諜」的家屬也是瘟疫，生意自是做不成了。繩床瓦灶，每況愈下。

唯一的希望，是王大銘刑滿出獄，一家團聚。王大銘坐牢時已五十二歲。一九五二年，原本要幫兒子籌備婚禮，卻在隔年於父子共同關押的軍法處目睹兒子綑綁上刑場的場面。[28]接著，自己也被控「協助匪諜」——這個「匪諜」卻是他自己的兒子——最後，連告別的機會也被剝奪。這一年太沉重。移送到新店的軍人監獄後，溼冷的牢房中，沒有句點的句點，成爲轉化爲巨大的惡夢，讓王大銘醒時喘不過氣，睡時也喘不過氣。

最初的症狀是：夢中大叫驚醒。接著，哭鬧，拳頭失控揮向同房的獄友。曾經同房的林學禮回憶：「他喊的都是孩子的名字啊，說孩子來看我了，孩子來了，要回家了……」[29]聽到這些話，誰都能理解王大銘的苦，能包容他的失控。但日子一久，坐牢的可都是愁苦的人，總有人失去耐性。接著，開始有人排擠王大銘，希望他閉嘴，希望他換房。

誰都看得出來，王大銘此時需要的不是牢房，而是病房。

一九五五年十一月中旬，一位看不下去的難友，提筆寄信給王家，告訴他們，王大銘患了精神分裂，需要就醫。

獄方不會告知這件事。家人手足無措，趕緊請代書再提筆給軍人監獄的所長。一封又一封，全無回應。之後，難友又寫信來，才知曉王大銘病情急轉直下，已在一九五六年一月移送基隆的陸軍第六十一醫院診療。[30]但是，這是間無對外開放的軍醫院，家人無法知曉王大銘的病情，憂心如焚。

一九五六年一月三十日，鸞鸚親筆寫信給所長：「一星期前，接兩位同房人之信，始知我父病之嚴重，已煩勞貴所送往基市醫院送醫。我母親焦慮不已，趕忙上北，至今離高已經九天，路之遙遠，經濟之困難，祈禱能讓我父早日返鄉就醫。年歲已邁，加之神經錯亂，做女兒怎忍心讓其孤單單地，在北臺灣的最最寒凍的基市過那漫長的日子？」文末，她將內心的恐懼，赤裸地袒露給陌生的所長，哀求他能有憐憫之心：「千祈鈞長慈悲，好讓我和一個小學六年級的小妹妹，重過已失去多年的天倫之樂。每看到、每想到，別人家過著有父母愛的最最幸福的家庭生活，不禁我在心靈中感受到莫大的痛苦與悲傷！想到失去自由的父親，眼淚奪眶而出。幸而還有莫大的安慰的是：父親總有一天會回來的……。但是父親之年紀已大，萬一……唉！我眞不敢往壞想下去了！鈞長，千祈萬祈，能早日讓我和小妹妹重溫有父愛的家庭生活吧！」

獄方堅持不給保外送醫。於是，鸞鸚再也顧不得一切，她直奔基隆與母親會合，到獅球嶺下的陸軍醫院找父親。這時目睹的光景，是當她老邁時，依舊會心悸的畫面：「當我們前往探望的時候，只見一間間的病房像監獄一樣，重重深鎖，裡面住的全是精神異常之病患，大小便甚至不能自理，哭鬧及鞭打慘叫聲也不絕於耳，讓人彷彿身處人間地獄。」她們終於見到王大銘：「一見到父親，發現他跟其他病人一樣，雙眼茫然、語無倫次、亂吼亂叫，還不待我們將梨子拿給他，他就一把搶過去吃，好像許久未曾進食一樣。看到父親變成如此，我與母親不免潸然淚下。而父親似乎仍認得我們，也跟著我們一起落淚。」

一九五六年二月上旬，她們終於見到了病發後的王大銘。不料，一週後，軍方便告知王大銘病逝了。一九五六年二月十四日，勘驗紀錄上寫的死因是：「生前因患精神分裂及營養不良，不治身死」，接著寫下「無其他異狀」。王家人又匆匆北上，想見最後一面。不料，軍方已經封棺，並不許她們更換壽衣。她們的父親，變成了一只木箱。鸞鸚等人，恍恍惚惚，僱了三輪車，把棺材帶到南榮公墓的山腳下火化。她們的父親不見了，變成一縷輕煙，在陰鬱的春雨中，消逝在基隆的天空。

文培成爲隕星，大銘成爲輕煙，都消失在白色的天空了。文培曾對父親說：「你們定會遭受悽慘的境遇。不過這是暫時的，光明將要接著而來」。不過，連遺書都扣押了六十年，至於「光明」是否來了，至今仍未知曉。可以確定的是，太多太多家庭，失去了寶貴的事物。而失去主人的腳踏車店，也寂寞地消失在前金的街角，只殘存於倖存者的老邁記憶。最終，只剩下遺書、日記微弱地喘息，見證曾有那樣一個幸福的家庭，存在與崩解在這座島上。

以本文獻給
王文培（一九二八—一九五三）
王大銘（一九〇一—一九五六）
所有犧牲了兒女的人家
及所有等待光明的人

1 本文關於王文培、王大銘父子的檔案，主要來自兩卷宗，檔號分別是：A305440000C/0042/276.11/122、B3750347701/0042/3132308/308。

2 據一九三〇年代的人口統計，山下町有二六四一人，其中就有一九一五人來自日本。

3 林賜安，高雄彌陀人，被捕時爲高雄市稅捐處主計室佐理員。一九五〇年九月十五日因「省工委學生工作委員會李水井等案」，判刑五年。

4 賴裕傳，高雄鼓山人，被捕時爲高雄商職教員。一九五〇年九月十五日因「省工委學生工作委員會李水井等案」，判處死刑，得年二十二歲。

5 洪天復，高雄鼓山人，被捕時爲高雄稅捐處事務員。一九五〇年九月十五日因「省工委學生工作委員會李水井等案」，判刑十五年。

6 林金發，高雄人。一九五〇年因牽涉「省工委學生工作委員會」開始逃亡，躲藏於高雄縣山區，最終出面自首，但精神因此錯亂。

7 李清亮，澎湖人，被捕時爲私立三信高級商業職業學校教員。一九六一年十一月十一日，因牽涉到李媽兜殘黨的「臺灣民主自治同盟陳柏淵等案」，判刑十二年。

8 許昭然，高雄人，臺灣大學法律系學生。一九四九年經政治系學生黃雨生邀請，參與「省工委學生工作委員會」，日後自首。

9 歐振隆，臺南善化人，被捕時爲臺東縣鹿野鄉農會會計。一九五二年七月二十二日因牽涉「省工委學生工作委員會歐振隆等案」被捕，判處死刑，得年二十四歲。

10 吳逸民，臺南學甲人，父親爲吳三連，被捕時爲臺灣大學商業學系四年級學生。一九五二年七月二十二日因牽涉「省工委學生工作委員會歐振隆等案」，判刑十年。

11 王超倫，臺北古亭人，被捕時爲臺灣大學化工系學生。一九五〇年九月十五日因「省工委學生工作委員會李水井等案」，判處死刑，得年二十四歲。

12 張坤修，高雄鹽埕人，被捕時爲臺灣大學哲學系學生。一九五〇年九月十五日因「省工委學生工作委員會李水井等案」，判刑十五年。因禁於綠島期間，因被指控在島上閱讀左傾筆記而「再叛亂」，送回臺北刑訊，一度造成手部殘損。

13 陳奇銘，臺灣大學商學系學生。案情不明，但參照王文培卷宗，就讀臺大時應接觸學生運動或地下組織，而於一九五〇年開始逃亡。日後自首。

14 方振淵，高雄人，臺灣大學經濟系畢業，被捕時爲臺灣省臺中區農林改良場額外辦事員。一九五四年十二月二十日因牽涉「省工委高雄市委會三民國小小組莊水清等案」，判刑七年。

15 涂南山，嘉義市人，被捕時爲臺灣大學經濟系三年級學生。一九五一年十月二十二日因牽涉「省工委學生工作委員會涂南山案」，判刑十年。

16 柯耀南，臺灣大學經濟系學生，曾與李登輝、張燦生（另案判刑十年）等人共組學寮，命名爲「普羅寮」。一九五〇年夏天畢業，此後因牽涉「省工委學生工作委員會」，在臺灣島內逃亡數年，最後偷渡至新加坡，倖免於難。

17 葉城松，嘉義市人，就讀臺大法商學院時，擔任該院自治會理事，並爲地下黨「法學院支部書記」。爾後逃亡多年，被捕時無業，於一九五四年八月二十四日因「省工委學生工作委員會法學院支部葉城松等案」，判處死刑（延至一九五六年九月二十六日槍決），享年三十一歲。

18 孫居清，高雄人，臺灣大學法學院學生，時爲臺大學生自治聯合會副主席。一九四九年八月，因「光明報事件」爆發，導致「省工委學生工作委員會法學院支部」一併破壞，後因牽涉「省工委基隆市工作委員會鍾浩東等案」，裁定感訓三年。

19 戴傳李，宜蘭市人，蔣渭水的外甥。被捕時就讀臺灣大學法學院、兼任基隆中學教師。一九四九年八月因「光明報事件」被捕，後因牽涉「省工委基隆市工作委員會鍾浩東等案」，裁定感訓。此段文字引自〈戴傳李先生訪問紀錄〉，收錄於《戒嚴時期臺北地區政治案件口述歷史第一輯》（臺北市：中研院近代史研究所，一九九九），頁二三七。

20 當時，臺大、師院等學校，地下黨與左翼學生的鬥爭主軸之一，是緊抓校園福利不足的問題。其中之一是「公費配給」，原本的制度乃配給金錢，但因爲通貨膨脹，市場上又常鬧米荒，導致學生拿到的經費根本不足以購買一個月所需的食糧，經常挨餓。到了一九四九年春天，學生運動的重點之一，便是就是要求校方直接配給實物（米糧）而非金錢；次者，要求配給的米糧，質與量都必須有一定水準，不可拿從東埔寨購買的劣質米糧充數。

21 彭克巽，高雄市人，王文培在高雄中學的同屆好友。一九四八年九月，自雄中畢業後，便決定前往北京大學就讀。一九五三年，自北京大學俄語語言文學系畢業，此後在該系任教。曾任「中國外國文學學會」理事，於二〇一七年辭世。王文培於彰化社頭，在絕望之餘，託付好友的信件中，四位收件人便有這位彭克巽。

22 出自李明海被捕後的自述。

23 關於王文培姊妹的回憶，均引自〈王鸞鸚、王調雲姊妹訪問紀錄〉，收錄於《戒嚴時期臺北地區政治案件口述歷史第三輯》（臺北市：中研院近代史研究所，一九九九）。

24 一九四九年七月，地下黨要求成員於全臺各地張貼宣傳刊物《光明報》提高聲勢，增加島內於戰爭時願意響應的群衆基礎。此舉反而引起情治機關注意，四處搜尋握有《光明報》的人士。一九四九年八月，情治單位逮捕臺大經濟系學生王明德，從他口中得知地下黨「法學院支部」的部分成員清單，導致「法學院支部」受破壞，並使得許多學生就此逃亡。稍後，特務從被捕的戴傳李口中，得知其姊姊蔣碧玉、姊夫鍾浩東（基隆中學校長）亦是組織成員，進而導致鍾浩東領導的「基隆市工作委員會」遭破壞。此事影響甚廣，直接導致地下黨的「省」的領導核心曝光，也揭開地下黨邁入崩解的序幕。

25 陳水木，高雄鹽埕人，師範學院英語系畢業，被捕時無業。一九五〇年九月十五日因「省工委學生工作委員會李水井等案」，判處死刑，得年二十六歲。其兄長爲市參議員陳浴沂，一九四九年，爲躲避白色恐怖，已經先行偷渡離臺，前往香港。

26 見顏世鴻，《青島東路三號：我的百年之憶與臺灣的荒謬年代》（臺北市：啟動文化，二〇一二），頁二八六。

27 此事由林賜安先生告知，由衷感謝。

28 根據家屬受訪紀錄，當時王大銘與王文培分別關在軍法處第十一房與第十七房。資料來源同注23。

29 林學禮，浙江人，被捕時爲金瓜石瓜山國民學校教導主任。一九五一年八月十三日因牽涉「省工委金瓜山支部潘承德等案」，判刑十年。後又牽涉「軍人監獄再叛亂案」（延長感訓三年）、「省工委金瓜山支部瓜山國小讀書會案」（不起訴），實際坐牢達十三年。此處引用的段落，爲在接受我訪談時，對於王大銘獄中狀況的追憶。

30 根據檔案顯示，該院於一九五一年後，便開始陸續接手由臺北安坑軍人監獄送往此處治療的政治犯，期間自一九五一至一九六六年院區遷至北投爲止。在此過程中，此醫院曾歷經名爲陸軍六十一醫院（一九五二至一九六〇，爲期八年）、陸軍八二一醫院（一九六〇至一九六六年，爲期六年）兩個階段。

案情簡介

王文培，成長於高雄前金，涉及一九五三年判決的「省工委學生工作委員會法學院支部案」，於一九五三年九月五日遭槍決，得年二十五歲。

一九四七年二二八後，校園裡左翼思想盛行。王文培受同學啟發，於一九四八年底接觸地下組織。不過他在校內活動的時間並不長。一九四九年夏天，他先因學業成績遭校方退學。秋天，法學院又爆發「光明報事件」，更導致大批同學逃亡。此後，王文培便返回高雄，與昔日同窗試著串聯本地青年。直到一九五〇年夏天，同學陸續被捕，王文培從此展開漫長的逃亡，直到數年後在彰化社頭被警方逮捕。而他的父親王大銘則因「藏匿叛徒」的罪名，判刑六年，並於坐牢期間精神失常、營養不良而病逝。

王文培槍決前，曾留下遺書給家人、未婚妻、親戚朋友。不過，這些遺書都被政府沒收，直到二〇一二年才歸還王家。

◆以下依序為

王文培給父母、妹妹及外甥女的遺書

王文培給未婚妻翠雲及親戚朋友們的遺書

No. 1

親愛的父母親：

我要走了，我實在想不到會這樣的青年倒很快達現，短促的人生像閃爍燦光而消逝的隕星，不足珍惜。然而我卻為將來留了些碩果，這真是可慰藉。你們定會遺憾悲慘的遭遇，不過這是暫時的，光明將要接着而來。我害了父親遭遇痛苦之苦，很負擔情，原是有不得已的苦衷，現今才連累到父親，請您原諒。比起不肖的我是女孩子，妹妹卻有遠大的前程，請你們扶持她。我相信你們的將來是比我幸福，有許多人家都相繼了死者，這真請事以諒解，而達觀。我不多講了，這是已經完的掃述。

祝你們康安、幸福

你們不肖的 [illegible]

一九五三．九．四

音鳴、妻兒、各家：

你們要堅定的度過艱苦難的時期，方能過喪、為生存、為安定、奮鬥向父母，到光明那一天，這是你們的責任，將來你們能紀念你們，堅持意志，在苦難中造就你們自己吧。

再見。

88 0028 0067 61

17

No. 2

筆雲：

因我而把你的前途折磨，我覺得不過，但是希望你能夠不依靠別人，靠自己的力量，站在這社會上，爭得溫飽和獨立生存、現在沒甚麼話可說，只希望別有寄身的人安好、這是違反我的意志、 祝你的幸福

親愛的朋友們：

總有一天你們會明瞭我的立場，因此我絕不留戀的走這遙遠的路，世界說因有不少損失的朋友們而你們吃過虧，這也是我的心情，任何批評我都應該接受的， 這裡請求諸位多予這貧難的家庭伸出援助的手吧，

我要以最高的熱誠消滅在前面。

請佳不能筆給 再見

一九五三.九.四 深夜 方錦棋 絕筆

地球

84 0068 62

0029

①

②

① 王家全家福，左為母親黃銀，中間為姊姊王調雲，
右為父親王大銘，坐在玩具車上的是王文培。可見
當時王家的經濟條件頗優渥。

② 王大銘與王文培遊於西子灣

①

③

②

① 王大銘與黃銀，照片背面可辨識的字跡寫著：
「昭和十七年三月十五日 孔子廟前公園」。

② 王大銘，與兒子王文培頗為神似。

③ 學生時期的王文培

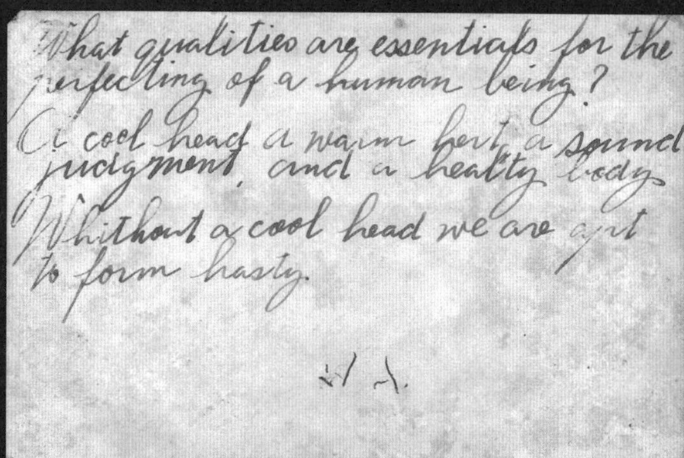

雄商時期的王文培與父親王大銘
照片背面寫著：
What qualities and essentials for the perfecting of a human being?
A cool head a warm hert a sound judgment, and a healty body
Without a cool head we are apt to form hasty（文中 *hert* 應為 *heart*，*healty* 應為 *healthy*）

中譯為：一個完美的人應該有怎樣的品質和要素？
冷靜的頭腦、溫暖的心、健全的判斷和健康的身體
沒有冷靜的頭腦，我們就容易倉促行事

①

②

① 臺灣省立高雄商業職業學校第一屆畢業生留影紀念，攝於一九四六年三月七日。王文培是照片正中央站立戴眼鏡者。

② 省立高雄第一中學高級二年文科紀念攝影，攝於一九四六年十一月二十一日。王文培是第二排右邊數來第四位戴眼鏡者。

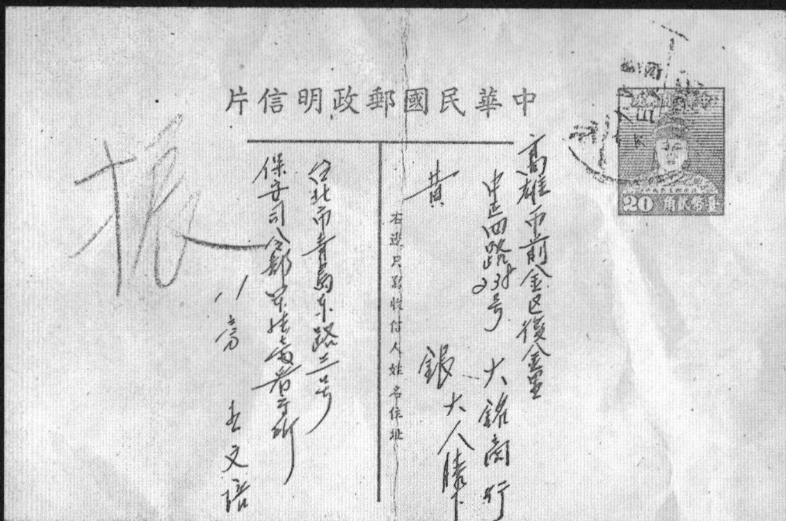

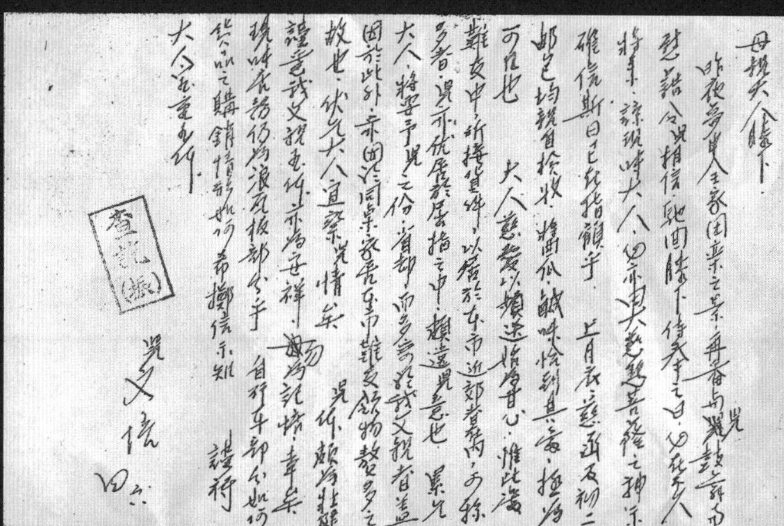

王文培自軍法處看守所寫給母親的明信片，寫著：
「昨夜夢中全家團樂之景再番與兒鼓舞與慰藉 今兒相信馳回膝下侍奉之日必在不久將來」。

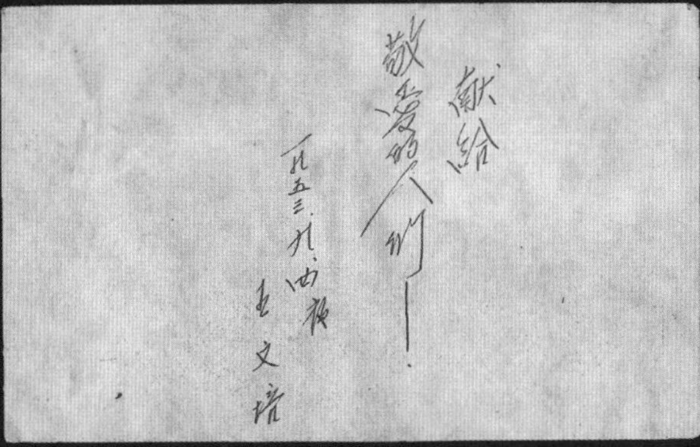
獻給
敬愛的人們——
一九五三.九.四夜
王文培

①

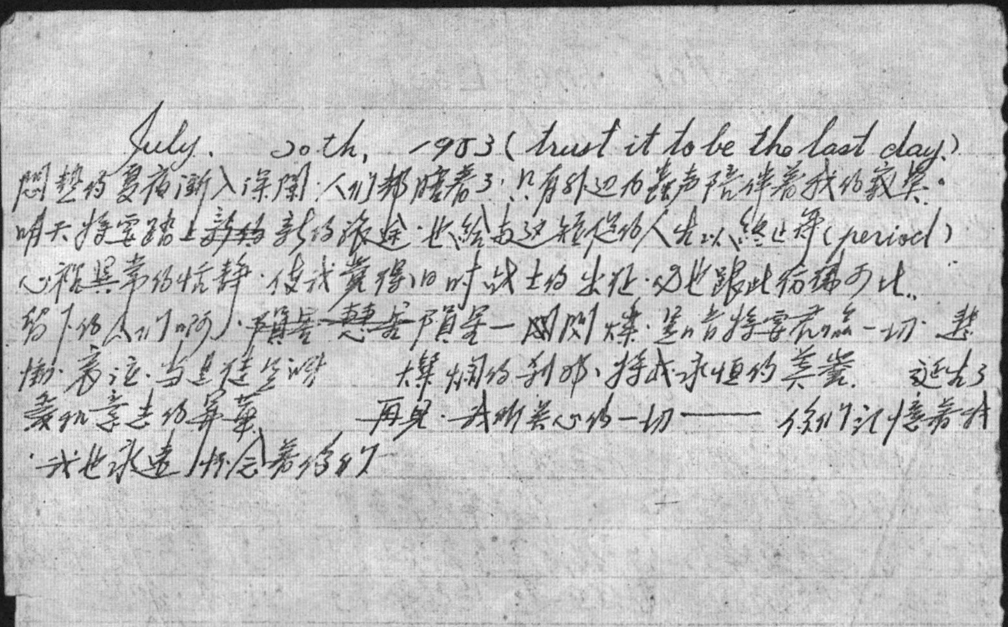
July. 20th, 1953 (trust it to be the last day)

②

① 王文培於一九五三年九月四日，槍決前一晚所寫的手稿，「獻給敬愛的人們」。

② 王文培於獄中留下的手稿，執筆於一九五三年七月二十日。右上角英文寫著：「trust it to be the last day」（相信是最後一天）。末尾寫著：「再見，我所關心的一切——你們記憶著我，我也永遠懷念著你們」

No. 3　　母親大人

昨夜夢中全家團聚之景，再晉而見教訓之慈顏，今兒由信知回膝下侍奉之日
已在不久將來，詳說給大人，母亦由大慈悲菩薩之神示確信其日日已在指
顧耳。上月來慈函及初二兩包均經日檢收，[illegible]瓜、[illegible]味[illegible]到其當，[illegible]
可見也。大人慈善以錦[illegible]指為甘心，惟此高[illegible]之中所[illegible]以在於今
之近況都在內，方竹多者，兒亦[illegible]於[illegible]之中，[illegible]兒之志也。累之大人將要
兒之行[illegible]向多奮於其[illegible]青道固於此外，亦因於同業[illegible]今市[illegible]欽[illegible]
發多之故也。然之大人宜察兒情矣。此[illegible]議[illegible]亦將[illegible]
[illegible]矣。[illegible]部[illegible]。自行[illegible]部合[illegible]
[illegible]也[illegible]。[illegible]信示知。

1 3 th.　　母親　　2 6 1

本週四、週末連接來信兩郵包，大人福體安康，兒[illegible]
闔[illegible]之餘，[illegible]快不止矣。又聞兒[illegible]回家省親，侍奉膝下了，[illegible]
消兒念。[illegible]念[illegible]多有[illegible]兒[illegible]大人焉。前信所示
[illegible]因[illegible]了[illegible]兒[illegible]信問明，今[illegible]已擬[illegible]。然弟大人宜
[illegible]其[illegible]者。[illegible]信問[illegible]，
大人[illegible]信，[illegible]多[illegible]疑，請為大人不[illegible]，[illegible]不
[illegible]矣。[illegible]所[illegible]，兒已致信[illegible]，但[illegible]之際，以[illegible]
[illegible]兒[illegible]疑，母[illegible]耳。[illegible]今[illegible]此[illegible]
[illegible]，[illegible]疑為大人[illegible]者實[illegible]，[illegible]上第[illegible]
兒今[illegible]也。前[illegible]大
人所[illegible]之[illegible]其[illegible]，[illegible]再[illegible]一件，
兒[illegible]為安[illegible]，[illegible]遠[illegible]　並於[illegible]之際，[illegible]
[illegible]，[illegible]矣。[illegible]等宜[illegible]健，[illegible]不可因功課之學
而忘[illegible]之要。[illegible]不可[illegible]，[illegible]
家[illegible]矣

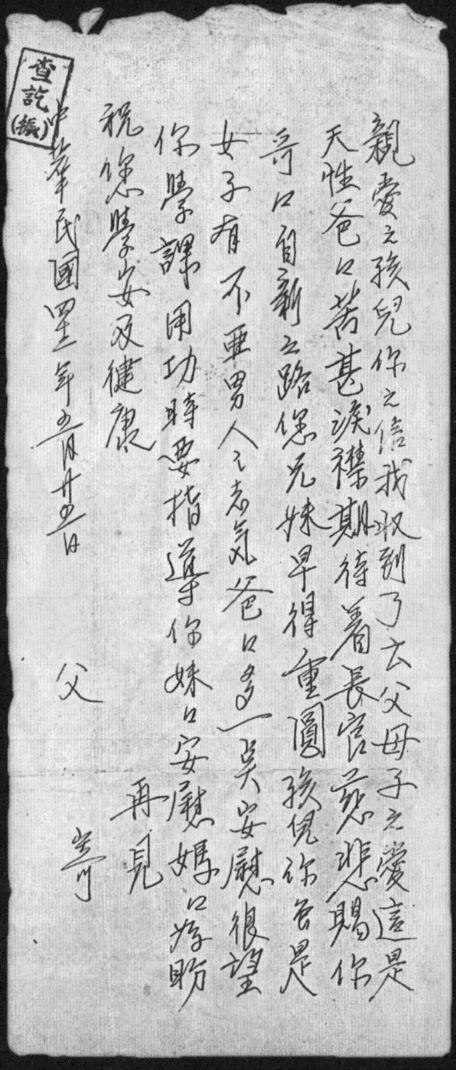
查訖
(振)
親愛之孩兒你之信我收到了父母子之愛這是
天性爸爸苦甚淚襟期待著長官慈悲賜你
哥哥自新之路您兄妹早得重圓孩兒你雖是
女子有不亞男人之志氣爸爸多一點安慰很望
你學課用功時要指導你妹妹安慰媽媽為盼
祝您學安及健康　再見
父　字
中華民國四十二年六月廿五日

王大銘寄給女兒的信，寫著：「爸爸苦甚淚襟期待著長官慈悲賜你哥哥自新之路　您兄妹早得重圓　孩兒你雖是女子有不亞男人之志氣」。

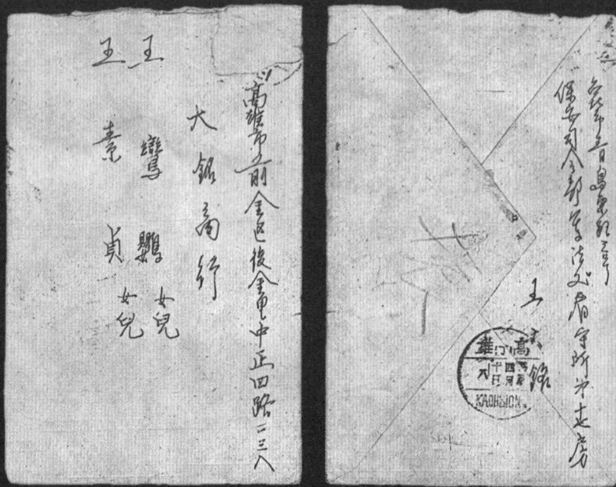

高雄市前金區後金里中正四路二三八
大銘商行
王鸞鸚 女兒
王素貞 女兒
保安司令部軍法處看守所
王大銘
KAOHSIUNG

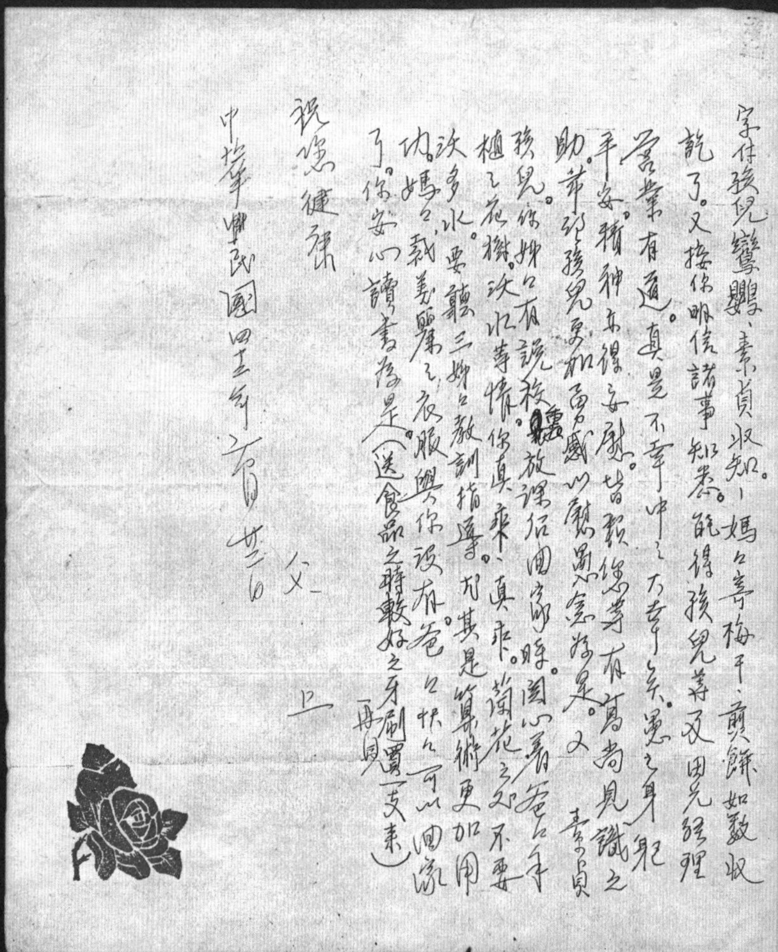

字付孩兒鸞鸚、素貞收知。媽媽寄梅干、煎餅如數收訖了。又接你明信諸事知悉。能得孩兒等及田兄經理營業有道。真是不幸中之大幸矣。愚之身軆平安。精神亦得安慰。皆賴你等有為高見識之助。并祝孩兒身體勇盛以慰愚念為是。又 素貞孩兒。你姊姊有說校[illegible]放課後回家時。關心着爸爸手植之花樹。或水等情。你真乖、真乖。蘭花之不要或多水。要聽三姊姊教訓指導。尤其是算術更加用功。媽媽栽美照料衣服與你設有。爸爸快快可以回家了。你安心讀書為是。(送食品之時較好之牙刷買一支來)再見

祝您健康

父 上

中華民國四十三年二月廿六日

王大銘給女兒王鸞鸚、王素貞的信，寫著：「爸爸快快可以回家了。你安心讀書為是。」

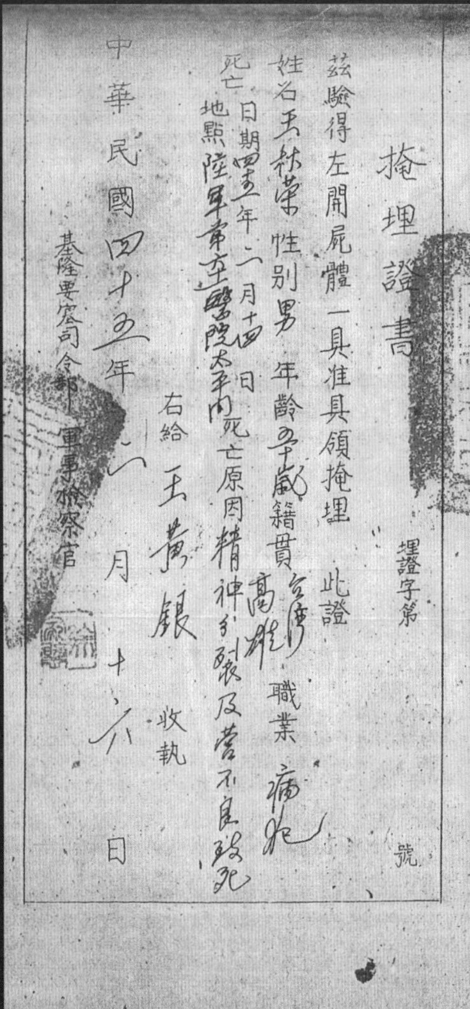
掩埋證書

埋證字第 號

茲驗得左開屍體一具准具領掩埋 此證

姓名王秋榮 性別男 年齡五十歲 籍貫台灣高雄 職業 病犯

死亡日期四十五年二月十四日

死亡地點陸軍第六十一醫院太平間 死亡原因精神分裂及營養不良致死

右給 王黃銀 收執

中華民國四十五年 二 月 十六 日

基隆要塞司令部 軍事檢察官

②

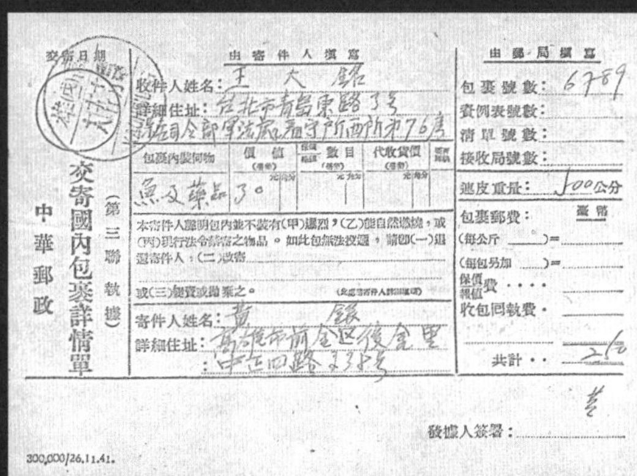
中華郵政

交寄國內包裹詳情單（第三聯 執據）

由寄件人填寫

收件人姓名：王大銘

詳細住址：台北市青島東路3號 警備司令部軍法處看守所西所第76房

包裹內裝何物	價值	數目	代收貨價
魚及藥品 30			

本寄件人聲明包內並不裝有(甲)爆烈，(乙)能自燃燃燒，或(丙)現行法令禁寄之物品。如此包無法投遞，請即(一)退還寄件人，(二)改寄 或(三)拋棄或歸某之。

寄件人姓名：黃銀

詳細住址：高雄市前金區後金里 中正四路

由郵局填寫

包裹號數：6789

資例表號數：

清單號數：

接收局號數：

連皮重量：500公分

包裹郵費： 臺幣

(每公斤)=

(每包另加)=

保價費：

收包回執費：

共計：2.6

發據人簽署：

300,000/26.11.41.

①

① 包裹詳情單。妻子黃銀寄食物及藥品至軍法處看守所給王大銘。

② 王大銘的掩埋證明書。王大銘在獄中精神出現狀況後被送到陸軍第六十一醫院，不久便死亡。文件中王秋榮即王大銘，死亡原因寫著：「精神分裂及營養不良致死」。

王文培槍決前照片

後記

十年一刻

林傳凱

十年前，在採訪政治犯林賜安的時候，我第一次聽到王文培的名字，才注意到這個鮮少被人提到的案件。

雖然他的案件隸屬「省工委學生工作委員會」——這個系統人數多、學歷高、能書寫，因此不少倖存者都出版過回憶錄、傳記或接受過公開訪談。不過王文培的案件卻有一種「孤零零」的色彩。他的卷宗，只有他、父親、還有剛考進大學的學弟李明海。就連槍決的時間，也晚了他的朋友們近兩年。他是獨自通往刑場告別世間的。

往後的日子，多少又從其他政治犯口中聽說他，或是他父親王大銘先生在牢獄的一些側記。我才知道，與他一同在高雄成長的青年，許多人死了，或是精神失常。像是林賜安、張坤修這樣還能分享回憶的前輩，已經寥寥無幾。

再過了許多年，直到我打開他新出土的卷宗，不但見到他的遺書，還看見他被國家沒收的日記，這位前輩的形象才鮮明起來。他的日記用中文、日文、英文、教會羅馬字交錯書寫，每一種語言都很流利——我不禁想，交錯使用各種語言的原因是什麼？後來，我把羅馬字記述的部分一一細讀，才逐漸靠近他在彰化社頭時的內心糾葛，也就是在「政治」與「愛」之間的掙扎。

直到文章寫完，我都沒有機會打聽到王家人的下落。以前，也曾跟林賜安等前輩請教，只得到「大銘商行在事件後消失，家人不知去向」的消息。文章完成後，通過網路及許多朋友的協助，得知王文培唯一還在世的小妹的下落。

不過，時間眞的太久了。大約兩萬五千個日子，事件不但更朦朧，回憶也日益艱難。最初，捎回出版社的訊息是：事過境遷，小妹一家婉謝再談此事。後來，我們表示想將初稿寄去，希望小妹一家先閱讀看看。我們希望這篇文章所串聯的各種記憶，化爲邀請函，讓家人能感受到，歲月無情，卻還是有一些王文培的親友、我們這樣的外人、乃至於留在檔案中的「他」的聲音，試圖與「遺忘」進行抗爭。

一段時間後，我們得到了家人的回應。他們說，家族還保存了許多家書與照片，如果需要的話，願意寄給我們。

那日看到這則訊息，我立刻紅了眼眶。究竟，書寫這一切的意義是什麼？也許有很多層次，但說到底也很單純。我多希望，這些字能化爲信鴿，把「記憶」從軍法處的牢籠解放，送返它們該回去的地方。不完整的記憶會痛，完整的記憶也未必不疼。不過，回來了，才有機會告別失語，畫完未竟的句點，才有下一個開始。我多希望，這些記憶不再塵封於冰冷的牢房、檔案櫃、資料庫。畢竟，他們有限的青春，曾經炙熱地呼吸著。

在迷霧行走，永遠不確定將遭遇什麼。這篇文章背後，竟也累積了十年採訪。可是，也許就是爲了這一刻。是爲記。

泰源事件

這島上乃是愛好和平與自由的人，停留的地方。

——台灣獨立宣言書

泰源事件簡述

楊美紅

一九七〇年二月八日，「國防部泰源感訓監獄」六名政治犯，身上帶著「台灣獨立宣言」與「文告」，試圖聯合警備隊占領監獄，並前進臺東廣播電臺，向世界宣告臺灣獨立。

他們是江炳興、鄭金河、陳良、詹天增、謝東榮、鄭正成。

當天中午，他們刺殺警衛班長後脫逃，但十二天內陸續被抓回。這六人除鄭正成判刑十五年六個月外，其他五人皆在同年五月三十日遭槍決。

餘波蕩漾的蘇東啟案

泰源事件是臺獨派政治犯的具體行動，被視爲二二八後首件臺灣獨立武裝行動，涉案的六名年輕人，有四人皆因雲林縣議員蘇東啟臺獨叛亂案入獄，因此蘇案可視爲泰源事件的起因之一，而在雷震案一年後發生的蘇案，也跟雷震案有些關係。

一九六〇年，雷震等人有意籌組反對黨「中國民主黨」，一時匯聚許多外省與本土政治菁英，蘇東啟與李萬居都熱心支援，孰料，一九六〇年九月四日，在蔣介石「以匪諜論處」定調下，警備總部至雷震家中將其拘捕，《自由中國》遭停刊，雷震遭判十年有期徒刑。

雷震案導致一些關心政治的臺灣人認為和平改革無望，開始構思「武力打倒」國民黨政府的可能，故醞釀出以雲林縣議員蘇東啟為案首的「偽臺獨陰謀武裝叛亂案」。[1]

蘇案當事人張茂鐘、詹益仁、林東鏗以虎尾國際照相館為中心，吸收同志，並輔助之前縣長敗選的蘇東啟參選縣議員，順利當選的蘇東啟，亦成為政治運動的地方領袖。據當事人回憶，一九六一年三月九日，原欲在午夜發動突襲一〇七四部隊行動，但因人手不足、缺乏武器而取消。

一九六一年九月十八日，雷震被捕滿週年。蘇東啟在雲林縣議會上要求提案請總統特赦雷震，獲全數議員通過。然而就在蘇東啟提出釋放雷震訴求後的隔天起，蘇東啟、張茂鐘被逮捕，林東鏗在虎尾黃金戲院也被公然鳴槍逮捕，同案臺籍士兵更陸續遭捕。該案因吸收駕駛兵鄭金河、鄭正成、鄭清田、洪才榮、陳良、通信兵詹天增、吳進來等人，總計共逮捕三百餘人，並於一九六二年後陸續宣判。[2]

當年因蘇案入獄的當事人認為，由於彈藥不足，找不到合用的隨身步槍，在經驗不足、準備不周的情況下，導致「武裝革命」淪為空談，無法採取實際行動。

蘇東啟案密謀革命行動未成，但政治主張仍在獄內延燒。其中，詹天增、陳良、鄭金河、鄭正成都被關押在臺東泰源監獄，個性積極的鄭金河是泰源案的核心人物，他聯絡蘇案中的同袍、獄友，準備在泰源一役中捲土重來。

從島內到國際的獨立宣言

本案另一名核心人物江炳興，在一九六二年時，因有預備顛覆政府之嫌疑而遭逮捕，當時他二十二歲，就讀陸軍官校三年級，與他同案的吳俊輝，關押在六張犁審訊時，與臺大政治系教授彭明敏同囚，[3]江炳興則與彭明敏的法律系學生謝聰敏共囚一室，該案拖延兩年餘，直到一九六五年判決才出爐，江炳興被判處十年有期徒刑，送入警備總部軍法處看守所安坑分所。

一九六五年十一月彭明敏獲特赦出獄，仍不時受到跟監，一九六九年十月，江炳興因在安坑常與別人起衝突，被送往泰源監獄，帶來彭有意逃亡海外的消息，[4]而彭果眞於一九七〇年一月三日偸渡安抵瑞典，據倖存者的說法，二月一日消息傳回國內時，泰源內的臺獨政治犯燃起一線希望，期望透過占領電臺行動，讓國際相信臺灣有獨立聲音。

當年被關押的政治犯普遍認爲，國際上相信蔣氏政權，也相信「臺灣沒有政治犯」這套說法，故當彭出逃成功後，可在國際上證明臺灣的確有政治犯。但泰源監獄內的獄友如何得知彭出逃成功？據倖存者的說法，當年的約定是彭明敏出逃成功後，要從國外寄張明信片回來，表示已經順利出國，而關押在泰源的獄友也會趁機展開武裝行動，向國際發出臺獨宣言。[5]

江炳興有堅定的臺獨主張，被送到泰源監獄時，恰好當時的保防官是他就讀官校時的同學，有了這層關係，使他得以進入外役體系，加上擅長策劃，積極投入，很快便成爲領導中心一員。

臺灣的國際地位可能也是探討泰源事件時不可少的背景因素。臺灣在一九七一年退出聯合國，泰源事件則發生在一九七〇年，時間順序亦可見證當年島內政治情勢已達採取行動的臨界點。當年的國際情勢不再是一九四九年國民黨初據臺灣的狀況，蘇聯、中共在國際間的強勢運作，臺灣在聯合國的地位岌岌可危，加上蔣氏獨裁，使得臺獨政治犯認爲宣告臺灣獨立實是迫切必行之事。

在荒蕪中，開出革命之花

國防部泰源感訓監獄，位於現今臺東縣東河鄉，於一九六二年設立之後，臺灣各地的政治犯漸漸被集中於此。泰源之所以成爲武裝起事之地，與位處荒僻、管理鬆散有關。

當時泰源是一座新的監獄，亟需人力到外面勞動，開山拓土，自給自足，因此設有農耕、樵木外役隊，犯人不用上手鐐腳銬，可滿山遍野跑，相當自由。而正因爲這份自由，更讓犯人產生信心與勇氣，在體力勞動之餘，仍不忘政治理念，等待機會「有所作為」。

在泰源服役的政治犯，並非作奸犯科之徒，且擁有強烈的理想性，他們個性較溫和，能和當地原住民打成一片，甚至和管理人員建立情感。獄內的充員兵、幹部都是臺灣人，警衛和犯人為打發時間，還會一起到山上打獵或到溪邊抓魚，原有的階層管理被打破，滋長出微妙情誼，甚至還有人犯問當時的輔導長，若國民黨要屠殺政治犯，他會怎麼做？

那人回答：同是臺灣人，胳膊不會向外彎。[6]

在管理鬆散的基礎上，獄友間的聯繫、整合更為容易，更重要的是，給了臺獨政治犯一圓政治理念的信心。只要能滲透到管理階層，掌控幾位關鍵人物，那麼透過外役時機，從獄中先壓制警衛，繼而奪槍、攻占臺東廣播電臺、向世界宣告臺灣獨立，似乎也不是天方夜譚。

對於負責謀劃的政治犯而言，他們在泰源看到稍縱即逝的機會。

然而，他們也知道，此役理應毫無勝算。

「酒菜準備好，要開動了再叫我。」參與其中的政治犯，多抱持情義相挺而不過問細節的灑脫，只要告訴他們何時要動手即可，不用再和他們討論執行過程，多少也透露出已有犧牲之打算。

然而，就算宣告臺灣獨立，臺灣就能獨立嗎？

在出手之前，他們理應知道，此行，有去無回。

不抓不殺，情義難捨

泰源計畫原訂正月初一舉事，但因故計畫延至正月初三（國曆二月八日）。

據同案難友蔡（莊）寬裕回憶，舉事前，陳良在汽車修理廠把鐵器磨成尖刀，[7]一人一支，六個人去奪六個崗哨。衛兵是在班長帶領下，於中午十一點交接，當哨點都先換上自己人後，鄭金河便動手刺殺班長。

但實際情況是，當時班長沒死，還大聲呼救，輔導長聞訊也帶警衛追上，一見是鄭金河，反倒不知如何是好。

大家面面相覷，最後臺籍輔導長反而勸說他們：「快走，快走。」[8]鄭金河等人沒有按照原訂計畫，到獄內釋放參與的獄友，也沒有殺掉輔導長，反而因雙方過去相處經驗，兩方僵持近二十分鐘，最後六人選擇逃亡。

軍方動用三個營十六個連圍捕，後於二月十三日上午逮捕江炳興，下午逮捕陳良與詹天增，十六日下午逮捕鄭正成，十九日上午逮捕謝東榮、下午逮捕鄭金河，並於二十日上午在北源村附近找到步槍兩枝、刺刀一把、彈帶一條、子彈八十四發。

其中除了鄭正成因獨自脫逃，未達顛覆政府階段，判有期徒刑十五年六個月，其餘五人判處死刑並於同年槍決。

撤銷判決，迎接遲來的正義

罪行撤銷，一晃眼，已是五十年。

在「促轉司字第六二號平復江炳興、鄭金河、詹天增、謝東榮、陳良司法不法決定書」主文裡寫著：「江炳興、鄭金河、詹天增、謝東榮、陳良受臺灣警備總司令部五十九年三月三十日五十九年度初特字第三一號、五十九年勁需字第一八九六號及國防部五十九年四月十日五十九年覆高亞字第二一號叛亂罪刑事有罪判決暨其刑、褫奪公權及沒收之宣告，於一〇六年十二月二十九日即促進轉型正義條例施行之日視爲撤銷。」[9]

半世紀以來的屈辱、不甘、淚水與痛苦，曾經如影隨形，亦步亦趨，在肉體與精神上，伴隨著死去的冤魂與活在人世的家屬，以及一整個世代的臺灣人。

在這五十年裡，倡議「臺灣獨立」的泰源監獄政治犯從密謀者、叛亂犯，成爲了反抗威權、捍衛國民主權之抵抗者，抵抗威權統治者違反自由民主憲政秩序之統治作爲，抵抗當年爲鞏固威權黨國體制之附隨公務員，抵抗黨政不分的政治體系。

抵抗一詞，一路積累，最終滴落爲時代的眼淚。

對於軍事審判機關當年論處之叛亂罪，在五十年過後，經促進轉型正義委員會之調查，亦爲司法不法判決。而有關死刑犯的遺書，也紛紛返還到家屬手中。

當年，江炳興草成「台灣獨立宣言書」，與鄭金河、詹天增、謝東榮、陳良、鄭正成等人，計劃奪取泰源監獄警衛連械彈、釋放監犯、進占臺東電臺，向世界宣揚臺灣獨立的行動，在這半世紀裡，有關「泰源事件」諸多說法，匯聚成時代記憶，在存取、遺忘與回溯的歷程裡，或說爲政治上的反抗，或說爲臺灣獨立之革命，然而，最難抹去的仍是愛與痛楚。

撤銷判決，爲當年的政治犯與關係人，給予遲來的正義與尊嚴。

閱讀遲來的遺書，在悔恨、不甘與沉默中，莫忘尋找愛與和解的契機。

---

1 參照陳儀深，〈泰源監獄事件研究〉，收錄於《「戒嚴時期政治案件」專題研討會論文暨口述歷史紀錄》（臺北市：戒嚴時期補償基金會，二〇〇三）。

2 參照陳儀深，〈蘇東啟政治案件相關大事記〉，收錄於《口述歷史10：蘇東啟政治案件專輯》（臺北市：中央研究院近代史研究所，二〇〇〇）。

3 參照陳儀深，〈吳俊輝先生訪問紀錄〉，收錄於《口述歷史11：泰源監獄事件專輯》（臺北市：中央研究院近代史研究所，二〇〇二），頁一七〇至一七一。

4 參照陳儀深，〈莊寬裕先生訪問紀錄〉，收錄於《口述歷史10：蘇東啟政治案件專輯》，頁二六七。

5 同注1。

6 參照陳儀深，〈蔡寬裕先生訪問紀錄〉，收錄於《口述歷史11：泰源監獄事件專輯》，頁八九。

7 同注6，頁一〇三。

8 同注4，頁二六八至二六九。

9 「促轉司字第六二號平復江炳興、鄭金河、詹天增、謝東榮、陳良司法不法決定書」可見於網路：https://www.tjc.gov.tw/public/tjc-uploads/sales/2022/01/7b811b6e3dc855075 4e1f51cdb51ddfd.pdf

鄭金河

生離死別之苦，誰也無法避免，但是在悲痛中要克制神聖的眼淚，把痛苦吞進去，吐出歡笑來。

——鄭金河寫給兒子的遺書

父親的手尾錢

楊美紅

建國兒，這封遺信，你永遠要留著，不能擲掉它，要你時時刻刻記得爸爸的遺言。

……建國兒，爸爸在很遠的地方送給你幾千萬個的「吻」……。

建國兒，爸爸和你永遠離別了。建國兒，爸走了！不見了！

最後爸爸祝你

事業成功！

一九七〇年四月六日　愚父金河絕筆

◎注意：爸爸要去另外一個極樂的世裡，要你替爸爸孝順和侍奉你的阿公呀！這一點你要記得，你千萬不要忘記爸爸所交待的話呀！

人人都說，他像極父親。

然而關於父親的長相，他已經沒有印象。

出生後，父親不在身邊，更大一點，母親也離開了。

理著平頭，雖不高但身形壯碩的鄭建國，做了三、四十年的油漆工，靠著手藝養活一家子。

回想童年，他說自己是在阿公阿嬤的疼愛中長大。

在父親還沒出事前，他們在村裡經營雜貨店（籤仔店），生活小康，父親入獄後，店也關了，阿公阿嬤靠之前的積蓄養他。

國小二年級時，阿嬤過世。

國小五年級時，父親遭槍決。從此，便剩祖孫兩人，相依於鄉下老屋內。

屋裡很靜，世界很小，彷彿只剩孤身一人。

在那之後，他便想著離開家，離開村子上臺北。

後來，看到遺書，知道自己亦有一份深厚的父愛，只是這份愛始終藏在他看不見的地方。

相較於父親的缺席，他更掛念的是改嫁後的母親。

他不愛念書，國中只讀一年，十四歲和朋友上臺北找工作，早早離家成油漆工學徒，十六歲時，他從舅舅那邊打聽到母親的地址，見了她一面，那時母親已有新的家庭。

他不知該從何談起。

甚至不知該不該怨怪母親爲何離開。也許他那時已經懂得母親的難處。

但他仍然很渴望見一面，讓她看看他，又或是讓他知道她過得如何，知道在這世上有血緣相連的至親。

那次見面，他不知怎麼感到母親有自己的生活。

經過長久的分離，兩人不親，話亦不知從何說起，沉默使人想逃，兩人沒談到被槍決的父親，後來，他一直沒再找她。深怕，過多的沉默容易使人窒息。

十八歲，他回雲林鄉下結婚，太太是和他同一村莊的人，知曉他的過去，父親的過去。他不必費心思解釋那些他無能解釋的事。那些看似複雜又讓人無端沉默不知該從何敘述的過去。

他的母親沒參加婚禮，但有阿公和全村的人爲他們祝賀。

婚後不久，阿公過世。

他在臺北有自己的家。

雲林的家，漸漸淡出成回憶。

◇

父親大人：

一個人有生，也必有死，只是遲早而已，但是現在的我，已經先走了，永遠的走了。請大人千萬個的原諒我吧！

我也明明知道，父母養育子女長大成人，恩重如山，雖然我時時刻刻想要報答你們，可是，事與願違，而今，反而增加您老人家的負擔和痛苦，真是罪該萬死。

在我的一生中，我不時體會到您老人家的偉大，我也常常想到，生為您的兒女是多麼多麼的驕傲，可是在這最後有限度的時刻裡，儘管我有再多的話要說，也是無法一一訴說，因為我現在的心情太亂了。

——鄭金河寫給父親的遺書（一九七〇年四月六日晚上）

「我父親當兵前，在嘉義殺豬，村內的人都認識我父親，因爲他身材魁梧，孔武有力，一人可徒手抓豬、宰豬，個性豪爽，愛交朋友。」

在當兵前，鄭金河已經娶妻。

鄭建國也是。

在當兵前，鄭建國已有兩個女兒。第一天當兵的晚上，排長找他面談，「你人還沒來報到，資料已經先送來，你要乖一點。」

他說：「我是孤子，家裡太太現在又懷孕，還要帶小孩，所以申請當三個月的兵，只想平安結束趕快回家，怎麼能不乖。」

關於這些，他並非沒有心理準備。

儘管他租屋在臺北，每到一處新地方，管區總會先來報到，抱怨著「別人一個月查一次，你這裡要查兩次」。嫌麻煩的管區，還曾拜託他搬走。

他總說，「你看，我這鄉下人，這麼古意怎會鬧事，不然你一次寫兩張，我一起簽，你不用再跑一趟。」

退伍後，臺灣經濟起飛，營造業、房地產前景看好，油漆工的薪資一年可以漲四次，比起當學徒時一天兩百元，出師後的他，工錢一天九百元，後來漲到一天兩千五，每個月收入約五萬。但身爲經濟支柱，生活壓力仍大，無力買屋。

一直等到民國八十六年，父親獄友鄭清田幫他申請補償金，當他拿到支票時，便放在父親牌位前告知他，這是「用生命換來的手尾錢」，鄭建國用這筆「手尾錢」買了現在居住的公寓。

鄭建國的朋友都不知道泰源「這些事」。他的女兒也是。

他說，若有兒子，他會讓他們知道。但他只有女兒，女兒知道了只會徒增困擾，他寧可什麼都不說。

關於他的父親，曾經被關在獄中，曾經是政治犯的事，他不想讓別人知道。

關於他的父親，他說他知道的極少。

他去義光教會參加紀念活動，知道泰源事件，知道父親和其他四位死刑犯，知道他父親是這五人中，唯一有小孩的人。

他知道他曾去過泰源。他記得是阿公帶他去，但他忘記父親那時說了什麼，做了什麼，臉上有什麼樣的表情，他全都不記得。

遺忘，或許是從未記起，或許是從不知道要去記憶。那時懂得，什麼是生死恩怨或最後一面嗎？

關於那去過又像未去過的臺東泰源，似乎早已模糊成一場來不及欣賞的風景。

但他始終記得，沉默的阿公和辛勤料理家務的阿嬤，總會答應他任何要求。吃冰，要糖，要玩具，所有的寵愛都想填補那缺席的空白。

或許，小學時，他的同學、老師，曾經說過什麼，但他也不願記得。

「今日講，明日就忘了，沒事了。」

但願一切依舊雲淡風輕。

在那樣的時刻，或許他明白了許多事，包括父母的在與不在，他人的愛與不愛。

在這個時代裡，他相信自己的幸福。

◇

二郎弟弟：

……母親死了，姐姐都嫁了，哥哥也死了，現在還有年老的父親以及幼小的建國正在家裡等著你呢！以後，我希望你能奉侍年老的父親，並且培養幼小的建國吧。……（你）更要記得：「一滴蜜所捉的蒼蠅比一滴毒汁所捉的蒼蠅為多。」我希望你能做一個有用的男子漢——是我心目中最羨慕的男子漢。我想你不會使我太失望吧！

——鄭金河寫給弟弟的遺書（一九七〇年四月六日晚上）

他曾經去找過叔叔。

那時，二郎叔叔在基隆當拆船工。

經歷過年少的晃蕩後，二郎在三十九歲娶妻生子，成了四個小孩的父親，成了「有用的男子漢」。

他也去找過兩位姑姑，父親的姊姊，她們很早就出嫁，二姑的兒子考上公務員，因爲父親的緣故，不能去上班。

對於過去，他們也沉默。

「這麼禁忌的事，講太多，怕被抓。」

對於家族的沉默，他下了這麼一個注腳。

連他也是沉默的。

「事到如今，賺錢才是重要的。」他說他對政治不熱中，個性內向，不喜歡去公開場合參加紀念儀式，如今可平靜度日就好。

只是，他又惱怒於紀念館的事。

縣府製作的「鄭金河故居」解說牌，掛在鄰居的牆壁上，他堅持要拆下。

牌子拆下來了，但紀念館遲遲沒下文，後來有消息說，經費不足，便只做了塊牌子。「沒意義。」他說。

關於這些後續的紀念活動，成了他抽空返回雲林故鄉看看的理由。

當他說著這些歷史與政治是非時，他的外孫女躺在一旁的沙發上，看著電視卡通，他問她餓不餓，遂又起身，拿了零食給她。

如今，他也成爲像他阿公那樣疼愛兒孫的人。

◇

建國兒，在這世界上，你不能再見到你的父親。這是一件最悲痛的事。生離死別之苦，誰也無法避免，但是在悲痛中要克制神聖的眼淚，把痛苦吞進去，吐出歡笑來⋯⋯因為在悲哀的這一面，牠不僅不能改善你的精神，卻反使你陷入柔弱卑怯的境界。所以這種悲哀，應用克制的決心來戰勝它。悲哀的另一面，它卻使你的精神趨向高貴而偉大的途徑。……世界上頂可愛的人，就是父母親，世界所給與的，不論煩惱或愉快，你總不會忘記你父母親吧！因此，你對於父親，也有比從前更加重大的責任在身上了。所以說，為了愛父親就要更加改善自己，才可以安慰父親的靈魂。此後，無論做什麼事，你必須常常反省，這是爸所喜歡的。

——鄭金河寫給兒子的遺書（一九七〇年四月六日）

鄭金河對鄭正成說：「臺灣如果沒有獨立，是我們這一代年輕人的恥辱。」

他說：「我們要走了，剩下的就留給你們了。」

幾個關鍵字：臺灣。獨立。年輕人。恥辱。

短短兩句話，道盡青春的信仰。

臺灣獨立，是他們對自己年輕生命最終價值的期許。就像所有年輕的革命分子一樣，革除獨裁者，尋求政治希望。

我想像著鄭金河臉上的表情。或許是憤怒，或許是不甘，或許是遺憾。

更多是，期盼。必須得憤懣說出口的期盼。

就地成仁。革命與起義，拋頭顱灑熱血，全是無可閃避的信仰。

當初入獄時，他也不過是二十出頭的少年，在鄉下殺豬。他與豬搏鬥時，不知道世界發生什麼事，他所擁有的是青春與天眞，整片的稻田與農人，關心溫飽與戀愛結婚生子成家，像其他人一樣活著。

國家，政府，強人，民主，很遙遠。

直到去當兵，進入海軍陸戰隊，認識同他一般身材壯碩的陳良、詹天增、鄭正成，他們全因一九六一年蘇東啟案遭判刑入獄，其中陳良、鄭金河都來自雲林，蘇案中，鄭金河被判十五年，陳良被判十二年，至泰源事件發生時，他們已入獄服刑約八年半。

軍隊，是他們一生中不可逆的轉捩點。他們開始萌生反抗意識。

權力與壓迫很快讓他們認清處境。他的家人不明白為何他被牽連進蘇東啟案，成了武裝叛變陰謀分子。

但這也是他們生平得以跳脫家鄉，結交朋友，擴大視野，清談時事與政局之處。世界不再遙不可及，反倒為他們腦海勾勒出亟欲捕捉的理想。

那時候，他們相信世界可以改變。

◇

《泰源風雲——政治犯監獄革命事件》的作者高金郎稱讚鄭金河「是革命的全才型人物」，又說，「他雖然是殺豬的，但是他的政治理念很強、很好，」又說：「別人向山地同胞買豬時，要派八至十人去抬一隻豬下山，但鄭金河不用，他只需一個人騎腳踏車出去不到一小時，從殺豬、整理、載回來，一個人就搞定，眞是厲害。」[1]

豪爽、有義氣、有禮貌、談吐佳，是不少人對鄭金河的印象。環境無能成就他追尋高遠的夢，但鄭金河並未灰心喪志。

他從同袍間，或許找到知音，或許找到能與之獻身的理由，他看見政治枯槁殘破，時代凋萎如落葉，一踩即碎。

他驕傲地把整個時代扛在身上，像對付一頭豬，與之拚搏，相信自己能殺出血路，剮去這一代的恥辱。他的確也揮刀向人砍去。

依據官方檔案所述：[2]

二月八日中午一點四十分飯後，上士組長龍潤年率士兵蔡長洲等六員，成一路縱隊沿著圍牆前進逐一更換哨兵，行至第五、四哨之間時，最前面的蔡長洲突被預伏果園的（洗衣部外役）江炳興攔阻，江喝道：「臺灣獨立了，你快把槍交給我吧！」蔡兵不從，兩人格鬥約五分鐘，鄭正成加入遂擊倒蔡兵；當時陳良向第二名衛兵王義奪槍、詹天增向第三名衛兵李加生奪槍，謝東榮持刀劃傷李兵手指，李兵倉促攜械跑往連部通報。第四名為上士組長龍潤年，被鄭金河持刀刺入腰部，倒地昏迷數分鐘後醒來又與人犯格鬥，背後又被刺中要害，送醫不治死亡。第五名衛兵吳文欽被謝東榮撲倒，槍、彈被奪去。第六名衛兵鄭成龍回奔跌倒，槍、彈亦被奪去。當時由於連長到旅部開會，副連長休假外出，連部由少尉輔導長謝金聲應變，輔導長聞訊前往現場勸犯人還槍，雙方對峙僵持約二十分鐘，鄭金河、謝東榮二位人犯先後鳴槍三發，一行六人攜械沒入果園遁去。此時約十二點三十分，整起暴動前後約五十分鐘。

他深信起義推翻強權，向世界宣告臺灣獨立，是他的使命。

鄭建國必須從這些字裡行間，去尋找父親充滿理念的背影。

在還沒拿到遺書前，他不知道父親對他的期許，去讀書，莫懶惰，常反省。望子成龍，殷殷深切。這其中，或有部分，是鄭金河對自己深切的期望，但他的鮮血最終只能化爲對稚子的愛，滴落在遺書裡。

1 參照陳儀深，〈高金郎先生訪問紀錄〉，收錄於《口述歷史11：泰源監獄事件專輯》（臺北市：中央研究院近代史研究所，二〇〇二），頁一三五。

2 國防部史政編譯室，檔號563/4010，陸軍總司令部〈台東泰源感訓監獄暴動處理案〉，一九七〇年二月二十四日。

陳

良

事至今日也無言再提，千言萬語請您不用傷心，要歡歡喜喜才是。該為時代犧牲的孩兒而驕傲。

——陳良寫給母親的遺書

在這之後

楊美紅

他始終記得那次旅行。

搭朋友便車，從雲林鄉下出發，繞過半個臺灣，到遙遠的臺東泰源監獄，去見二哥一面。

那時，他遠遠不知這會是最後一次。

那時，他二哥陳良，興高采烈等著他來，等著告訴他，「再過一年多，我就要出獄了。」

那種得意，他始終記得。

他們那一大群下港來的憨直少年，趁著到臺東參加喜宴的空檔，前來探望這位入獄許久的庄腳玩伴，在監獄福利社擔任外役的陳良，燒了一桌好菜，等著他們。

我想著，見到家鄉來的人，陳良的臉上，會多麼開心。

他的雙手，或許還因爲激動而微微顫抖著。

「有多久沒有見到面了？」

兩兄弟或許都揣想著這一天，在島的另一邊重逢。

陳老定說，「那一天，才知道陳良有女朋友。」

事情過後很久，他才知道二哥的女友「林小姐」是阿美族人，兩人計劃陳良出獄後結婚，經常在福利社附近的果園散步。

但二哥被槍決後，林小姐就自殺了。

如今回想，那段泰源時光，彷彿因一段浪漫愛情而閃爍發亮。

他知道二哥戀愛的神情，有點害羞古意，但怎麼也藏不住眼角的笑意。

「我二哥一向很有女人緣。以前在甘蔗田裡工作，查某囡仔全擠在他旁邊，聽他講笑話，他個性大方，扛甘蔗走在路上，邊哼歌邊上工，大搖大擺的神情就是和別人不一樣。」

◇

家裡窮，是窮到骨子裡的窮。

母親五十歲才生陳老定這個尾子，父親很早過世。他對父親沒印象，和陳良只差三歲，兩人最親，那時，母親做「苦勞仔」養大兒女，所有小孩都早早下田務農，陳老定國小時和人去田邊撿甘蔗，能念到小學畢業就算好。

陳良自小打理農事，在土地上勞動生活，只爲求得一家溫飽，當他長成一位魁梧勇健的青年時，只能入伍進海軍陸戰隊，冥冥中彷彿有所命定，他在軍隊裡所遇見的人與事，將徹底改變他的未來。

然而，在那個時候，誰也不會知道。

好比陳老定和他的母親、兄長、姊妹，好比那雲林鄉間的左鄰右舍，好比那整個安居平原綠疇的寧靜庄頭，他們都不會知道，那些從土地上培育出的健壯青年們，那些憨厚的人，對於時代裡的強勢政權，已有了叛逆與自覺意識。

不久，陳良因涉「蘇東啟案」入獄。

「我不知道後來他怎麼被牽連，像我們這麼窮的人家，怎麼會去談政治，如果不是當海陸仔，認識那些人，根本不會有這些事。」

「出事時，家裡根本不知道。每天忙著田裡的事，生活都成問題，誰也不知道會發生這款代誌。」

那時，陳老定開始對世界感到陌生。

那時，他知道二哥被關在臺北青島東路某處，卻沒辦法常去看他。

那時，住在臺北的表哥，在貨運行當司機，每週帶著飯菜去探監。但他們遠在下港，當然都不會知道這些事。

直到很久之後，當陳良因泰源事件被判死刑時，他和大哥北上去見最後一面，看著他戴著手銬腳鐐走出。再過沒多久，他們又接到通知可以去領屍。

那位司機表哥仍舊開車載著他們，穿梭在臺北市街，買棺材，上停屍間，搜尋兩兩疊在一起的死刑犯屍體。

他差點錯過陳良冰冷的遺體。被壓疊在下方的陳良，身材依舊挺拔，他和大哥扛起他，運回雲林。

那些街坊沒有多說什麼。他們和亡者家屬一樣困惑。

「他明明那麼聰明，爲什麼這麼憨，走這條路。」

還有一群人，天天監視這場即將舉行的葬禮，直到人犯最終下葬，恩怨才算完結。

在陌生人的凝視下，他們把陳良草草下葬。

每當，掃墓的時候，他總是會想起他。

想起他三十二歲就死去的身體。

想起，那年那趟遙遠的後山旅行。

想起，二哥張望未來的眼神，把禁錮之地蒙上一層光。

◇

定：

真久未見面，身體健康吧！甚為掛念。做你阿兄的我，應該在家，互相勉勵。奈何力不從人願，請你不用見怪。

本來期待早日獲釋，返鄉盡我本份答謝你的厚意。但人生的命運，不容易推測。有時也會發生意外的事變。無法償付我的心債，請你原諒。

最後望你把握人生，好好奮志。為事業為期待勞苦。最要緊的也是兄弟需要協力、互助。如有靈性，我一定時時在你們身邊幫忙、解難。

——陳良寫給弟弟陳老定的遺書（一九七〇年四月六日）

陳良死前，寫了三封遺書，分別給母親、大哥、陳老定，最終只有陳老定看到遺書，過往那些因著「人生不容易推測的命運」所留下的困惑，再度被喚起，圍繞他，始終沒離開他的人生。

陳老定二十五歲結婚，生了兩子一女，一直住在雲林老家。

故鄉，是雲嘉南平原上的一處農村，虎尾老家的稻浪，在陳良離開多年後，依舊金黃飽滿，然而人事已非。

問陳老定認不認識蘇東啟案的其他人。

他說不認識，涉案者多是北港那裡的人。陳良會和那裡的人搭上線，他認爲是當兵的環境擴大朋友圈，「如果不是『海陸仔』，不是『駕駛員』，他也不會涉入蘇東啟案……」

從陳老定身上，我彷彿可以模擬出陳良的模樣。

寡言，古意，試著把傷悲與不如意壓至心底最深處。這樣樸質的鄉下人，只要你敢說出口，他們皆會熱心爲你做，希望客人得到好款待。

然而，對於那些他無能做到的，他亦無法勉力說出，有太多的想像充斥於歷史空白處。

對於這場陌生又莫名的泰源事件，他們只是被動地被告知，人被抓，被關，被槍斃，所有曲折的過程，所有該被記錄卻又被掩蓋的歷史，太像一場讓人想遺忘的惡夢。

醒來後，他什麼也記不清。

發生在他身上的悲苦，是和二哥的緣分到此爲止。

他記得見二哥最後一面，是和大哥一起北上，陳良交代他要照顧母親，希望死後家人要祭拜他，如果可以，亦希望對母親隱藏他的死訊。

阿兄：

……弟受刑期間，處處受你幫忙，內心感恩不盡。本來期待早日獲釋返鄉，奮志事業。奈何天降下來不測的風雲，引我走了這條絕路。也是弟的命運。請寬心。免悲傷。因這條路時時都有降臨在每個人身上的可能。……

——陳良寫給哥哥的遺書（一九七〇年四月六日）

阿母：

……雖然兒未做到任何的事業。但了解能做您的孩兒萬分的驕傲。兒雖未接受較高等的教育。又有很多的話欲提。也無法一一傾訴，只是兒真歡喜先走了這條路。減免了兒心內的苦悶。

事至今日也無言再提，千言萬語請您不用傷心，要歡歡喜喜才是。該為時代犧牲的孩兒而驕傲。

——陳良寫給母親的遺書（一九七〇年四月六日）

愧疚、無奈與矛盾，無言再提。

苦悶時代，終將一別。

我想著陳良故鄉的老母親，在頻頻咳嗽而無眠的夜裡，是否想著那莫名入獄的孩子。「爲時代犧牲」的念頭，是否進入過她的心底？

身爲母親，她始終不知道兒子遺書裡寫了什麼。

◇

民國五十九年六月一日的軍法處簽呈裡，記載「陳良致其母、兄遺書內稱：『這條路時時都有降臨在每個人身上的可能。』、『該爲時代犧牲的孩兒而驕傲』之句，似亦有暗示『臺灣獨立』爲『時代』使命之意。……遺書，似不宜送達其家屬，而免發生不良影響」。

「臺灣獨立」爲「時代使命」，早在事件策劃當初以及事後當權者的內部文件裡已被定調。

謀劃者說，我是爲時代犧牲之人。

當權者亦敏感於遺書字句會導向「臺灣獨立」之想像。

遺書，沒有送達。因著文字裡燃燒著理想的光，讓當權者難以忍受。

在沒看到遺書的有生之年，身爲陳良的母親，她如何看待兒子的消失？

然而，她是否眞知道兒子是被槍決的呢？

死訊，無論如何是不能隱藏的。

陳良兄弟將他的遺體從臺北運回雲林，據說依民間鄉下習俗，在外面斷氣的不能進入村子，要把屍體停放在村外路邊。

已經進入六月，氣候炎熱，特務在附近盤查來往路人。

住在同庄頭的村人，只是感嘆，得人疼的少年怎麼去當兵，就被關了，就被槍決了。

他們用嘆息用感慨，用低得不能再低的聲音，細細碎碎唸著，多好的孩子，怎麼就這樣沒了？那封遺書裡欲說未說的點點滴滴，那些曾被說過又亟欲被抹去的文字，零落在人們惶恐的心靈裡。

怎麼，就這樣「爲時代犧牲」了。

但，什麼又是「爲時代犧牲」呢？

他們沉默著。學習遺忘。彷彿這一切都與時代無關。

也許就當這只是一場意外，砰一聲，將生命軌道岔出到無人可及的另一邊。

封塵在檔案櫃裡的宿命遺言與未酬理念，被收進時代的底層，加密掩蓋。

關於種種揣測、恐懼甚或憐憫，窸窸窣窣的細碎聲，如遠處田間悶燒的乾草，飛出點點星火，隨即消逝在蒼涼的大地上。

詹天增

兒相信人去逝，一定有靈性。兒決心每日來到妳身邊，與妳相處。看妳安眠，見妳吃三餐。遇到心苦病痛，會安慰妳。請妳日日快樂。

——詹天增寫給母親的遺書

也是青春夢

楊美紅

冬天落雨，綿綿不絕，水霧將山城洗出一方哀愁。

從鼻頭角到金瓜石，她帶著孩子走在彎折山路上，荒山野嶺，季風呼號，前方草比人高，路不成路。

那時候，她想人生的艱辛都在這條路上。

從山上到海邊，一生來來回回好幾趟。

懂事時，她被人帶下來到詹家做養女。

養母詹玉蘭說，「我也是詹家養女。」詹玉蘭生下孩子後，入贅的丈夫離世，留獨子詹天增與她相依。後嫁給一名施姓外省人，男人和女人一起到礦坑營生。

女子矮小，鑽入坑內送出石頭，再交給外面的男人。

男人一天兼三份工，挖礦淘金，別人可做的他都做，在這座小山城，人人抱著黃金夢，卻不知細碎的粉塵，可以輕易吹散遙遠的夢。

男人沒活太久，四十餘歲便因肺病過世。

倒是繼子詹天增也學得電工一技，早早到金礦公司報到。

對於未來的媳婦，詹天增有自己的想法。

養女說：「我的養母就寵這個獨子，他整天拿著帳本到雜貨店賒帳買東西，和結拜兄弟應酬，四處走踏彷如浪子。」

採礦人有今天沒明天。入坑是死，出坑是活。

今朝有酒今朝醉。

他的結拜兄弟，他父親的結拜兄弟，密密麻麻構成一張大網，撐住惶惶不知終日的山城小民。

一個坑落下，一根線被吹斷，還有其他坑被其他線緊緊拉扯住。

長久以來，挖礦人如蜘蛛般盤出緊密結實的親屬網絡，將山城子民繫在一起，先天的，後天的血緣，虛虛實實勾勒出人間的生存條件。在死神隨侍的山中地底，所有可託付的人，都扛著沉重的擔子，努力撐住狂風中搖搖欲墜的網。

招尪

她到詹家時，已懂得察言觀色。

十二歲時，大她八歲的詹天增被徵召入伍。在那之前，兩人的關係很淡，沒辦法玩在一起，他有自己的哥兒們，那種年輕男人的交際圈，她不懂，只能怨養母偏心，怎麼哥哥何以如此自由，如此遊戲人間，整日應酬玩樂，她卻有做不完的家務。那時，她不會知道，因爲哥哥還在家，她也得到某種形式的庇佑。

詹天增入伍。隔年，養母安排她到臺北六張犁阿姑家幫傭。

她身體差，十三歲的孩子什麼也不懂，只知道主人家的女兒是舞女，不知怎麼懷了孕，生了小孩後便下海做妓，她隱隱得著暗示，彷彿會踏上這樣的命運，揣想養母是否會推她入火坑。

她是寧可爲人做牛做馬也不願做妓女。

碰上詹天增休假，他到六張犁找她，見她年紀小卻要擔負沉重家務，堅持帶她回金瓜石。

「那時，他是疼惜我，知道我身體虛，經不起太勞累的生活。」

她一直恨自己身體不夠強健，只能留在家幫傭，無法到工地去。

剛開始，她和哥哥回家，養母沒說什麼，等詹天增一走，便又叫她去六張犁。

「沒路用。」她認分地回到臺北，生活容不下反抗與忤逆。

然而，這戲碼竟也持續了一年多，薛西弗斯般的徒勞。她知曉這種模式，詹天增一到，便乖乖跟著他回家，等他休假完回營，她只能結束短暫休假再度到臺北幫傭。周旋養母與哥哥之間，看盡冷暖。

如今回想起來，竟覺得有人關愛的日子，可以這般苦甜在心。

那時詹天增正踏入政治領域內，有正在發展的理念與交際圈，隱隱預感到未來兩人不會在一起，堅持要母親替她找好人家。

一九六一年，詹天增因蘇東啟案入獄。那年她十五歲。

或許是獨子入獄，或許是生活所逼，養母又領她回瑞芳，她到十三層煉銅廠工作，時間忽悠而過，轉眼已十八歲，養母讓她招贅。

那時山城寂靜，繁華失落，遠在鼻頭角的討海人願意入贅。

「漁工與礦工，都是沒有明天的人。」出海與入坑，都讓她碰上了。

嫁到鼻頭角，窮苦如影隨形，跟著她上山下海。

夏天，她與丈夫出海，風平浪靜收成差，她恨恨地想，風起浪湧才有魚抓，然而她的丈夫是怎麼也不敢出海搏命的。

「這麼怕死的男人，沒啥小路用。」當初說什麼與海搏鬥的男人能冒險犯難，在她眼底，只能見其他人帶回滿坑滿谷的漁獲，鄰居好心要送她，也被男人斷然拒絕，他的面子啊在這種時候竟比餵飽小孩重要。

她眼巴巴望著那不屬於她的生猛海鮮，感到委屈。

他們一家子住在港邊，想要靠海營生，卻不諳水性，視海如猛獸。

爲了不落人口實，不讓人說他們「招尪娶某走」，入贅有名無實。每年冬天，她不管如何辛苦，都會帶小孩回金瓜石，只爲證明自己仍在看顧這個家。

她婚後第六年，詹天增因泰源事件遭槍決。

「阿母，你幫我照顧」

養母與她，都不懂得他入伍後發生什麼事。

詹天增是海軍陸戰隊上等通信兵，因涉「蘇東啟案」判刑十二年，入獄八年後，因參與泰源事件，遭槍決。

她記得當初他入獄時，她與養母都到臺北去見他。

那時總有人會跑到家裡，鼓動三寸不爛之舌，說什麼「只要花筆錢打通關係就可以減刑」，「只要花錢就知道詹天增爲何入獄」，養母花了許多冤枉錢卻一無所獲。

她怨怪往日哥哥的換帖伴，出事後都不見蹤影，到頭來僅剩孤女寡母撐住一個家。

槍決後，養母終日坐在屋內哭。

那時，養母不知，兒子詹天增寫了封遺書給她，「兒未克心願，見妳一面，就告別了，實在有很多的話要提。數言也難盡。請勿見怪。兒相信人去逝，一定有靈性。兒決心每日來到妳身邊，與妳相處。看妳安眠。見妳吃三餐，遇到心苦病痛，會安慰妳。請妳日日快樂。……」

她出外做工，交代小孩早晚爲詹天增上炷香。

那時，或許詹天增的魂魄曾在山城徘徊，安慰哀痛的母親。

鬱鬱冬日，細雨愁苦。

詹天增的獄友鄭清田說，出事前詹交代他：「阿母，你幫我照顧。」鄭清田老家在九份，兩人住得近，他信任他能就近照應，之後，獄友吳鍾靈出獄，他也說詹囑咐過他：「幫我照顧我母親。」

那時老人家有白內障、高血壓，吳鍾靈夫婦接她到臺北靜養，然而住在小小公寓內，沒有左右鄰居「開講」，日子寂寞無聊，詹玉蘭吵著要回去，於是，過沒多久又回金瓜石。

獄友蔡寬裕出獄後，到金瓜石探望她，老人家會指著屋外上方，告訴他有人在站崗監視。從詹天增被抓，入獄到槍決，她的健康一路走下坡，痼疾纏身，爲了醫療方便，她又上臺北住在吳家。

詹玉蘭過世那日，吳鍾靈不在家，吳妻見她昏厥，趕緊打電話給蔡寬裕，蔡又趕緊打電話給鄭正成與鄭清田，幾個人從公寓三樓又揹又抬，將她送上計程車，然而到院時人已斷氣。

喪禮回金瓜石舉辦。

她哪裡知道，養母的姊妹，竟說她拿走養母的幾兩黃金，除非吐出錢，否則不讓她辦葬禮。

吳鍾靈夫婦拿出五萬元，終能送老人家最後一程。

「人哪……人。」

她對一切啞口無言，養母的所有積蓄怕是早被人騙光。

獄友代替詹天增扮孝男，一路送詹母出殯。山路崎嶇人微渺，他們慢慢走，想著這對母子，想到過去獄內的相知相惜，想著山城男子的情義灑脫，像是甜蜜的包袱扛在身上，如今重擔已落，他們無言告別，看過去那哀哭眼盲的母親入土為安，安靜送走屬於他們的時代。

之後

有時她懊悔當初沒有嫁給詹天增。

她生養的男孩，當兵時陸續精神病發，有兩人還住在療養院內，她的丈夫也因病住院。

她搬出山城、鼻頭角後，跟著女兒落腳臺北，至今已經搬過二十幾次家。

許多人都說她與養母不合，在養母晚年時，兩人才沒有住在一起。

「平均一年多就搬一次，東西也就一點一點丟，經濟差只能靠幫傭過活，這種條件也很難供養養母。」

她叨叨絮絮唸著，日子惶然躁鬱，不知該怎麼過。她住在租來的公寓內，煩惱著公寓都更後將何去何從，房屋漏水房東不願修，只恨不得快點都更狠撈一筆，隔壁新建大樓日夜趕工，工地噪音如魔音穿腦，她夜半起床常感暈眩，擔心沒房住，擔心在精神病院的兒子後半生無人照顧，擔心丈夫的病，還有一個女兒斷了聯繫不知人在何方，她感到家四分五裂，卻不知從何收攏。

詹天增因蘇東啟案入獄，她後來領了一筆補償金，勉強度過這幾年坐吃山空的日子，但還能撐多久，她也不知道。

她有時會想，若詹天增沒有入獄，若她眞嫁給了他，命運是否能扭轉到安然的模樣。至少不是如今之坑坑洞洞，險惡難測。

長女陪她出現在義光教會的追思會上，在那樣的場合裡，她經常是沉默的，像其他家屬一樣，對於曾經發生的一切感到陌生，只有失去家人是眞實的。

在過往的生命裡，她不過恰好成爲他的妹妹。恰好被物色爲未來的妻卻終究無緣相伴的養女。

但她不知道別人是怎麼想的。

她女兒還記得當年和她一起到臺北領詹天增的大體，亦記得那時爲詹天增守靈，獨自一人看著他的遺照，天天插香拜飯，好像那照片裡未曾謀面的舅舅，也需要細心照料。

那些被丟落在旁的山城故事，開始點點滴滴又被憶起。

細碎而模糊。

那時候，從鼻頭角回金瓜石，沒有路，沒有車，只有滿山遍野的風與草，她身上揹著、手裡拉著孩子，不敢休息，深怕一坐下就再也站不起來，遑論揹起孩子往前走。

如今，即使她想放下那些孩子，放下那些過往恩怨，命運終究不允許，她只能將故事扛上路，直到遺忘它最初的重量。

謝東榮

人生如雲，一下子就消失了。兒感恩妳們養育長大。已嚐到甜的苦的，和酸的。非常歡喜，真多謝。

——謝東榮寫給父母的遺書

我弟弟

楊美紅

詹貴美一直記得謝東榮年輕時的模樣。她的婆婆也是。那是她唯一沒有夭折的親生兒子。

謝東榮只活到二十七歲，最後四年，在牢裡度過。親人們理當只記得他的青春，他年少時最爲講究的義氣，熱血流竄在他的胸腔裡，許多年過去了，詹貴美仍然記得他說，「大嫂，有一天我要離開這裡，到外面闖一闖。」

「那是什麼意思呢？」詹貴美沒有多想，眼前的小夥子，大概也想上臺北，去大城市開開眼界吧。

那時他們看著嘉義的甘蔗田，五分車緩緩駛過，轉彎時的煞車聲戛然劃過耳旁，小孩撿著掉落的甘蔗吃，大一點的少年，直接從中抽出甘蔗，謝東榮也是，他把抽出的甘蔗，遞給剛認識的大嫂。

「阿嫂，妳若要吃甘蔗，我去抽兩捆放倉庫，妳去拿，不要讓別人看到。」

甜滋滋的甘蔗味，特別適合慵懶南風拂過的午後。

嘉南平原空疏遼闊，雲很低，浮在地平線上，空氣裡似有淡淡甜味。

她對這裡仍很陌生。

從臺北嫁到嘉義，丈夫去當兵，留她在嘉義鄉間。

眼前的小叔，大她一歲，不說謊，不愛打架，很有正義感，看著從臺北嫁入鄉間的她，會自告奮勇幫她做些粗重的工作，農閒時彼此聊天說笑，紓解生活壓力。

詹貴美想著丈夫謝東隆。在金門當兵的他，不知過得好不好？

謝東隆是養子，養父母領養他三年後，才生下弟弟謝東榮。

在他出生的年代，還是二次大戰期間，養子養女很普遍。幼時，爲了躲避戰爭，謝家全住在六腳鄉下，當年養父謝車在日本經商有成，於六腳買了數十甲地，蓋屋養兒。

那時兄弟倆念六腳國校，後來因爲父親經商緣故，初中時，搬到嘉義市區。

謝東隆不避諱談到往事，但記憶力與體力皆大幅衰退，很多事皆記不淸。

他說，「我是大姊生給小弟養的小孩」，出生後十八天過繼給養父謝車，親生母親的弟弟。他原本要喊舅舅的那人，成了父親。

他在家原本排行老四，過繼後，成爲長子。

詹貴美跟著先生回嘉義結婚，住了幾天，兩人又回臺北，直到謝東隆去當兵，她便回到嘉義。當時婆婆謝李彩蓮住在市區，照料正在求學的小姑們，而二媽則在六腳打理田產屋舍，她和謝東榮到六腳鄉間幫忙農事。

年輕時曬得黝黑的臉龐，對未來的莫名熱情與夢想，彷彿還在嘉南平原的蔗田裡悶悶地燒著。

一個多月後，謝東榮被徵召入伍，那時她遠遠不知，這是最後相處的時光。

她知道公公為了讓兩兄弟一起打拚事業，特地辦緩徵，讓兩兄弟一同入伍，一同退伍，卻沒想到會出事。

謝東榮當兵放假回來時，曾說要自動留營，那時他在湖口當裝甲兵，之後被指控在廁所寫「軍隊是人民公社大家要忍耐」，遭判刑七年。

一九六六年他被捕，否認曾寫過那些字。謝家認為他的個性，很愛打抱不平，可能看不慣軍中輔導長作風而言論偏激，又或是被人栽贓陷害，然而即使他寫了那些字，在那樣的年代，隨便亂說話也能被判好幾年，事後即使找人疏通，皆是枉然。

他們並不明白他的政治傾向，在軍中發生的事都像是黑箱裡上演的默劇，或許有辯駁，或許有冤屈，然而不論再怎麼激烈，外人誰也看不到，事情就這樣發生了。

燈一亮，幕一拉，人已被關押在牢裡。

扣在頭上的罪名，竟是反動謀亂。縱使有再多不甘，也只能暗自吞忍。後來他被送往泰源。這一去，便再也沒回來。

當時謝東隆已從金門退伍，他的人生因弟弟謝東榮而有痛切的醒悟，開始投身黨外運動。

◇

謝東榮的家境，實是這幾人中最爲優渥的。

人在泰源的他很會花錢，常寫信來要衣服要書，衣服分給監獄的人穿，要家人買《大英百科全書》、中外古今文學，不愛看書的他，把這些書籍全送人。

家人對他的愛，不因他入獄而有改變。能給的，他們盡量給。

當然，他們不會知道，監獄風雲裡的派系理念之爭，不會知道謝東榮和他的獄友們正在謀劃著一場奪槍動刀的革命，更不會知道他入獄後果眞成了政府口中的反動分子。

謝東隆和父親曾繞過半個臺灣，去看看山那頭的牢獄。

他們從嘉義搭車到高雄，住一晚，隔天再到東部，舟車勞頓，心事重重，如今回想起來，只剩路遙人疏的回憶。

他們甚至不懂不愛看書的他，如何能下定決心與那群政治犯共謀起事？如何成了被槍決的死囚？

「臺灣聰明的人很多，憨人很少。」多年後他們聽見當年反對起事的獄友如此說著，泰源事件裡「願作憨人」的那幾人，皆抱著必死決心，試著搶攻電臺宣告臺灣獨立。

謝東榮是憨人，他是年紀最小的那個，亦是熱情又義氣的那人。

鄭金河、陳良、詹天增，皆爲海軍陸戰隊成員，皆因蘇東啟案入獄，三人共謀有其緣由，隨著江炳興移送泰源，集結臺獨勢力，延續蘇東啟案當時未能舉事的革命行動，始露曙光。

有人說，謝東榮或許是因爲江炳興的緣故而加入這場行動。義氣。彷彿成爲緊箍咒。

明知不可爲而爲之。明知前方滿地荊棘也要闖出險路。事情便這樣說定了。這原是憨人間的義氣相挺，不計成敗，不問輸贏。

只是，把命交給你，獻給你，成全你。

只是，該流的血應該流在該流之處。

所有的汙衊、壓迫、羞辱、栽贓與不公不義，都不該發生在這塊土地上。

謝東榮對獄友說，好。

憨人憨事，明知不可而爲之。

泰源事件發生後，消息封鎖，他們找不到謝東榮，又聽說《聯合報》有刊載這新聞，謝東榮透過人脈四處打聽，謝東隆有位在軍法處任職的朋友告訴他，直接去向國防部要人，當時蔣經國在美遭黃文雄刺殺不成，謝東隆內心隱隱擔憂局勢對弟弟不利。

他行文到國防部，試探地說弟弟去當兵，但現在卻不知人在哪裡。等了一個月，終於盼到回文，證實人的確沒在軍中，已關押在安坑監獄。

謝東隆回憶，當他們帶著一紙公文到安坑找人時，警衛露出非常震驚的表情，萬萬沒想到家屬竟會得知這些消息，循線找來。

他們或許是泰源事件中，最早得知泰源案的家屬。

謝東榮自知會被判處死刑，會面時很平靜，只交代他要保重身體，孝順父母。

之後，家裡也常有人來搜東西，如今他們手邊唯一一張謝東榮的照片，是當時妹妹偷偷收起，藏在榻榻米下的照片，也幸虧這張照片，才不至於最後連張照片也沒留。

關於遺書，他們全不知道有這件事。

謝東榮遭槍決後，家人領回遺體將之埋在臺北墓地，位置還曾被移過，在山上找許久，最後在原墓地上方找回，請人撿骨帶回嘉義故鄉。

多年後，他們看到那封遲到的遺書，謝東榮在遺書裡要求兄弟過繼子女給他。

然而早在當年會面時，謝東隆與詹貴美，已經想到後事，他們帶著當年五歲的二兒子去探望他，承諾過繼給他。

所有能給的，他們都給了。

◇

他的父親謝車，曾經懷抱著一絲希望。

他以爲若報上所登屬實，兒子還繼續在山裡逃亡，總有一天會回來，暗地裡向人打聽，該從嘉義沿海何處安排偷渡，該準備多少錢讓他帶上路，那時他祈求兒子千萬不能被抓，且又希望自己眞能救兒子逃離這座島，火速送往國外。

後來他得知兒子已被逮，感到萬分憤恨。

聽說謝東榮逃亡十二日，又餓又渴又怕，被當地原住民所欺，誘拐至工寮內灌醉而束手就縛。

從此，謝車的店裡不再和原住民交易，那些誤闖禁地的原住民全被他轟出店外，彷彿他們也是殺害他兒子的幫凶。

在那之後，幾乎沒人是快樂的。

母親謝李彩蓮因親生兒子被槍決，丈夫亦住在二房那裡，失去兒子與丈夫，她後半生悶悶不樂，終日流淚幾乎眼盲，遂到臺北投靠養子與媳婦。

管區也經常來家裡。

外人異樣的眼光如影隨形。

「如果眞要這樣，若發生什麼事，不要怪我們。」謝東隆眼看警察趁他不在入內亂翻東西，氣得找警察對嗆，後來他投身黨外運動，簡直是順理成章的發展。

然而，那樣的眼光終究是一張怎麼也撕不下的標籤。

謝東隆的叛逆、反骨，讓他可以無視旁人帶來的壓力，但他的妹妹們卻不能不在意。

有人因爲管區三番兩次找來，而與婆家鬧翻，也有人因爲先生諒解而走過難關，有人至今仍怕警察，從內心湧現的恐懼與憎惡交纏在生活中，使得她們仍緘默著。

即使已經解嚴了這麼久，即使領回了死者遺書。

過往依舊緊抓不放。

「看到警察，我還是很害怕。不要約出來，不要拍照，不要訪問。就讓我在電話裡說，我希望他們不要認出我來，我希望可以一個人安靜過日子……」當年收藏謝東榮照片的妹妹在電話裡說著，如果可以，她希望一切都跟著死者埋進土底，誰也不要再挖出這諸多不堪。

然而，她亦感到矛盾。如果不說，誰能知道她活得委屈？

過去管區來家裡，她被婆婆責怪，如今她孤身回到故鄉，投入志工行列，看見警察就想躲，人在臺上表演，看見警察大人坐在臺下，她恨不得能躲起來。

她做了什麼？

她做過什麼？

沒有人告訴她，她沒錯，錯的是國家。

謝東隆或許在很早之前，便明白這一點，他的養父養母也是。

即使有錢有人脈，亦不能拯救兒子於政治漩渦中，只是他們從未料到，漩渦愈捲愈大，把一個家捲入，有人陸續被淹沒，而有人奮力往上掙扎。

遺書裡寫：「人生如雲，一下子就消失了。兒感恩妳們養育長大。已嚐到甜的苦的，和酸的。非常歡喜，眞多謝。」

生如浮雲，寥寥數語，難以述盡。

然而，他終究出外闖了闖，終究識得那些與衆不同的革命靈魂，終究知道燃燒的青春與理念的灰燼，也會並存在他的生命裡，在死去之前，他嘗盡百般滋味，最終，最終，他對父親母親說，非常歡喜，眞多謝。

非常歡喜，我有這麼愛我的家人。非常歡喜，我亦如此愛著我的朋友。

所有能給的，他也都給了。

江炳興

大哥生既不孝父母親，又不忠基督教訓，死亦不算烈士，徒留下悲傷與你們而已。

——江炳興寫給弟弟妹妹的遺書

曾經有位臺灣少年

楊美紅

……我不覺得阿惺和阿玲會較差，有一天她們會很好的，廖老師到了國校四年級時還很少去上學，但以後他仍然把書讀得很好，所以不必為兩位小妹操心，該玩的時候，讓她們玩，她們自覺需要讀書時，就會把書讀得很好。不要比較，譬如說：「阿娥都把書讀得很好，為什麼妳讀不會呢？」這樣會使小妹失去自信心，認為自己真的不行，其實不是不行，是小妹還不知如何讀書。……

——江炳興家書

計程車行經市場，時近十一點，路上人潮稀落，許多攤商已有收市打算。

手機這時響起，「阿娥」問我是否到了。

「阿娥」江月璋是泰源事件死刑犯江炳興的三妹，她與阿惺是雙胞胎。姊妹姓名，皆江炳興所取，但她因爲「瑋」字和長輩一樣而取了小名「阿娥」。

司機說快到了，阿娥在電話裡交代司機從大的巷口進來，等我下車時，她人已從家門走出張望著。

她長得嬌小，穿著樸實，當了多年會計，亦是行事俐落的主婦，桌上擺滿爲迎接客人而準備的四、五樣水果，新鮮可口，樣樣分盤，水果宴看來像整桌菜。

這場訪談，得來不易。

先前江月瑋多次婉拒受訪，而當年極力奔走、爭取平反與補償的江月慧已經過世，所餘姊妹並不全然瞭解案件始末。

拒絕的藉口可以很多，但這並不重要。

「我知道我一提起這件事，就會流淚。」

決定接受訪談，或許是被說服，或許是整個社會氛圍的改變，又或許是那些後來才拿到的日記與獄中家書，興起一股訴說的欲望。

或許，欲望壓過流淚的苦楚。

也或許是，她不再害怕流淚。

「阿惺早上來過，我問她要不要留晚一點，接受訪談，她說不要，就回去了。」阿娥略帶抱歉地說。

江家，目前只剩這對雙胞胎姊妹在世。江炳興排行老大，其下還有位弟弟江炳煌，壯年時因車禍過世，江家父母、大姊江月嬌、二姊江月慧與最小的阿玲也已不在人世。

「當年，補償和平反的事，都是二姊在奔走，她個性比較有主見，像男性，我們姊妹出嫁後，大哥、二哥、母親相繼過世，二哥還留下一個遺腹子，後來二姊便住家裡照顧父親。當年，大哥入獄後都是她和大哥在通信，二姊過世之後，我才看到大哥當時寫來的家書和日記，可以感受到他其實很愛我們。」

「拿到遺書時，不知是不是經過處理，紙張沒有一點發黃和斑點，我兒子都告訴我那是假的，遺書是假的嗎？雖然我不覺得這有什麼好造假的，但可能是我們也不信任政府。事情，都過了這麼久……」江月瑋語帶懷疑地說。

她拿遺書給我，紙張乾爽，的確沒有斑點，我想或許已經修復過，與我之前看到的掃描檔，泛黃程度似乎也有些不同。但我無從知曉眞偽，又或是否經過修復手續才交付予家屬。

「過去，走在路上，我常聽老一輩人誇獎大哥，他們常說，『妳阿兄眞會講話，膽子又大，喝喜酒帶他上臺，他可以在臺上滔滔不絕，把大家逗得歡喜開心，眞正有厲害。』」

她印象裡的大哥，是那個小學校長與老師口中「好會念書的小孩」，是那個會煮飯洗衣幫忙農事，讀書助人，脾氣溫和的哥哥。

「我媽常說，我大哥很貼心，看大人這麼忙碌辛苦，會自己幫忙家事，等她從田裡回家，家務已經打理好，她可以不用忙進忙出，馬上就能坐下吃飯喝水，這些家務，他從不用大人吩咐，就能做好。」

從各方面來看，他是完美的孩子。

然而就因爲這麼優秀，他的離去更教人無法釋懷。

「經常，我想不透。想不透他爲什麼要念軍校。想不透爲什麼事情會這樣，想不透爲什麼別人可活他卻不行。我問父親，爲什麼大哥要去念軍校，父親說，他也不知道。當年父親借了一大筆錢讓他念書，或許大哥是因爲不想再繼續讓家裡欠債，所以選擇去念軍校，減輕家裡負擔，之後便走上這條路。」

家貧，一直是務農維生的江家在泰源事件後，最深沉的痛。

「我媽一直在想，是不是因爲貧窮，所以大哥去念軍校，因爲貧窮，所以大哥無法和喜歡的女孩子在一起，因爲貧窮，我們無力疏通，導致別人可輕判，唯他重判。我母親怨嘆一世人，因爲窮，我們救不了他。」

「我知道我大哥是一個負責任的人，他寫的書信，能感受他很愛我們，但有時，我在想，他眞的很自私。」

吐出「自私」兩字，已是她的極限，淚水不停從她臉頰滑落。

自私，是因爲他沒有想過，他的死對媽媽而言有多麼殘忍。

自私，是因爲父母爲他流的眼淚，讓人多麼不捨。

自私，是因爲有太多讓人怎麼想也想不透的事。

這個家在疑惑中度過後半場。

他們疑惑江炳興的死罪，究竟是什麼？一個優秀青年，沒有殺人放火，怎麼就被處決了？怎麼，就成了十惡不赦的壞蛋？怎麼，就成了父母師長說也說不出口的禁忌？怎麼，就像是個咀嚼到最後吞也吞不下的傷痛，哽在喉間潰瘍著。

「我不知道那幾年發生什麼事，但我非常想要知道眞相。有時夜裡做夢我會醒來，想著之後如何對我母親交代，萬一她在陰間問我，我想知道要怎麼回答。大哥過世後，母親一直鬱鬱寡歡，即使後來二哥過世，她也沒這麼痛。她流淚時，想的全是大哥，我們幾個姊妹出嫁後，輪流回家陪她，但怎麼樣也無法塡補她心中的洞。」

那個洞，會有多大？

那個黑洞，讓江家父親懼怕送兒女念書，不願栽培女兒上學，想要念書的阿娥，只能半工半讀，白天工作，晚上到夜校進修。

那個黑洞，讓阿娥從小就不敢獨自在家，害怕夜裡會有便衣上門，拿著手電筒翻箱倒櫃，把家的安全感拆解得支離破碎。

那個黑洞，經常讓一個母親沒來由地流淚，無法聽下任何安慰。

那個黑洞，讓聽聞死訊的同袍，帶著愧疚上門拜訪，好似自身的輕判帶著背叛的罪。

那些年，我想著江炳興的鬼魂，始終遊蕩在這個家。

在泰源事件的調查中，江炳興始終被認爲是核心人物。

從書信來看，他更像是位浪漫的革命者，對哲學與宗教充滿興趣，深信「國家興亡匹夫有責」，對政治有種天眞熱切的理想盼望，實是太接近「烈士」原型。

這使人很難相信他就讀軍校僅是因爲對現實的妥協，而沒摻雜那純潔而不容侵犯的愛國愛鄉愛人之心。

「我媽六十五歲就過世，死得早，直到死前，還很埋怨，怨我們家沒錢沒勢，連送禮也不知要送去哪裡。後來她還想去觀落陰，希望聽我哥告訴她眞相，可是太貴了，她也沒錢。」

「我父親無話可說，從此，他只能反對我們讀書。他常說，讀冊有啥麼路用？讀到像妳阿兄同款？我從小到大念書，只能靠打工和獎學金，我知道我父親怎麼想，他到處借錢讓大哥念省一中，沒想到後來他去念軍校卻出事，只能把這一切怪在自己身上。」

遊蕩在這個家的鬼魂，或許把一切看在眼底。

當姊妹們陪著母親流淚時，或許他也正哭著。

當沉默的父親再度沉默時，他只能靜靜地站在身邊。

親愛的爸爸媽媽：

爸爸媽媽養育兒長大，兒非但沒有報養育之恩，反留給爸爸媽媽悲傷，死前就是此點使兒流淚不已。然爸爸媽媽生兒並非沒有可安慰的地方。兒從小自知努力，家雖窮，卻因此更求上進，長大更立志，希求人們都能快樂過著日子。……爸爸媽媽可常念「我兒心地善良，懷著理想，深知努力，最後乃以路途走得過遠身死」，想爸爸媽媽以此念兒時，當可減少幾分悲傷而稍得安慰。……

——江炳興寫給父母的遺書。(一九七〇年四月五日晚)

「最後乃以路途走得過遠身死……」

這條路，直至死亡盡頭，直到心碎哀痛，實是太遠太長。

執行槍決前的江炳興，希冀這封信所能給予的安慰，始終沒有送達父母手上。

「你們從來沒有碰上，怎麼能體會她內心的痛。你們怎能……」江月璋經常對旁人這樣說，亦說給自己聽，「我什麼也不能做，只能陪她流淚。」身爲女兒無能爲力的痛，也在於此。

「我母親說，大哥是長孫，乖巧，受到疼愛卻不驕縱。那個年代，三合院裡住著大家族，我母親要照顧公婆，當年還有大伯、二伯、五伯和小叔等這些家人同住屋簷下，長孫備受疼愛，但沒想到讓她引以爲傲的兒子，竟被槍決，她沒辦法面對這件事，到處受人指指點點，被人瞧不起，村人都不知道這個小孩犯了什麼罪，忽然被抓走，只能躲得遠遠的，她也不願意去面對這些人。」

「她的結，無人能解。儘管我回到臺中陪她，她還是經常流淚。想問神明，也不知去哪裡問……」

四面茫茫，窮途末路。

那時候她是否曾想過，兒子會留下一封遺書，遺書裡會有他深切的愧疚與安慰的話語。

那些字字句句，是否會在夜裡如寶石般閃閃發光，塡補那深不可測的悲傷？

過世前，她告訴女兒：「我生了兩個兒子，卻仍是無人捧斗送上山頭。」

時光，不可逆。傷痛有時。遺憾有時。

「我怎能不怨大哥自私？我不能接受別人將他塑造成英雄，我不想要這樣，這沒有意義，我只想要眞相，如果有人將來龍去脈講給我們聽，我們才能得到安慰，再多的補償也無法讓我媽在世時健康快樂……」

英雄，是什麼？

犧牲，又是什麼？

若泰源事件追求的是獨立自決的理想，是「希求人們都能快樂過著日子」的想望，是犧牲自己亦不足惜的大愛，那麼存在於該犧牲體系裡的父母兄弟姊妹們，可曾知曉，不論願不願意，甘不甘願，他們皆爲了那不知名的「理想」而做出奉獻了呢？

他們有些人知曉，然而卻說不出口。

捲入這場風暴，已讓他們對人生，對所謂的命運，有所畏懼。

江炳興的理想，浪漫得像場夢。

讓臺灣向全世界宣告獨立。

在革命激情的火種中，諸多毀壞已經預先渴求被原諒了。

親愛的小弟小妹們：

非常想念你們，沒想到這次寫信，卻成了最後訣別，心裏難過極了。……大哥死時跪地請求小弟小妹們要孝順父母親，這可使大哥之靈稍安。不要以為大哥懷怨而死，相反的，乃抱基督的愛心而死，「舊怨只能以愛心來彌補，寬容才能使人們和好相處」，大哥以此贈言，你們依此而行時，才是符合大哥死的本意。不要深以大哥為念，大哥生既不孝父母親，又不忠基督教訓，死亦不算烈士，徒留下悲傷與你們而已。……

——江炳興寫給弟弟妹妹的遺書（一九七〇年四月五日晚）

「我與我大哥相差十一歲，有次，我看到一張他穿軍服的照片，趕緊留下來，偷偷藏起，深怕不見。他讀陸軍官校時被抓，判刑十年，那時我只有四歲，不知道發生什麼事。記得當時他關在臺北，因爲路途遠又沒錢，家裡每年只能固定去面會一次，通常父母會帶我們這對雙胞胎和么妹北上，坐夜車慢慢晃，到臺北都中午了，再叫車到監獄，一直到我念國小，要上課沒辦法去，父母就帶最小的阿玲去。」

除了獄所的鐵欄杆與腳鐐聲，她已經記不得當年面會的情況。

還沒上學的孩子，能記得多少事？

她知道母親總會帶著剛煮好的菜，她知道大哥脾氣很好，總是溫柔，她知道母親總是誇他，即使是白髮人送黑髮人也從不怨心愛的孩子。

他們只怨自己。

「像我爸那樣的憨百姓，哪裡知道便衣在夜裡翻箱倒櫃想翻到什麼？」

「我們從沒去過泰源，後來出事後，我到學校什麼也不敢說，但我想校長知道，他曾經對我說：『妳哥哥很優秀，很會讀書。』那時我父親不願意我們繼續升學，我國小時就去種花生、做家庭代工賺學費，國中畢業後，去當助理會計存錢，之後再去念夜校。」

「如果我哥哥還在，也許我能一直念書。我當會計，之後嫁人，絕口不提大哥的事，婆家也不知道，但我先生知道我媽心情不好，會讓我回娘家陪她過夜。」

「有時見我媽想兒子，流淚，我什麼話也說不出來。」

語言，皆多餘。

無數個難以成眠的漫漫長夜，無數次因恨因愛而流淚。

偶爾，她會回到便衣闖進家裡的憂惶夜裡。

一點，兩點，夜好黑，便衣闖入，砰砰鏘鏘，拿著手電筒四處翻找。

他們全都驚醒，束手無策看著陌生人毫不留情地破壞，東西翻落一地，人人如鬼似魅，讓她知道什麼叫恐懼。

「原本妳以為安全的地方，已經不再安全。」終其一生，她希望尋求的不單是自己的家，還是一個安全的、可以入睡的家。

然後她耳裡會響起寡言的父親曾經說的：「妳哥罪不致死，其實妳哥不至於會死。如果不是蔣經國在美國遭到刺殺，泰源案的五人不至於立刻執行槍決。」

然而外面也有一說，若非蔣經國在美國遭到刺殺，泰源案也不至於只槍決五人。

每人都有理由，每人都有解釋的方法。

只是，強權者的恐懼，足以定生定死。

「在那之後，我告訴我的孩子，不要搶第一，不要出風頭，也不要墊底，凡事只求低調，只要排在中間就好，不然死的就是你。」江月璋說得心平氣和，彷彿這些全是經歷過人生風浪後才能悟得的自保道理。

她從不要烈士，也不要英雄。她想要的不過是平凡。

在平凡的生活裡，她不用恐懼亦沒有怨懟。

然後，她能看見她的母親，在繁重農忙過後，回家含飴弄孫。

最終，無淚無怨。

寬容與愛，不孝與烈士。

遺言似預言，大哥的叮嚀，早在冥冥中，跟著她走到今天。

「如果死後，在陰間見到我母親，我該怎麼對她說？」

她的憂慮，說得嚴正實際，像個接受測驗的孩子。

我想著那個年輕時想爲衆人之快樂而赴死的青年，該如何安慰這小妹，又該如何對父母說著那年少時的夢。

誰能將他從歷史中喚醒？誰能懂他的愛與理想？

他能說出口嗎？

他的遺書因有「暗示此次暴動『壯烈』之意」，早在軍法處被攔截，未能在父母死前送達。

在這個家，他保持沉默，像枚孤單的影子，兀自在他們之間拉長、縮短，始終存在於記憶中，彷彿從未消逝的是他的乖巧體貼。

然後，有一天，或許有些人懂得他的犧牲，懂得他的愛。

懂得革命激情背後，那無人提起的血與淚。

◆以下依序為

鄭金河給父親的遺書
鄭金河給弟弟的遺書
鄭金河給兒子的遺書
陳良給母親的遺書
陳良給哥哥的遺書
陳良給弟弟的遺書
詹天增給母親的遺書
謝東榮給全家人的遺書
江炳興給父母的遺書
江炳興給弟弟妹妹的遺書

台灣獨立宣言書
文告（三則）

父親大人：

一個人有生，也必有死，只是遲早而已，但是現在的我，已經先走了，永遠的走了。請 大人千萬個的原諒我吧！

我也明明知道，父母養育子女長大成人，恩重如山，雖然我時時刻刻想要報答你們，可是，事與願違，而今，反而增加您老人家的負担和痛苦，真是罪該萬死。

在我的一生中，我不時体會到您老人家的偉大，我也常常想到，生為您的兒女是多麼多麼的驕傲，可是在這最後有限度的時刻裡，儘管我有再多的話要說，也是無法一一訴說，因為我現在的心情太亂了。

建國年幼無知，懇請 父親大人多加照顧，使他成為一個有用的人，假使兒有靈在天，一定會時時刻刻和保佑你們同在、保佑你們。

有關兒之屍体，請我的姊夫天送領回後（住在台北）火化後，並用上木裝成盒子，上面寫着兒生死年、月日、埋在我母親墳墓旁邊，因為兒在世不能孝順母親，死後一定要好好侍奉她，故請父親大人勿使我失望。

為防止損壞，請用水泥、紅磚糊妥。謝謝。

領回之衣服請繼續使用，我會保佑你們的。

最後祝您老人家身体健康，萬歲！萬萬歲！

不肖兒 金河 叩上

一九七〇年四月六日晚上絕筆。

二郎弟弟：當你接到這一封信時，我已經在人生旅途上告一段落，前往另一個極樂的世界去了。我一旦走了，我們鄭家的責任全部依靠你一個人，如果你是一個不聽話的人，那麼我們鄭家永遠是無面見人……。父親年紀大了，建國又是那麼幼小。因此，我希望你能以長子的身份來奉侍他老人家，來養育他－可憐的建國。

在我有記憶以來，你就和姐姐口角，難道姐姐真會得罪你嗎？儘管姐姐怎樣得罪你，但是你也不該那麼固執！那麼不講理？而對姐姐說出那麼無礼的話！你知道那時的姐姐是多麼難过！二郎，你雖然惡待了姐姐；可是，如果一有不幸的事情，落到家裡來；姐姐便成了母親，像自己兒子樣地愛護你了！你不曾想过麼，當你碰到不幸時，誰會來安慰你。除了姐姐之外，是沒有別人了！二郎，你無論怎樣給她的痛苦！你總是她的弟弟！無論何時，她總是張開兩手等着你！她已經表示歉意数次了。希望你原諒她吧！記着：兄弟姐妹之間沒有永遠不能解的仇恨。母親死了，姐姐都嫁了，哥哥也死了，現在還有年老的父親以及幼少的建國也在家裡等着你呢！以後，我祇希望你能奉侍年老的父親，並且培養幼少的建國吧。二郎，年青人對於待人接物應多加學習，人與人之間，言行要溫和、誠懇，更要記得：「一滴蜜能捉的蒼蠅比一滴毒汁能捉的蒼蠅為多」。我希望你能做一個有用的男子漢——是我心目中最羨慕的男子漢。我想你不會使我太失望吧！假使我有靈性我一定會時時刻刻和你們同在，保佑你們，幫助你們立業興家。最後，我還要勸告你早日「成家」，才能「立業」。建立一個美滿的家庭，給鄭家傳宗接代。這是我最大的希望。並祝

身心健康！

萬事成功！

愚兄

金河絕筆

一九七〇年四月六日晚上

建國兒，在這世界上，你不能再見到你的父親。這是一件最悲痛的事。生離死別之苦，誰也無法避免。但是在悲痛中要克制神聖的眼淚，把痛苦吞進去，吐出歡笑來，要有「苦在心裡，甜在口頭」的勇敢，才是現代的青年。你了解這意思嗎？因為在悲哀的這一面，牠不僅不能改善你的精神，卻反使你陷入柔弱卑怯的境界。所以這種悲哀，應用克制的決心來戰勝它。悲哀的另一面，它卻使你的精神趨向高貴而偉大的途徑。這成分你要永遠保持，千萬不要放棄。世界上頂可愛的人，就是父母親，世界所給與的，不論煩惱或愉快，你總不會忘記你父母親吧！因此，你對於父親，也有比從前更加重大的責任在身上了。所以說，為了愛父親就要更加改善自己，才可以安慰父親的靈魂。此後無論做什麼事，你必須常常反省，這是爸所喜歡的。雖然父親死了，僅僅

No2.

給你留下幾個保護你的人、此後、你不論做什麼事、都要跟他們商量。要剛強！要勇敢！跟失望和憂愁鬥爭！、在苦惱的境遇中、保持精神的寧靜！這正是爸爸所喜歡的。

建國兒、這封遺信、你永遠要留着、不能撕掉它、要你時時刻刻記得爸爸的遺言。建國兒、以後希望你聽從祖父、堂伯父、叔父、大姑、二姑他們就是你的保護人、你要聽從他們的勸告和教導。好好做一位爸爸頂歡喜的男兒。

建國兒爸爸在很遠的地方送給你幾千萬個的「吻」……。

建國兒、爸爸和你永遠離別了。建國兒、爸走了！不見了！

最後爸爸祝你

學業成功！

愚父 金河絕筆

一九七〇年四月六日

回注意：爸爸要去另外一個極樂的世界、要你替爸爸孝順和侍奉你的阿公呀！

這一點你要記得、你千萬不要忘記爸爸所交待的話哦！

阿母：

兒自幼小由您千辛萬苦哺育長大，恩重如山。兒時時刻刻銘記在心，雖欲找機會報答，奈力不從心。不但未能隨侍服侍，反而增加您的負擔，無法達到您的期待。內心實在真難過。請原諒。

兒在受刑期間，深深體會阿母您心的偉大，養兒的辛苦。雖然兒未做到任何的事業。但了解能做您的孩兒萬分的驕傲。兒雖未接受較高等的教育。又有很多的話欲提。也無法一一細訴，只是兒真歡喜先走了這條路。減免了兒心內的苦悶。

事至今日也無言再提，千言萬語請您不用傷心，要歡歡喜喜才是。該為時代犧牲的孩兒而驕傲。

最後 祝您萬事如意，身心愉快！

不肖兒 阿良叩上、

一九七〇年四月六日

阿兄：

近來如意否？甚為關心。

弟受刑期間，處處受你幫忙，內心感恩不盡。本來期待早日獲釋返鄉，奮志事業。奈何天降下來不測的風雲，討我走了這條絕路。也是弟的命運。請寬心。免悲傷。因這條路時時都有降臨在每個人身上的可能。

最期待的是請兄事業順利進行，孩兒好好培養。弟有靈性必返鄉保佑陳家，助業發展。

最後有三點，請代勞非常歡喜！

一、請過繼一位男兒，給弟傳祠，傳香。領回行李衣物

請繼續使用，我會保佑之（註：在我受刑中的衣物）

二、兄弟之間互相協力，幫助。千萬不要給阿母知道弟的消息。不妨日後再提。而且兄弟對阿母一定達到人子之情，給她安享年老。

三、屍体火化後，用木盒裝訂好，埋在父親墳旁。為防止損腐，請以水泥，紅磚糊妥。真多謝。

弟阿良 敬啓

一九七〇年四月六日寫

又行李所有物件，相片，請由家人領回。

定：

真久未見面，身体健康吧！甚為掛念。做你阿兄的我，應該在家，互相勉勵。奈何力不從人願，請你不用見怪。

本來期待早日獲釋，返鄉盡我本份答謝你的厚意。但人生的命運，不容易推測。有時也會發生意外的事變。無法償付我的心債，請你原諒。

最後望你把握人生，好好奮志。為事業為期待勞苦。最要緊的也是兄弟要協力，互助。如有靈性我一定時時在你們身邊幫忙、解難。

祝

萬事順調成功　身心愉快！

兄阿良　遺言

一九七〇、四月六日

001

阿母：

兒有六、七年未見到妳，玉体安康，生活如意嗎？非常思念。

自妳養育兒長大以來，一直未盡到兒人子之情隨側服侍，想來真不該，但願原諒兒一切的過失。

兒未克心願，見妳一面，就告別了，實在有很多的話要提，數言也難盡，請勿見怪。

兒相信人去逝，一定有靈性，兒決心每日來到妳身邊，與妳相處。看妳安眠，見妳吃三餐，遇到心苦痛，會安慰妳。請妳日日快樂。

兒的金体火化後，用木盒裝訂好，寄托在基隆帝天橋過去的「大覺寺」內。那邊風景優美，兒很嚮往。

謝謝。　再見

最後　祝妳　身心愉快

不肖兒
天增　叩上

親愛的爸爸媽媽二媽媽及兄弟妹妹：你們好。

人生如雲，一下子就消失了。兒感恩妳們養育長大。已嚐到甜的苦的，和酸的。非常歡喜，真多謝。

最使我失望的是兒有心報答養育之情。奈何天不從人願。死前只有這点給我淚留不盡，但是爸爸媽媽生我沒有可安慰的地方。長大更立志希求人們都能快樂過日子，今且有很多話要說也不能數言說盡。請不要見怪。今有四点心事敬請代勞。感恩不盡。

1、兒懇請妳們幫忙，東隆兄、東雄弟各別過繼一男的一女的，有兩人傳祠。兒已心滿意足了。

2、屍体請不要火化，領回後儀用棺材裝訂好，埋在祖父墳旁，註明生與死的年、月、日期敬請答應好嗎？

3、兒去逝後，會回到故鄉，常常見到妳們。希望不用悲傷，善自保重。

4、祖母年紀已大，請不要讓她老人家知道。到年老時再提吧！以免傷到她的心。

另者：以後如果有分產業的話，請爸爸分

一份給我的兒女，好讓她們以後不用為學費而担憂。還有我的相片請留幾張起來做記念。

最後望神明保佑全家平安身体健康，事業興旺，兒在天之靈也會保佑妳們平安。

順祝

合家平安，事業興旺，身体健康

不肖兒
東榮叩上
遺書

卅9年七月7日寫

親愛的爸爸、媽媽：

爸爸媽媽養育兒長大，兒非但沒有報養育之恩，反留給爸爸媽媽悲傷。死前就是此點使兒流淚不已。然爸爸媽媽生兒並非沒有可安慰的地方，兒從小自知努力，家雖窮，卻因此更求上進，長大更立志，希求人們都能快樂過着日子。兒因此信基督，進軍校，又走入致死的道路。死使兒心甚悲傷，但甚坦然，概至死以天下為己任者，即以此為安慰。男兒當頂天立地，繼往開來，死而後已。爸爸媽媽若知兒用心時對兒之死當不致苛責，亦不深痛。爸爸媽媽可常念「我兒心地善良，懷着理想，深知努力，最後乃以路途走得過遠身死」，想爸爸媽媽以此念兒時，當可減少幾分悲傷而稍得安慰。兒甚想念爸爸媽媽，但願真有來生以求報達。死前千言萬語，不知從何說起。爸爸媽媽保重身体。兒祈求主，就是耶和華上帝祝福爸爸媽媽。謹此數語作為留念。

祝

平安

兒炳興敬上

五九（一九七〇）年四月五日晚遺書。

親愛的小弟小妹們，非常想念你們，沒想到這次寫信卻成了最後訣別，心裏難過極了，小弟小妹們自小，大哥都抱過，回憶你們小時，天真可愛，大哥內心亦常有甜甜、滋味。小弟大妹小時多病，一病時，爸爸媽媽着急耽心的情形，大哥都參與其中，這使得大哥深明父母親養育我們的不易，大哥死時跪地請求小弟小妹們要孝順父母親，這可使大哥之靈稍安。不要以為大哥懷怨而死，相反的，乃抱基督的愛心而死，「舊的怨心只能以愛心來彌補寬容才能使人們和好相處」，大哥以此贈言，你們依此而行時，才是符合大哥死的本意。不要深以大哥為念，大哥生既不孝父母親，又不忠基督教訓，死亦不算烈士，徒留下悲傷與你們而已。大哥不思因你們而流淚，反倒因你們而高興，要作個堂堂正正的人，在安定中求進步，要友愛相處，如大哥友愛你們一樣，快快樂樂的過日子，不要為大哥悲傷。大哥篤信基督，日日祈求主赦罪，相信死後必能進入天堂，故亦不必為大哥耽心。現世無緣與你們作伴，但願天堂有緣再相會。保重身体，大哥祈求主就是耶和華上帝祝福小弟小妹們，謹此作為別離留念。

祝

平安

大哥炳興敬上。

一九七〇
五九年四月五日晚遺書。

台湾独立宣言書

台湾独立革命軍軍事部発行。

深信压迫與奴隸存在時，為自由奮鬥是應該的，迫害與恐懼跟着時，為争取幸福是一種權利，在今天，為此努力實只是克尽天職與恢復人類的尊嚴而已。四百多年來，我們祖先流血流汗，一再的呼求对人類應享的權利給予尊重，但呼求只得到残殺，悲慘命運不曾離過我們，我們只有継祖先遺志，継續奮鬥。

國民党統治台灣從始即不懷善意，台湾在久受日本压迫之後，極思有一平等誠意之政府待我民衆，然國民党的压迫，更甚於日本，二二八事変的大屠殺照彰於世，以後的継續追殺監禁，無有寧日，我們不斷的請求緩和其残暴，但請求只更增加残暴，我們祈望國際间的援助，但國際间的正義感如此遲鈍我們曾耐心的等待，期望内外或終有所改善，但等待只更接近死亡，強權總是被歌頌，祈求總是被嘲笑。

反共抗俄战争、是世界和平的威脅，台灣民眾繼續受迫害的原因，和平將來臨時，是國民党在耽憂着和平的來臨，人權受尊重時，國民党在耽憂民衆的覺醒，故它鼓勵盟國與共產國際对抗，嘲笑談判的價值，对內加緊施用其二十多來的战時戒嚴令，奴化民衆，它沿用歷史獨裁者的公例，深信唯有战争能得到和平，奴化民衆得到安寧。

台灣是屬於所有台灣人的台灣，我们決心不再受压迫、我们決心不再被奴隸，我们決心不再使它重蹈被出賣的歷史醜運，這是台灣所有居民的願望，很顯然的，這島上乃是愛好和平與自由的人，停留的地方，亦是人们相率遷

孔雀牌 (24×25)

No 2

愧來此的原因，台灣在殘暴，貪污，無能的情形下，已經独立二十多年，使我們充满信心，只要我們具有建國的決心，則建國必成，只要我們具有保衛國家的決心，則國家必永久常存。

我們深信唯有台灣独立，人民的自由與幸福，能得到保障，唯有台灣独立亞洲能得到安寧，世界能得到和平，我們的奮鬥是有意義的，我們的犧牲是有代價的，相信我們的呼求必得到响應，我們的行動必得到正義支持，我們祈求苦难的人們，早日得着安息？世界早日進入和平。

孔雀牌

(24×25)

0007

四百多年前，我們祖先為免受壓迫與飢餓，冒九死一生，脫離故鄉，飄洋過海到達台灣，企求在此重建家園，自由自在生活。上天沒有辜負祖先的苦心，但是祖先慶幸的好景不長，首先荷蘭人發見，欲為美麗之島，即行強佔，繼以滿清的巧詐，後有日本人的殖民，我們祖先倍受侵掠、徒殺、壓迫與奴隸，二次大戰中，祖先們為不失鮮放良機，乃組織台灣民眾党、文化協会等，參加抗日，以求独立、然国際間不顧台灣民眾的意願，竟將台灣出賣與中国，蔣介石一面欺騙說「我們是同胞」，一面出兵佔領，殘殺民眾，実行恐怖統治，為台湾史上所未有，台湾人才恍然大悟，不是同胞，乃是更殘暴的統治者，二十多年來

国民党追殺、監禁台湾志士、台湾人不得不以更大的決心起来争取独立、自由与幸福，

「我们不能使祖先的血白流，我们不能使子孫再蒙羞，在深思熟慮之後，我们断然採取行動，舉起正義的旗子，一面报告世人、一面勉勵我们苦難的國人．

起来、起来、亲爱的同胞们！
我们要为台湾独立而奋斗、
我们要为民众自由幸福而牺牲、
四百多年来，先烈为我们流血、流汗，梦寐以求的理想，
现正掌握在我们的手上，
唯有台湾独立、自由与幸福才能得到保障、
唯有台湾独立、亚洲纷争才能平静、世界才能和平。
起来、起来、亲爱的同胞们！
我们要挣脱奴隶的枷索，
我们要解除被压迫的痛苦、
四百多年来、先烈为我们流血、流汗、梦寐以求的理想、，

現正掌握在我們的手上．
唯有台灣独立、我們可免在被奴隸与压迫．
唯有台灣独立，可恢復我們的尊嚴，人权得以伸張。

起来、起来，親愛的同胞們！

我們要重整被奴隸的家園、
我們要收拾被汚穢的河山．
我們要戰鬥，我們要攻撃！
先烈已為我們留下美好的榜樣、
我們不可使先烈的血白流．
我們不可使子孫再蒙羞．
一切都掌握在我們的手上．
我們要努力！我們要奮鬥！

孔雀牌 (24×25)

189

12

經过二十多年的等待，我们看見，等待唯有死亡，祈求和平，唯有被侮辱，低声下気懇求諒解，唯有被嘰笑，盼望正義援助，唯有被誤解我们甘願被奴隸，國際間並沒有正義存在，相反的，強权正被歌頌，我们在一切希望都消失時，只好正告国際人士，我们並不是缺乏勇気，我们並不是貪生怕死，我们現正遵從你们歌頌的方法，追求我们台湾的完整独立，追求我们台湾民衆的自由与幸福，相信对我们所採取的行動，你们不会感到驚呀！若有因，只有指責你们正義感的遲頓，無視我们於悲惨時的呼救有以致之，实在我们為採取行動感到遺憾，必須受你的仇敵，我们深明這大意，但是我们亦要愛我们的同胞，我们曾

015

190

為所可能發生的慘痛流淚、忍耐、等待，但是国民党所加給我們的慘痛不願停止，流淚、忍耐被視為軟弱，現在已我們沒有眼淚可流，我們已沒有耐心可忍，剩下的唯有鮮血，這是多年來我們所珍藏的，現在我們亦把它獻給敌人，獻給世人、我們並不準毋被讓你們歌頌，但求苦難的同胞，不再被压迫与奴隸，求世人对我們苦難的同胞，賜給他們独立、自由与幸福，我們深信压迫与奴隸存在時，自由与幸福等於空談，唯有压迫与奴隸消失時，自由与幸福得以保障，人权得以伸張，世界能夠和平，对這真理，我們以身勵行，祈求上天，使地上苦難急急過去，和平早日來臨。

No.
(24×25) 孔雀牌

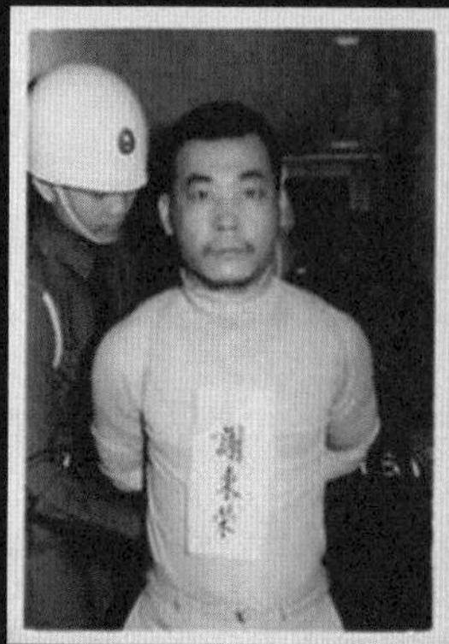

④

①

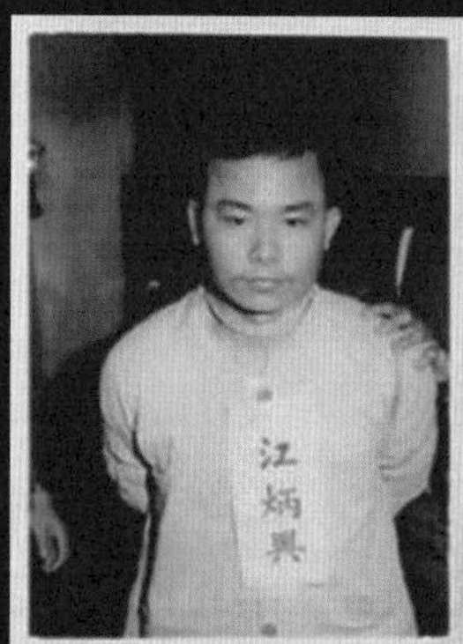

⑤

②

③

①~⑤ 鄭金河、陳良、詹天增、謝東榮、江炳興槍決前的照片。這是五人寫完遺書後、步上刑場前，最後的模樣。

①

②

① 掛於陳老定家中的陳良遺照，呈現農家子弟的純樸。

② 謝家當年偷偷藏起的謝東榮照片。照片裡俏皮、灑脫的青年笑容，是謝家人重要的安慰與記憶。

後記
沉默裡

楊美紅

有無數的沉默如隕石墜落，把故事撞出坑坑洞洞。

我與我的受訪者，站在故事的邊境上，看著那大小不一的坑洞，彷彿它們都曾帶著數百光年前的生之記憶，爾後出於某種因緣而降臨在我們身邊。

曾經是那麼的激烈啊。我想著，卻無法說出口。

當泰源事件發生時，我還沒出生。在訪談前，甚至無從知曉這坑坑洞洞的異境隱藏在島嶼底圖上，每次的相逢，我總茫然失措於那大規模而無從逃避的沉默。

然而，那沉默不單是個人的空白與失憶，亦隱藏了社會、歷史、族群間的愛恨糾葛。甚或是對正義的質問。

我從未想過要花許多力氣去正視且理解那些沉重的靜默。

只是，在這種時刻，便有眼淚先掉下來。

我甚至不知該如何書寫沉默裡的控訴、哀怨，乃至於無能收放的溫情濫情。

稿子，一拖拖許久。

有人問，爲什麼不是訪談的逐字稿？爲什麼不還原泰源事件？

中研院的口述歷史專刊，有陳儀深訪談撰寫的「蘇東啟政治案件專輯」（第十期）、「泰源監獄事件專輯」（第十一期），逐字記錄當年關鍵人物的口述與回憶。

如今，當我試圖再去重訪時，多數人早已凋零。

有人說，應當以文學角度去重新書寫歷史，應當去重新詮釋空白與沉默。

所以，我嘗試記錄，因爲每封催人熱淚的遺書背後，都有傷痛背影。

然而，我知道，很多事並不重要。

文字的技藝，不重要。

旁人的理解，不重要。

讚賞與詆毀，不重要。

那麼，什麼是重要的？

受訪者理解並接受作者的詮釋，是重要的。

讓眼淚滴落，是重要的。

讓沉默不再沉默，是重要的。

把坑坑洞洞的異境召喚出現實，是重要的。

把正義還給正義，是重要的。

把一封封遲到的遺書還給臺灣，是重要的。

把傷痛撫平，把眼淚擦乾，抬頭挺胸往前走，行在公義與眞理的道路上。完成如前行者殷殷期盼的理想臺灣，是重要的。

最後，我願受訪者說的話，流的淚，都能於訪談的再詮釋裡，找到一絲安慰。

謝謝受訪者，謝謝他（她）們在沉默之中教會我的事。

白色畫廊——一九五〇年代的遺書群像[1]

林傳凱

這一章，我們將從對「死」的想像出發，看見新、舊世界的交界，及不同想像在最後一刻的拉扯。

接著，我們慢慢走近白色的囚房。有些人在最後一段囚禁的日子，已經有了「死」的預感。不過，他們總在最後的幾小時，才被告知槍決的消息。確定將死之後，來自不同地方的人們，便不約而同地在小房間裡，用最後的、短促的時間，努力爲自己的最後一張肖像定稿，成爲遞給父母、子女、愛侶、朋友們的最後訊息。

然而，這些畫像被沒收了。

七十餘年後，翻開塵封的檔案櫃，偶爾還會傳來一些騷動的聲音，帶著堅持與矛盾。那是時代的銘記——在二次大戰結束、改朝換代的動盪中，一面踏著「舊」、一面盼望「新」，最後被巨靈碾碎的身軀，在倉促中所留下的愛的絮語。重新翻閱這些遺書，每一頁的最末，不只絕望，還有盼望；盼望將有一個更平等的世界，以和煦的光芒，照在他們眷戀的人身上。

現在請跟著我們，一起走進這條長長的白色畫廊。

無緣佛

「我雖不信有鬼但此時願有鬼。」

臺南善化，歐振隆遺書（一九五二）

在臺灣的街頭與鄉村，不時會巧遇簡陋的「萬善堂」或「萬善同歸」。老一輩常說，裡面供奉的是無緣佛；那是對「孤魂野鬼」的雅稱。

仔細想，無緣佛一詞頗有深意。無，沒有的意思。緣，人與人之間的聚散離合。無緣，就是沒有關係、失落關係。死者若與生者失去連繫，雖然雅稱「佛」，其實是處在無人供奉、難以成佛的狀態。

古老的觀念中，漢人相信人活著是因爲有「三魂七魄」。死時，「魄」會散盡，「魂」卻恆久不滅。三縷「魂」通向三條路：牌位、墳墓、地府。因此舉行喪禮時，生者要在牌位上「點主」，安置亡魂於其中，才能讓死者與生家存在連繫，讓死者能重新返家。一旦無人點主，也就沒有生者定時安奉，只好處在無主、無緣、無家的狀態，永世徘徊紅塵。

人總是會死。緣，總有滅盡之時。因此，生命的功課之一，就是在每一次緣滅時好好告別，畫下不捨卻清晰的句點。句點，是死的標記，卻也是給生者的祝福，期勉分離之後，倖存者能好好向前。

原本，遺書是緣滅之際，對未能親見的摯愛告別的一種形式。戒嚴時期的政治犯監獄中，遺書卻紛紛被國家沒收了。「無法送達的遺書」，使句點無法成爲句點。遺失了句點，也就無法誕生新的起點。這使得死者未能完成告別，生者也無法安心向前。

被國家造就的「無緣」，讓彼此都難成佛，必定都在人世繼續受苦。

骨頭

「骷髏骷髏骷髏，汝在路旁邊，諸君子是誰家？」

「骷髏骷髏骷髏，我看汝只落得，一雙眼紅，堪嘆人生能幾何？」

民間度亡歌《骷髏歌》

「死骷髏要它何用？反而引人迴腸盪氣倒有，反正是有人會收拾的，葬祭諸儀一切該免掉！千萬不要被拘於世俗，羞慚於眾口，而有所破費！你們再也不能啜更稀的粥的呀！」

屏東長治，邱連球遺書（一九五三）

「請免來領屍，不要營葬。」

雲林西螺，郭慶遺書（一九五二）

「我的屍體隨便你們作任何處理都好。」

「我的身上穿的衣服就原樣收殮好了。」

河北無極，梁鍾濬遺書（一九五三）

「望大家對於我的身屍，不必收拾，因我不欲再來使你們麻煩，在經濟困苦之中來花費一筆錢。」

臺南善化，歐振隆遺書（一九五二）

「總是對我的遺屍儘親切是沒有意義的。所以我很希望您，絕對不要來領我的遺屍回去。」

臺中大甲，蘇海樹遺書（一九五三）

「我屍不要送回去，在台北焚化為盼。」

苗栗獅潭，黃裕煥遺書（一九五二）

「貧困的我們希望不要為我的死再浪費金錢，因此不要為我舉行葬式。又為國家最好我的死體可貢獻給台灣大學，不要為領回死體或遺骨而浪費金錢。對於我的記念只畫壹張我的肖像就好。」

臺南永康，李義成遺書（一九五三）

早年，漢人要葬兩次。第一次土葬，等到只剩骨頭，再撿骨入甕。根據撿骨師傅的說法，全身共有一百八十塊骨，缺一不可。最關鍵的一塊，是頸椎連接頭蓋骨的兩節，形狀像「觀音座蓮」，因此俗稱「觀音骨」或「佛祖骨」。撿骨的時候，這塊骨頭要放在頂端，一說象徵死者往生佛國。另一說，此骨不可焚，帶回家中反而能庇蔭子孫。

傳統上，人死留「骨」，必須撿骨安置，才是完整的告別。未受祝福的死者，則會暴露荒野，「一雙眼紅，堪嘆人生能幾何？」鑄成無緣的地景。

骨隨觀音，是素樸而眞摯的古老期盼，懇求死者能脫離塵世的千般苦楚。一九五〇年代的政治犯家屬，也常展現對撿骨的深刻執著，甚至綿延數十年。曾梅蘭，一位銅鑼的客家農民，本身也在一九五二年判刑十年。出獄後，他最深的想望，便是找到一九五二年八月八日槍決的兄長徐慶蘭的遺骨。他執著地在墓間尋找——由綠島到臺灣，由銅鑼到臺北，一九九三年，終於奇蹟地在臺北六張犁的竹林一隅，找到隱蔽四十年的兄長墓碑。他掘了墓，撿起兄長的遺骨，帶回銅鑼老家。

不過，五〇年代的遺書中常有一個「反常」現象，大量政治犯叮嚀在世親友：請拋下我的骨頭，棄置在人間的任一角落，「總是對我的遺屍儘親切是沒有意義的」、「隨便你們作任何處理都好」、「我屍不要送回去」。「人間」在哪裡？在醫院的解剖臺、農夫腳下、任意一處荒郊。骨頭不往佛國，就隨緣化爲累積知識的器官、肥沃土壤的養分、甚至當成毫無價值的「垃圾」。

政治犯的叮嚀，似乎違反了傳統的世界觀。一種直覺的推斷：他們懷抱彼時進步、盛行於戰後、又消逝於一九五〇年代的臺灣的禁忌。這種傾向唯物主義的思潮——沒有觀音、沒有閻王、沒有極樂世界與輪迴，就像《國際歌》唱頌的：「世上沒有神仙皇帝」。他們的目光，辯證地投向理想的未來——現世的「土地」比「佛國」更值得嚮往，與其祈求虛幻的死後，不如滋養現世勤奮的勞動者。一九五〇年槍決的醫師郭琇琮——當時臺北市地下黨的領導者——便在他的遺書寫道：「請交代爸爸媽媽將我的屍身用火燒了，將骨灰撒在這片我所熱愛的土地上，也許可以對人們種空心菜有些幫助呢！」

所謂左翼，所謂馬克思，所謂……也許泛稱爲人道主義的信念，不只是一種傾向，一種理想，更是一種生命態度，一種面對世界的基本立場。信念在生命的最後一刻作響，此起彼落，卻一起塵封進冰冷的檔案櫃。他們原本想告訴生者：忘了我！拋下骨頭！拋下無意義的皮囊！若在荒地巧遇我的骷髏，請理解我，這是我的志願，我願用全身的剩餘，滋養我愛的世界。

但是，只從政治理念推敲，也許還不完全。政治犯請求「棄骨」，除了關乎立場的大愛，也可能有更私密、無涉政治立場的情感。遺書中「遺骨」常常跟「粥水」對立起來。因爲愛著家人，因此，當無緣向摯愛們面別，便盼望不再以「有形」卻「無用」的形式返家，而想化身「無形」卻能溫飽生者的暖意——少一點科儀，少一點誦念，讓稀薄的飯湯多掙得幾粒米，塡補親人空虛的胃袋。臺南永康的李義成勸妻子：「貧困的你們，爲我的死浪費金錢，不如爲孩子們的營養問題考慮才對的。」屏東長治的農民運動者邱連球也安慰妻子：「死骷髏要它何用？」「你們再也不能啜更稀的粥水的呀！」他懇求——請別在乎他人閒言碎語，請省下葬禮的錢去買米、請讓妻子自己與最小的女兒讀書，「不時常裝進新氣象新知識，怎跟得上迅速遷轉的時潮？」爲何這樣叮嚀？邱連球說：「所因我太愛了你，太痛愛到你們之故！」

要求棄骨，化爲春泥、化爲溫飽家人的飯湯。這是他們深愛世界、牽掛世界的一種方式。這份溫暖，在放眼望去，只見一片白茫茫的冰冷年代，像是冬夜中一縷溫暖的微火。

枉死城的魂

「道士：銅狗鐵蛇已經走恰無半隻，須著叫了枉死城池值日鬼將，來佮我開城門。」

「鬼將：誰人三更半暝，鬧我枉死城門？」

「道士：袂來往死城，超渡列位正魂，出離枉死城池，多望鬼將來恰我開城門！」

府城流傳《打城全本》

「聖女又問鬼王無毒曰：地獄何在？」

「無毒答曰：三海之內，是大地獄，其數百千，各各差別。所謂大者，具有十八。次有五百，苦毒無量。次有千百，亦無量苦。」

《地藏菩薩本願經》

「精神記念為上！桌上供著的一塊「相片」，或貼著的一張遺筆……這些比修『墳墓』、建『風水』、設『靈位』，還要有意義！」

屏東長治，邱連球遺書（一九五三）

「我不要拜，如果你改嫁時，不必神主的麻煩。」

「阿敏大姐……，帶念著你、我，的姐弟人情，給月娥的生活問題和如果要改嫁時請你幫助，幫助祖公父母的香案，你若有心，者拜托你。（我絕對不要拜）」

臺北市，張添丁遺書（一九五〇）

「請對我之後事不必要多費錢，簡單料理。現在再看你和端兒之相片像你們在我之眼前。時間也快到了。」

「同封參張相片返送。我的葬儀，請千萬不要做。」

臺中市東區，蔡能嘉遺書（一九五三）

「付託；一、不可為我的喪葬花費金錢。二、不要把我祭祀或其他措置。三、我過去所用的一切物品不可焚燒掉。」

雲林二崙，廖坤林遺書（一九五二）

「雲真賢妻：……有關鐘楦後事無須多煩，人生總是一場惡夢耳。」

臺南麻豆，郭鐘楦遺書（一九五三）

「至於我死時所著的衣服我死後請爸媽也千萬不必為我更換。因為人死了無謂的浪費財力、浪費物力，這是沒有意義的。所以最好請爸媽把我在家所存的衣服全部都分給哥哥們去穿。而葬費方面，也請爸媽盡量的節省。」

桃園龜山，曹賜讓遺書（一九五二）

無法告別的「告別」，容易衍生缺憾。採訪過程中，常聽聞縈繞於一些家屬心頭的罣礙是——傳說裡，人活多久，出生時已有定數，俗稱陽壽。不過，人間福禍難料，天災、人禍、疫病……及國家的小小鉛彈，都可能逼人提早離世。

前面說到，人有三魂。一魂在牌位、一魂在墳墓、一魂前往地府受審再進入輪迴投胎。地府的官制中，陽壽未盡者稱爲枉死，無法立即投胎。枉死者，常有深仇大冤。地府的官員假定——放任冤魂徘徊人間，便會恣意報復，任意降下「六月雪」，陽間秩序必定大亂。因此，所有冤魂都必須軟禁在名爲枉死城之處，等待陽壽盡了。

老一輩又說：冤魂一入枉死城，不但長期囚禁，還會持續重複臨死前的苦楚——所以，對政治犯來說，小小的鉛彈，將一次又一次打穿心臟。枉死城什麼景致？戲曲與小說常有描述，《西遊記》中形容：「盡是枉死的冤業，無收無管，不得超生，又無錢鈔盤纏，都是孤寒餓鬼」，此處，無比寂寞、無比淒涼、無比苦楚。總之要等陽壽盡了，方可出城，進入輪迴。

枉死城無法脫逃！城池四周，有鬼使鬼差、日夜遊神、牛頭馬面……來回遊蕩，戒備森嚴。這豈不雷同現實的保安司令部軍法處、國防部軍法局？家屬不得不痛心——政治犯生前在軍法機關受折磨，愛莫能助；死後，還在陰間坐監，再忍受長期孤寂！民間便流傳一套「破枉死城」或「破地獄」的法事，通過這樣、那樣、這般、此般……的科儀，由道士帶死者走出枉死城、地獄、過橋、過草埔地……通往西方世界。一連串科儀，現實上就是一連串花費。但對於親人來說，縱使家徒四壁，生前不能拯救亡者，死後也要勉力破城，很容易讓頓失支柱的家庭，雪上加霜。

許多政治犯家庭，都有施行「打城」的紀錄。例如一九五〇年代槍決的盧姓兄弟，家人就曾去東嶽大帝廟行「打城」科儀，懇求讓兩人同時進出枉死城投胎。臺中豐原翁子國小教師宋盛淼，一九五〇年判處十二年有期徒刑，獨留妻兒等候歸家。不料囚禁綠島期間，他竟捲入荒謬的「獄中再叛亂案」，於一九五六年一月十三日槍決。他的孤子宋文博回憶：父親被捕時，他尚在襁褓，毫無印象。小學時，再聞噩耗，一時不知該做何反應。深刻的是葬禮的記憶——出殯隊伍中，有扮演唐三藏、孫悟空、豬八戒……的陣頭人物，來回穿梭，說要帶人「出城」。道士的唱唸，他早已模糊。不過，他猶記得領頭的道士大喊「哭」時，隨行的家屬便大哭；大喊「停」時，哭聲全又止息。他幼小的心靈困惑著：「爲什麼你們能要哭就哭？不哭就不哭？爲什麼我一直哭，卻停不下來？」隊伍兩旁，依稀可聽見旁人碎語：「枉死的啦……」、「這枉死的……」、「要送出枉死城……」。

另外，「公媽」也是罣礙。傳統上，牌位由直系子孫供奉，所以，沒有孩子就死去，終有一日，會變成爲人遺忘的「倒房」孤魂。爲此，家人常常大費周章——寫紅榜，稟告神明，將死者的姪子過繼爲義子，負起供奉牌位的責任。

這些年的採訪，我見過一些政治犯的牌位就是由「契子」供奉。還有一些悲傷的傳聞——亡者憂心「絕嗣」，所以回家「討」孩子。例如，臺中青年呂國昭，槍決於一九五五年九月十三日。喪禮後，弟弟抱骨罈回家，剛踏入家門，年幼的姪子心想父親歸來，便朝門外大喊「爸爸！」不料，數日後夭折。家屬又經歷一次打擊，而他們寧願相信——國昭正爲沒有孩子發愁，既然姪子願意喊自己的骨罈爲「父親」，便帶他同去另一個世界。還有一些僵局則是遺孀無子，想要改嫁。依據習俗，得帶先夫牌位到新家庭。但這很容易導致兩個家庭的嫌隙，使遺孀的新人生難以展開。

遺書中卻也常常傳來一種聲音——不要入殮、不要後事、不要供奉公媽，「我絕對不要拜」、「我的葬儀，請千萬不要做」——就流放我的亡魂在槍決的時刻吧。

依循傳統的想法，遺書的意思便是：「讓我入地獄。」「將我遺忘在世間的角落。」當然，何謂地獄？生者與死者心中的尺度，未必相同。存在家人心中的地獄，也許是死後有枉死城的世界。但對政治犯來說，他們未必相信有枉死城，也未必認定地獄在彼岸。當他們準備離開世間，不相信「死後世界」的一刻，無法向所愛之人擁抱與告別，就已經是至爲眞切的地獄。

不過，即便在地獄中，他們還是希望留下愛。許多遺書中交代，無論是他書寫時正囚禁其中的「這個」地獄，或是家人相信的「那個」地獄，「都由我去」。不要科儀，不要牽亡，不要打城，不要公媽——即便傳說爲眞，也無妨，「我去就好」。把錢省下來，化成米糧、化成薄衣，溫飽你們的胃，包裹你們的身，你們以後有著比「死」更殘酷的命運等待著。臺中大甲的郭萬福，便在遺書中對妻子說：「由於我們的事情傳到家鄉以後，你們的立場一定會進入苦境，總之這在你是沒有辦法阻止」。可是政治犯還是盼望，在沒有我以後的那個世界，在你們不斷承受汙名的現實，我還是能獻上一點點最後的、殘留的溫暖。

眞實中的冤魂，最後一刻說的話，不是回陽報仇，不是搗亂人間。是溫柔，是體貼，是奉獻自己，是希望人間多一點點餘溫。遺書，其實都是愛的話語。

最末的自畫像

「現在已是十二點多，再六時後，我就會變成鮮血淋漓之死物。」

「就是二十餘年，真如一場之夢消逝地乾淨了。但是你的兒與生這人，的確是存於二十世紀，死於一九五二年六月十七日，也有快樂的、苦痛的、努力的、最少是在世上有做事的人。」

桃園內壢，邱興生遺書（一九五二）

「紙有盡，情無窮，我不能再說下去了！馬斯多夫臨上斷頭臺說：『我聞到黑的香！』……我有同樣感覺！」

廣東陸豐，黃賢忠遺書（一九五二）

「我是你的孩子，也是革命兒。請你放心，我從容而死。」

臺北艋舺，徐淵琛遺書（一九五〇）

「我要走了，我毫不感到痛苦，倒很覺達觀。短促的人生像閃爍倏然而逝的隕星，不足珍惜。然而我卻為將來留了些碩果，這一點足可慰藉。」

高雄前金，王文培遺書（一九五三）

「我的生日與死日正擠在一起，這正合我『視死如歸』的心境」

屏東長治，邱連球遺書（一九五三）

「啊！人生是多麼無意義唉！二十三年的光陰化成水泡唉！價值也落到潭底的了。」

「雖說我是無氣的人，不過還有意氣談說最後的幾句話：『我是很平凡的、很健康的、很笑容的，只是搶著正義而暢活的閉眼逝卻了。』」

臺北鶯歌，高有財遺書（一九五三）

「告訴你們一件你們沒有的經驗，人死以前，沒有預兆，也不恐怖，這大概是由於我無愧於心吧！」

河北無極，梁鍾濬遺書（一九五三）

「時間顯得格外緩慢，現在離明晨六時尚有八小時，嗳太長了！此時您們不知在做什麼呢，或許睡覺了吧。」

「被捕以來的十二個月，在苦難而慢長的日子裡我是如何的熱望著『今日』的早臨啊。基督徒說：『死可得到永恆的安樂』，現在我是很相信這一句話的。」

臺中沙鹿，紀坤准遺書（一九五二）

「爸媽：我為了愛您們為了愛兄妹為了愛天下人此刻我的心已亂極了。我要說的話也多透了，可是我再也無法往下寫了。就讓我們在此絕談了吧！」

桃園龜山，曹賜讓遺書（一九五二）

「我想一切的一切，將來自有定論。」

屏東高樹，鍾浩東遺書（一九五一）

不相信死後的世界，那麼，在世的最後一夜，就是在世最後一個句點。此後，肉身、意識、一切將化爲烏有。在生命的最後一夜，獨自在牢房中提筆寫下遺書的政治犯，是明確懷抱著「死」的意識在書寫。

最後的房間長什麼樣子？二十三歲的青年教師邱興生，跟祖母描述這是「很暗的牢獄的一隅，這也是我一生最後睡過的房屋裏，向敬愛的祖母寫訣別的信了」。一九五〇年，要槍決的政治犯，總在清晨叫出牢房，難友們則低聲唱歌或吟著口號送別。大約一九五二年以後，爲了避免每次「叫名」的群情激憤，槍決前一日，獄方會將準備死刑者調離到只囚一人的「獨房」，讓他獨自歷經生命最後的十二小時。期間，耳朵聽見的聲音，可能只有時鐘冷酷的滴答、滴答……，以及看守偶爾的哈欠。許多政治犯便在這個小房間，被迫計算著死神的腳步。有人在遺書中寫道：「這是我生命最後的六小時了……」、「再六時後，我就會變成鮮血淋漓之死物……」[2]、「時間顯得格外緩慢，現在離明晨六時尚有八小時，噯太長了！」[3]、「而寫在寫了此信，還是世上的一個人，大人鑒了此信時，而已經是陰間的一隻鬼……」[4]

從遺書中也能窺見，這個寂寞的房間，除了他自己，可能還擺著一張家人的照片，或是家裡寄來的衣物、捎來的信，貪戀地嗅著上頭殘留的親人的氣味。也可能，什麼都沒有——只能黑暗中閉上眼，「緊緊地抱擁著妳的幻影，我冥目而去」。[5]最終一刻來臨時，當憲兵用麻繩綁縛身軀，終究只剩下他，以及同日槍決的難友。因此，寫遺書的時刻，便是不得不凝望自身與一切的連結；這是最末一次的自我端詳。

遺書，便是存在過的證據，是爲自己畫的最後一張肖像。

最終一刻，許多人細細檢視了自己的一生，進行了總結。邱連球對妻子說：「我細細的想，一而再的檢討的結果，我敢這樣說：我生來從沒做過虧心事！……這是我常引爲是個驕傲，同時也是我最感快慰的一椿事。一言以蔽之，我這造化實出於『你』『我』各善盡了人事使然的！」黃賢忠告訴家人：「這並不是我的罪過，我自問沒有做過違反人民的壞事，今天被殺害，只是太愛人類太敢於反抗不平的現實罷了！」同日槍決的徐代錫說：「婿此生完美……」，他唯一遺憾的是：「每想父老子幼，不能盡人子人父之責，深爲悲痛。」二十二歲的高有財告訴他的家人：「我是很平凡的、很健康的、很笑容的，只是搶著正義而暢活的閉眼逝卻了」，這是他留給世界最後的自畫像。

七十年後，凝望著遺書的我們，也許不免自問——倘若是知道自己的生命將要消逝，最後的幾小時，還能平靜地一字一句、有條有理地畫下這樣的肖像嗎？河北的梁鍾濬、臺中的紀坤准，相隔遙遠異地的兩人，不約而同在同一處空間提到內心的平靜。梁鍾濬說是因爲：「無愧於心」。另一位王文培也告訴家人：「我要走了，我毫不感到痛苦，倒很覺達觀。」究竟，在描繪自己的最後一張肖像時，何以能維持這樣的平靜？

遺書的作者，不可能直接回答這些問題了。不過，一些牢房中的倖存者，卻提供了重要的線索。來自山東的臺大學生張則周，一九五〇年因「讀書會」入獄。縲絏之憂，卻也是一生的轉捩點。他在軍法處遇見了來自臺中石岡的平等國校校長劉嘉武，那是位於深山的一間學校。檔案中，並未找到劉嘉武留下遺書的紀錄。不過他生前的姿態，卻用另一種方式，在同房者心中留下了鮮明的肖像。

張則周回憶，一九五〇年，劉嘉武踏進牢房的第一句話是：「大家好，我是劉嘉武。如果我能判無期徒刑，我就請大家吃飯！」他的達觀，令張則周訝異。此後，能說客、臺、日、北京語四聲道的劉嘉武，在最後的日子，不斷暢談教育的重要——從北京讀書時接觸的教育思想，一路談到在泰雅族部落國民學校推動教育的經驗。一九五一年一月三十日，劉嘉武帶著笑容，走出押房，結束二十六歲的短促人生。即便如此，如殞星的他，卻留給同房者不滅的啟示：「什麼是好的教育？好的教育，就是讓你清楚自己生命的意義。這樣，即使在最後一刻，你也不會失去方向，會知道怎麼利用剩下的一分一秒。」又說：「我們的文化很不誠實。明明，出生之後，我們就一天一天邁向死亡。但是，社會卻不教我們面對『死』，而是逃避『死』，避諱『死』。只有誠實面對『死』，才會眞正認識到生命有限，一分一秒都在消逝。也才會更認眞思索有限的生命中，自己追求的究竟是什麼。」[6]

我們不可能重返那些悲哀的房間了。但是他們的遺書，卻如同在黑暗中攤開的畫廊，以倉促卻強烈的筆觸，刻劃消逝前的自我身影。黃賢忠說，臨刑前「我聞到黑的香！」許多人試著在畫像上，添上一點光，加上一點歌聲，希望能傳到他愛的人身上。無論如何，多年後，當我們終於在深鎖的檔案櫃中翻出被沒收的遺書時，一張張白色歲月的自畫像，就此攤開，讓我們窺見了那些白色房間中、仍試著仰望光明的人們的容顏。

雙親與孩子

「敬愛的祖母！千萬不要喪心吧，喪心是空虛無用的。科學人是不會把力量用在無用（惡）的地方去，身體精神都是要善用的。所以喪心這是不科學，也是不好的。」

「我要如何來安慰祖母才好，我真想不出來。我只是想說，我是最愛慕祖母的，也一直渴望孝順而想望幸福祖母的。」

桃園內壢，邱興生遺書（一九五二）

「我極願在美境的天國，祝禱保佑。」
「光明的太陽、溫存的陽光，不久射至矣！」

臺北鶯歌，高有財遺書（一九五三）

「父親！母親！原諒我吧！忘記我吧！不要悲哀吧！只要您們能夠健健康康，快快樂樂才能減輕了，我的罪責。」

雲林二崙，廖坤林遺書（一九五二）

「可愛的雪卿、明志吾兒，爸爸要離開你們了，你們要乖乖地長大！孝順阿公、阿媽、媽媽、叔叔，爸爸留一張相片，是這裡的難友給爸爸寫的，給你們做記念吧！祝天真活潑長成！」

臺北三重，黃文慶遺書（一九五三）

「『親生過養一律，男丁女兒同待』，請牢記著吧！」

屏東長治，邱連球遺書（一九五三）

「春蘭！妳能不能原諒這可憐的爸爸啊？春蘭！我不久就要和世間永別了。用萬分的努力來鎮靜心腦，來和妳做一次最初而最後的紙上談話吧。我的這心情恐怕妳不能想像吧！嗚呼！臨於此時不能見妳一面，抱妳一回，吻妳一嘴……我甚感遺憾！長恨不盡！」

高雄路竹，黃溫恭遺書（一九五三）

「你們無論做甚麼事都要先考慮自己的健康問題。……希望游泳時絕不要自己一個人去。因游泳時常會出毛病。又海水浴時絕不要泳進比自己的身高深的地方，因退潮時很危險而我們不能準確知道退潮時間。」

臺南永康，李義成遺書（一九五三）

「小楊生下來就跟母親坐牢，還沒有周歲就失掉了爸爸，而我放著教養的責任，由她可憐的母親去負擔，實是慘痛！但，我終於負擔著這難過、這慘痛而死了！」

廣東陸豐，黃賢忠遺書（一九五二）

「在次一個社會裡，妳們應該毫不客氣地甩脫這種沉重壓力，與男人對等地並駕齊驅。這是我能夠留給妳們的唯一的紀念品。妳們要切記這句話而躍入未來的社會，並去過貨真價實的真正的人生。」

彰化溪州，黃天遺書（一九五〇）[7]

遺書，不是爲了成爲國家檔案而書寫，卻被投入冰冷的檔案櫃，隱匿了近六十年。與此同時，存在了一群「無法收到遺書」的生者。他們，是政治犯死前最惦念的人。其中，一些信寫給雙親、祖父母，一些則寫給孩子——這些信紙，叨叨絮絮，最後盡成枉然。

常有一個現象：即便冠上「意圖以非法之方法顛覆政府且著手執行」的巨大罪名，大多數政治犯，卻未對國家產生「罪」的意識，反而在最後一刻暢言自己的清白、品格、理想。唯獨面對有養育之恩的尊長，「罪惡感」油然而生，字裡行間，盡是愧疚，反覆懇請饒恕不孝之罪。

彷彿約好的一樣——雖然眾人辭世的日子不同——許多政治犯聲稱自己能清楚想像尊長爲噩耗昏死、慟哭的場景，然後輕聲叮嚀：「這樣只會加深我的不孝之罪……」。青年教師廖坤林便向父母說：「您們這樣悲哀的情形，在我死前我都做過預想的。……您們現在哀號哭泣，悲哀得吃不下飯湯。這些在我吃下了子彈，倒在地上以後，我都不能知道的了。可是死前想到您們會這樣，我心裡就起了一陣辛酸，並覺得罪責之重大了……您們願意加重了我的罪責嗎？您們不願意，這是一定的。」他哀慟地懇請父母：「父親！母親！原諒我吧！忘記我吧！不要悲哀吧！」「沒有了我一個對您們的生活是不會有影響的。」

小學教師邱興生，用顯得些許混亂的字句，一會告訴祖母自己正歡唱自己喜愛的歌、一會說自己對「死」是無比開心、一會說自己像童年時一樣開朗。他甚至不斷地聲稱自己是科學家，勸祖母也從科學著眼——傷心對死者無用，不能讓死者復生，祖母就該遵循科學精神，不要把心力用在不科學的地方，應該要以他的死爲樂。邱興生的筆跡凌亂，一寫再寫，幾乎每小時都寫了幾張信紙。但是，即便強顏歡笑，他最終也承認：「我要如何來安慰祖母才好，我眞想不出來。我只是想說，我是最愛慕祖母的……」

也許，對於政治犯來說，雙親的淚水，比即將穿透胸膛的子彈，要更痛徹心肺。記憶當然有重量——分娩、哺乳、擁抱、親吻、學步、學語、讀書、成年；嬰孩到兒童、兒童到少年……陪伴成長的記憶，愈是深刻，噩耗就愈難以負荷。因此，他們在遺書中反覆懇求——父親、母親，不要哭，不要想我，請微笑，請笑著將我遺忘——過往的記憶只會帶來傷痛，請想盡一切辦法，把我從記憶中抹除。

而對於孩子——包括被捕後才降生的孩子——卻常常帶著另一種期盼。在後來的採訪中可知，許多「留下來」的孩子，對於消逝在世界上的父母，往往只有稀薄的、甚至是一片空白的記憶。並沒有「記憶」帶來的痛，只有「空白」帶來的茫然與無措。即將臨刑的政治犯，努力在遺書中留下一點餘溫，希望在往後沒有自己的世界裡，能在孩子的記憶裡留下一點點溫暖的痕跡，遞向自己再不可能完整的家庭，致那些終將無法成為未來的甜美日子。

遺書中，許多人細細叨唸，彷彿正陪著孩子成長——好好吃飯、好好讀書、要孝順，或者如何求學、如何待人接物、一個人時絕對不要落單去河邊游泳……。這是一份令人心痛的、注定無法在短促時間裡完成的漫長備忘錄。許多政治犯彷彿在說——欠你的擁抱，多希望給你；欠你的親吻，多希望給你；欠你的叮嚀，多希望給你，多希望通過薄薄的信紙，祝福你長長的人生。這些發黃的信紙，彷彿還可以聽見政治犯的低語——孩子，真的抱歉，無法陪你成長。但你願意認我作父親嗎？願認我作母親嗎？在你蒼白的記憶中，能不能稍微留下關於我的一點身影？

相愛、分離、矛盾的統合

「玉英，不要哭，為著孩兒們現著笑臉前進吧！」

臺北三重，黃文慶遺書（一九五三）

「忘記我，越快越好。」

廣東陸豐，黃賢忠遺書（一九五二）

「我希望你能漸漸把我淡忘。這一封信，也不必保留，省得見信傷心。」

廣東順德，姚錦遺書（一九五二）

「親愛的我妻……我們夫妻的姻緣就在這短短的十二年了……我願與你永結。事到如今沒有辦法了，明晨要以小小鉛彈分斷我們情感了。」

苗栗公館，張文彩遺書（一九五三）

「阿茶你亦少年，若有妥當再嫁，我亦祝福妳之前途與幸福，餘無別言。」

「我另在陰間保護父親母親……」

桃園大溪，曾慶溪遺書（一九五一）

「與你結婚雖已過了拾年多，每日都覺得似慈母的你的溺愛使我過了世界上無比的幸福的生活。我像一個調皮而頑固的小孩子又像獨裁者一樣每日對你都是無理的要求使你不知如何對付的方法。但你只用充滿了愛情的微笑來對待我。嗚呼！過去的事好像在做夢裡又像走馬燈很蜜甜地映寫腦裡而一一閃過去。阿貞！我的心永遠在你的身上。」

「阿貞！你盡量不要回憶我，因你會悲傷的。假使想到我時要馬上設法轉想其他事情去而使其忘記對我的回憶。」

「蓮！我臨於此時懇懇切切地希望妳好好的再婚。希望妳把握著好對手及機會，勇敢地再婚吧！」

臺南永康，李義成遺書（一九五三）

「『結婚』是男女雙方共同生活的約束態，誰也不能有所拘束或侵犯對方；死夫之婦的再婚是理所當然的。理論且擱不談，為什麼我要苦口婆心地奉勸的呢？所因我太愛了你，太痛愛到你們之故！我不忍還年青的你無夫，更不忍一群的嬰孩無父：招夫養子要緊，切記著勿重蹈覆轍！」

高雄路竹，黃溫恭遺書（一九五三）

「死者是一切不知且不管長休息去了，為牠悶胸熬腸淌淚是無益的」

「再見吧，娣！我願世世能見你！！」

屏東長治，邱連球遺書（一九五三）

「寫此信時我還在人間。信到時已是陰間的鬼了。我雖不信有鬼但此時願有鬼。感謝你對我的厚情，未能如願結為夫妻，但願再世共嬋娟。」

臺南善化，歐振隆遺書（一九五二）

「親愛的秀暖小姐……，早日尋覓出真正的你的先生，而過著快樂的家庭生活吧。只有這樣才能減輕我的罪責。假使將來我知道你已有了快樂的新家庭，過著幸福的生活，那時我是多麼的喜慰啊。」

雲林二崙，廖坤林遺書（一九五二）

「要火葬不必多費金錢。」
「愚夫暗中隨著妳母子，保佑妳母子。」

新竹竹東，彭金鑾遺書（一九五二）

「妳的前途是還很長遠，我將要永別前希望妳不要為我而守寡，千萬不必為我抱著封建的想法守寡，這是將要和妳永別前我的希望。」
「今世我們不幸不能團圓重見，我願來世再結夫妻，歡樂在一起吧！」
「我的靈魂也跟妳在一起，保護妳的前途及小孩兒的前途了。」

臺中大甲，賴登洲遺書（一九五三）

「就是二十餘年，真如一場之夢消逝地乾淨了。」

桃園內壢，邱興生遺書（一九五二）

「這樣我在九京就安心了！我不多寫了。」

桃園龍潭，梁維藩遺書（一九五三）

「我絕對不要拜。」

「我永保護你。」

臺北市，張添丁遺書（一九五〇）

「請妳們相信，我雖然已不在人世，一定會在妳們後面呵護妳們！請妳們不必因為我的死而陷入悲觀。」

彰化溪州，黃天遺書（一九五〇）

將死的人知道，「夫妻」之名，將給伴侶帶來巨大痛苦。在那個年代，還有許多古老——他們更常稱爲「封建」——的束縛，女性識字、讀書、外出……都有諸多限制。寡婦要承受異樣眼光，從剋夫的閒言碎語，到獨力扶養孩子的艱鉅擔子……。最沉重的莫過於「匪諜之妻」的標籤——這是國家日夜宣傳的「叛國」大罪，禁忌的禁忌，人人迴避的瘟疫。往後的見證，可以知道有許多妻子，從此歷經數十年的監控與排擠，最後選擇將內心世界、人際關係全部封閉，成爲在另一種無形牢籠中的「獄外之囚」。

將死的男子，常藉著遺書，堅定地要求妻子改嫁，要她們洗清自己在記憶中的身影，並與過去的婚姻劃清界線。男子也常懇請自家，協助妻子改嫁、不要逼她供奉自己的牌位。若果新的婚姻不允許前一段婚姻的拖油瓶，也請兄弟姊妹念著情分，代爲扶養孤子。

以愛結合，也以愛的口吻要求分離。前面提過，許多死者在遺書透露了一種「死後沒有世界」的見解，恰恰與家人祭祀時想像的「死後世界」相互牴觸。前者是新派、無神論、唯物主義者——無論是出於政治信念或對家人的體貼；後者是傳統、神鬼論、渴望亡者安息，是親人對無能挽救的亡者的遲來溫柔。兩派觀點，看似對立，卻非絕對——特別是在給妻子的遺書中，常見到「新」與「舊」的矛盾觀點，統合在字裡行間。

遺書也常常透露一種矛盾訊息——「死後沒有世界，但我在望鄉臺看著你們」、「我是唯物主義者，會在九京之下保佑家人」、「我死後沒有知覺，但我會生生世世守護你」、「我將成爲沒有知覺的死物，別爲我哭泣，但我會爲妳有了新家庭而喜悅」——有魂又無魂、有佛又無佛，有地獄又沒地獄。這些矛盾，看似不一致，卻只有將它們統合在一起，才能完整理解那些思念。

他們是理想主義者、是馬克思主義者、是改革志士、卻也不僅僅只擁抱著「思想」的一群人。他們的身邊，也環繞著並未共享「思想」，卻是最眷戀、牽掛、不捨、愧疚的親愛人們。他們共享的語言，是晨昏相處、相濡以沫、心靈交會時的繾綣記憶。寫給他們的信，未必適合用政治的語言——因此，才在闡述自己對世界的認知時，出現看似衝突的字句。這絕非對信仰的褻瀆，也不能用表層的語言邏輯來理解。其實，這些「矛盾」正說著話——我擁抱這種思想、我嚮往那個新世界，是因爲我同時深深愛著你們。因此，我寧願在告別時，讓我對信念的自述出現裂痕，用「主義」反對的東西，盡力去給出最後一點安慰。甚至，也許，在某個短暫的時刻，他們曾期盼自己赴死的信念其實是「謬見」——死後世界不是烏有，而是眞能化成魂，化成鬼，擁抱愛人的身軀，在往後的日子默默祝福與庇佑。

因此，單就思想體系，也許是「斷裂」。但作爲人，卻是一種更深刻的「完整」面容。他們思想，但不只是思想。他們行動，但不只是作爲某種政治行動下的赴死者。他們思想、行動，卻也同時愛著——所有的斷裂處，便是用愛的語言，向無法親自告別的伴侶、兒女、父母、朋友訣別的痕跡。

剝奪愛的國度

「衆生流轉愛欲海。」

「隨生死流，入大愛河。」

《華嚴經》

「卻說人生之價，即培育一人究竟艱難，而滅殺一人易如反掌。」

「無人道的世間，無憐憫的國家，並是全球唯一的，未舉其二。」

臺北鶯歌，高有財遺書（一九五三）

「最後祝福你們不久的運命，請盡量的向台灣人民榨取，然後待清算。」

臺北市，蘇榮生遺書（一九五三）

「我言語不通講汝知嗎……各位先生，汝自己各故鄉也有父母，台灣青年有人呆惡也有。我自信前言事件來死罰，是不合理。」

桃園大溪，邱水遺書（一九五一）

「這裡有三封遺書，乙幀遺像，請您代我分發。或許這些東西，有違悖於你們的利益，但我要問您，如果您以為你們的政府比專制腐敗的滿清較好一點的話，你應該替我投去。因為滿清政府還讓林覺民烈士等的絕筆書寄出去。難道你們連這點寬容的態度亦沒有嗎？」

廣東陸豐，黃賢忠遺書（一九五二）

「總是社會是在進化，這個社會進化的潮流絕對不能被任何人壓住的。歷史是最好的審判者，我想我們的血是不會白流的。」

臺中大甲，郭萬福遺書（一九五三）

終於，我們可以明白：遺書，是愛的語言。

而無法送達的遺書則說明了：這個島嶼上，曾有一個剝奪愛的國度。遺書，原本爲了告別，爲了句點，讓生者能再次出發。剝奪了句點，剝奪了告別，是強行斬斷人與人的緣分，是強塡進各種缺憾的低劣罪行。

在二十世紀中期「改朝換代」的轉捩點，我們見到了一群既新潮，卻又立足於傳統的靈魂。他們在黑暗的世紀，在殘酷的白晝前，描繪了自己短暫人生的肖像，並遞出無法親身施行的擁抱與吻別。然後，他們用略帶矛盾的聲音，用「新」的語言否定了靈魂、儀式、死後世界的一切意義；又用「老」的語言告訴家人自己將永遠守候、世世相逢。「矛盾」以「愛」融合，呈現了他們的完整肖像。這是從五〇年代就被沒收的泛黃遺書中，至今仍能觸碰到的炙熱情感。

終究，本書的一切書寫，是爲了歸還給世界——遲來的愛。是爲了讓人們記得：島上曾有一群熱切擁抱世界的人們，他們殞落，他們失聲，並且人與人之間從此禁制了連結。我們不知道，那個時代是否眞的離去了？而他們期盼的「新世界」，又是否已經來臨了（或未曾實現）？但充滿遺憾的聲響，終究在幾十年之後，才在後人的努力下稍稍見光，並且，逐漸成爲遲來的集體記憶的一部分。

1 本文的用意，不在於對白色恐怖年代的「所有」遺書進行綜論，主要是針對一九五〇年代中一些遺書常見的聲音，挑選其中一些文本，進行整理、爬梳，並嘗試做出一種詮釋。我想指出兩件事：第一，遺書中的訊息細膩而複雜，只從「政治行動者」來理解他們，未必能掌握其中橫跨在「傳統」與「進步」間的複雜資訊。第二，遺書的字裡行間，看似帶有矛盾的陳述，必須從「理念」之外的「情感」面來同時理解。如此，更完整的「人」的形象，可能於焉浮現。

2 出自邱興生遺書。

3 出自紀坤淮遺書。

4 出自黃文慶遺書。

5 出自黃溫恭遺書。

6 引自對張則周的訪談。

7 原本的遺書以日文書寫，此處引用一九五〇年代政治犯蔡焜霖先生的中文翻譯。

1952.4.24 玉峰
以數十年有限生命，立億
萬年不朽事業，雖敗猶榮，
雖死無悔！
黃賢忠 一九五二、五、十日 軍法處看守所
2146
93

黃賢忠遺稿，圖為獄中難友石玉峰為他畫的肖像。

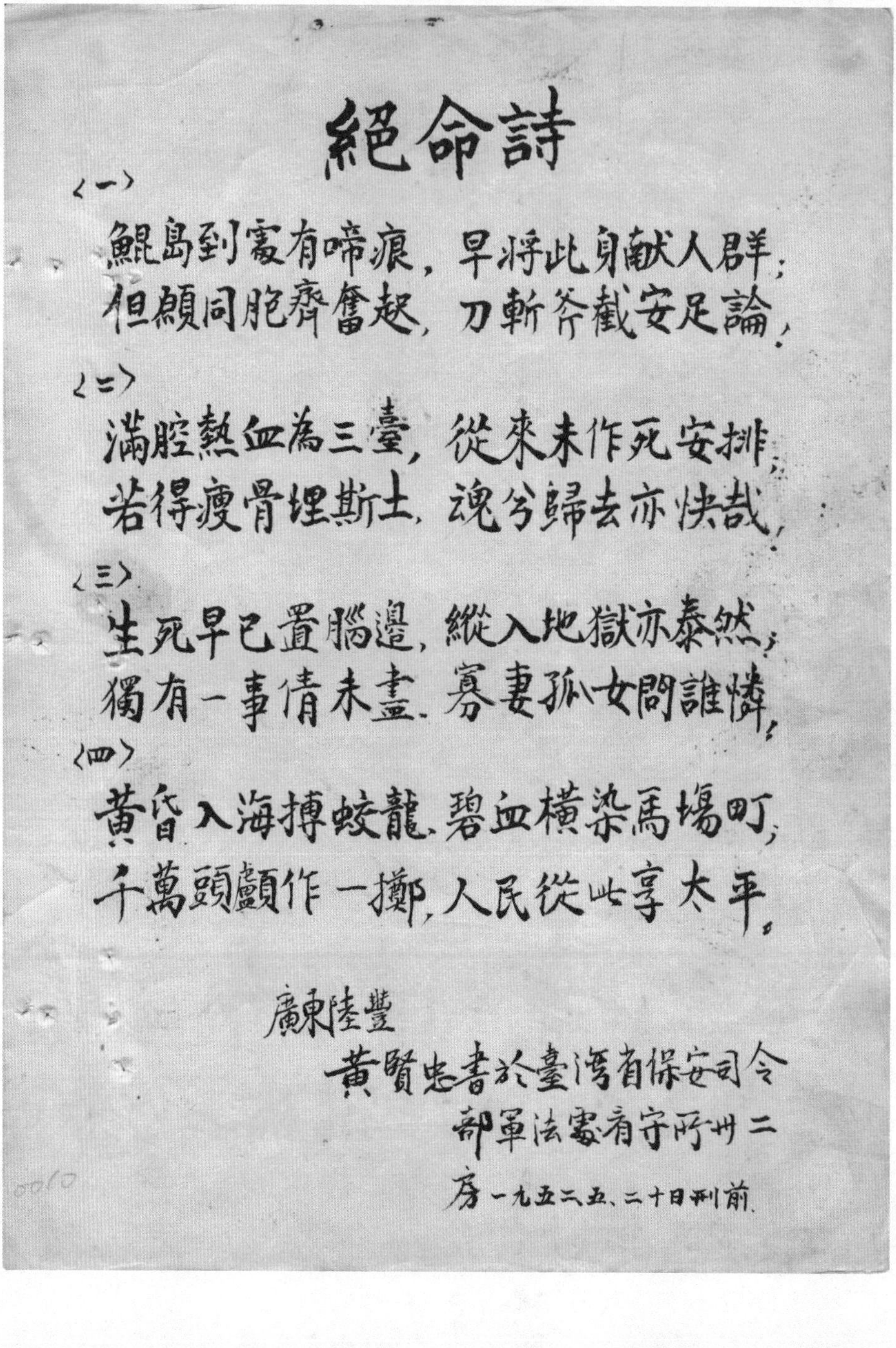
絕命詩

〈一〉

鯤島到處有啼痕，早將此身獻人群；
但願同胞齊奮起，刀斬斧截安足論！

〈二〉

滿腔熱血為三臺，從來未作死安排；
若得瘦骨埋斯土，魂兮歸去亦快哉！

〈三〉

生死早已置腦邊，縱入地獄亦泰然；
獨有一事情未盡，寡妻孤女問誰憐！

〈四〉

黃昏入海搏蛟龍，碧血橫染馬場町；
千萬頭顱作一擲，人民從此享太平。

廣東陸豐
黃賢忠書於臺灣省保安司令
部軍法處看守所卅二
房一九五二、五、二十日刑前。

黃賢忠所作〈絕命詩〉

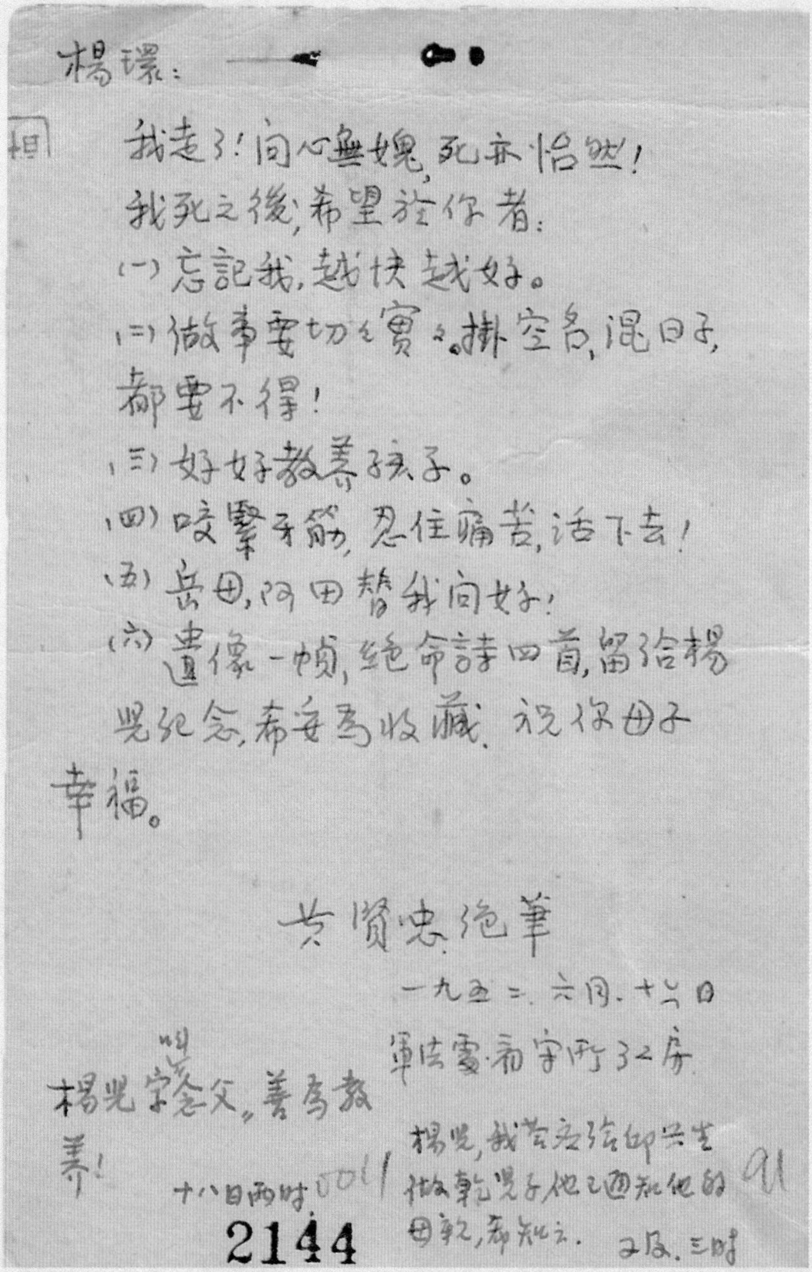
楊環：

我走了！問心無愧，死亦怡然！

我死之後，希望於你者：

(一)忘記我，越快越好。

(二)做事要切切實實。掛空名，混日子，都要不得！

(三)好好教養孩子。

(四)咬緊牙筋，忍住痛苦，活下去！

(五)岳母，阿田替我問好！

(六)遺像一幀，絕命詩四首，留給楊光紀念，希妥為收藏。祝你母子幸福。

黃賢忠絕筆

一九五二.六月.十六日

軍法處.看守所3之房

楊光字念文，善為教養！

十八日兩時 0011

楊光，我答應張邱兴生做乾兒子他已通知他的母親，希知之。 2辰.三時

91

2144

黃賢忠給妻子的遺書

阿田弟：

被捕足足十個月的我，不知你們多么盼望我回去，然而，事實告訴你，我終於被殺害了！

死，對於一個已經獻身給社會與人民的共產黨員并不算是一回事，自從決定參加那天起，就準備死了，何況還讓我活了這么久才死呢？！可惜的是我不能替社會和人民造更大的幸福罷了！但這遺憾將有一天由我的同志來完成的，因為人數的遠景，一天天地光明了！

你家沒有田，也沒有地，只靠 岳母和鍾姊夫一雙手，一張嘴去掙飯，他們太辛苦，也太可憐了！在這種有錢人享樂，沒錢人捱苦的世界裡，你該特別孝順他們，學習他們勞動的榜樣，千萬不要以為你是讀書人就鄙視了活計，你初中畢業之後，還是去考師範好，只要不做陳陳相因的教書匠，教書是最有意義的，它給人知慧，幸福和快樂！

你姊因我而受苦，坐牢太慘，也太可恨了，然而生在這樣年頭

黃賢忠給妻舅的遺書

有什么辦法，連孩子也當犯人了！我死了之後，她的痛苦，不想可知的，希望你們照顧她，安慰她，她和我結婚，希望我能帶給她幸福那知現在她所忍受的是災難，這並不是我的罪過，我自問沒有做過違反人民的壞事，今天被殺害，只是太愛人類太敢於反抗不平的現實罷了！為了人類社會，犧牲自己利益的人太多了，我不過是這大時代中一滴浪花而已！

年老的岳母，辛苦一生，我不但不能給她老人家一絲快樂，反而叫她為我担憂傷心，實是罪過，小楊生下來就跟母親坐牢還沒有周歲就失掉了爸爸，而我放着敬養的責任由她可憐的母親去負担，實是慘痛！但，我終於担負着這罪過，這慘痛而死了！

我生平最崇拜林覺民烈士，現在就借他絕筆書中一句話來形容我的心情：「語云：老吾老以及人之老，幼吾幼以及人之幼，我充愛汝之心助天下人愛其所愛，故敢先汝而死也」。

我還有一位和岳母一樣年老的母親，和二個身體殘廢的弟弟，他們在一年以前還來信要我回去，現在我死了，無論如何，他們

是意想不到的，將來要是環境許可，希望你替我傳達一點消息，下楊時來可叫她回家去一趟，至於我和母親的相會，只有在她依稀的夢裡了！

但有盡，情無窮，我不能再說下去了！馬斯多夫臨上斷頭臺說"我聞到黑的香"，文天祥就戮之前也說："人生自古誰無死，留取丹心照汗青"。我有同樣感覺！弟弟，珍重你自己吧，祝幸福。

岳母、親、鐘二姐夫煩代道安。

黃賢忠絕筆 一九五二、五、二十二日 軍法處三十二押房

（我家在廣東陸豐甲子鎮，店號黃和源，弟一名賢士一名賢賢，希知之）

2138

親愛的祖母…

我現在躺於很暗的房屋的一間裏，這
也是我一生最後睡過的房屋。
我向我最愛的祖母寫此信，
並是很愉快地寫訣別的信，
他也是很愉快地拿筆唱。

然而種種歌後又要求新嘗的
我在寫此佳…

母親謝你二十多年來的深恩，
我在最後的一夜仍是和幼暗的
一樣很快樂的。

的前夜為什麼還这樣冷靜興
喜歡我也不知道。我老實
說我在死前對於死毫沒有
懼怕，反而感覺我已盡了我的
人生之重担而輕鬆了。我的
人生是硬的人不知失詣到和
憂愁的。我對於自然是和
喜悦的。

全是快樂的人，所以我要死完
的，所以我對於我的自然死完
謹請祖母不要掛念，我生之
□□

2129

不要為孫而悲傷。人生本
來就是无所謂的。我帶着
請祖母也以我的死當為
快樂又是我的希望。

對於自然的一切我已是
很愉到切切有了解。我的
死我很久以前就有覺
陪的、我本来花有望以我的
死来報恩，用為善的方面
去，但是到今仍是不能
報恩祖母不能安得幸福家庭
致愛的祖母！千萬不要哀
心吧、傷心是空虛怎用的
科學人是不會把力量是用
花乞用（要）的地方去，我很
精神都是要善用的所以

2130

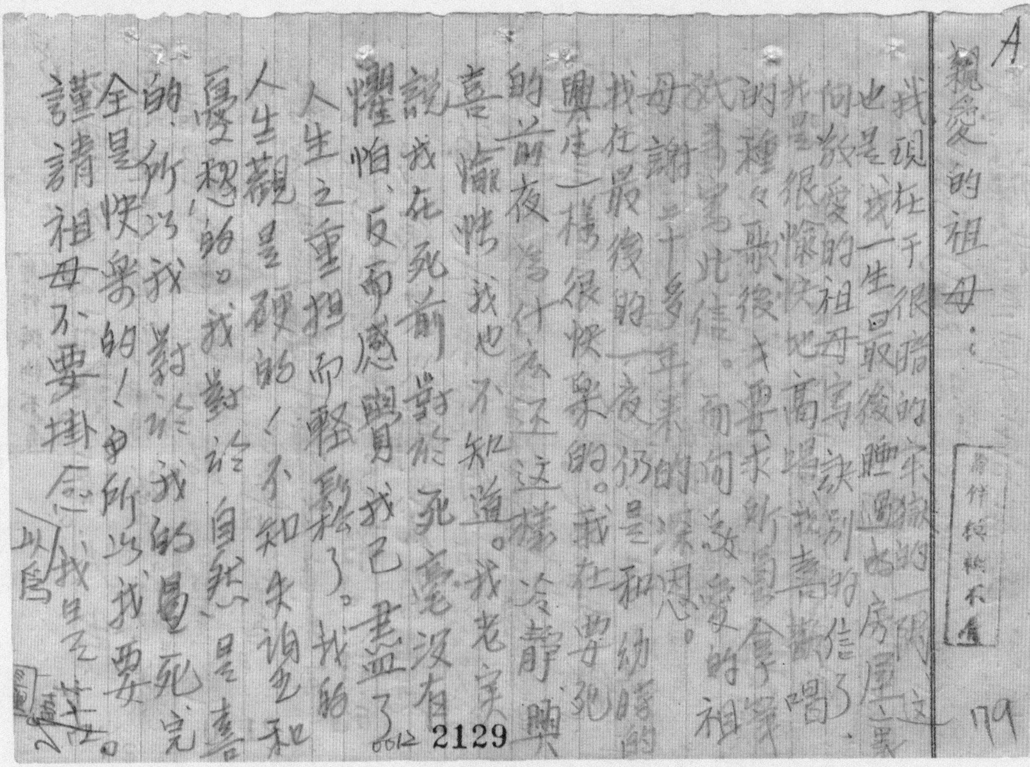

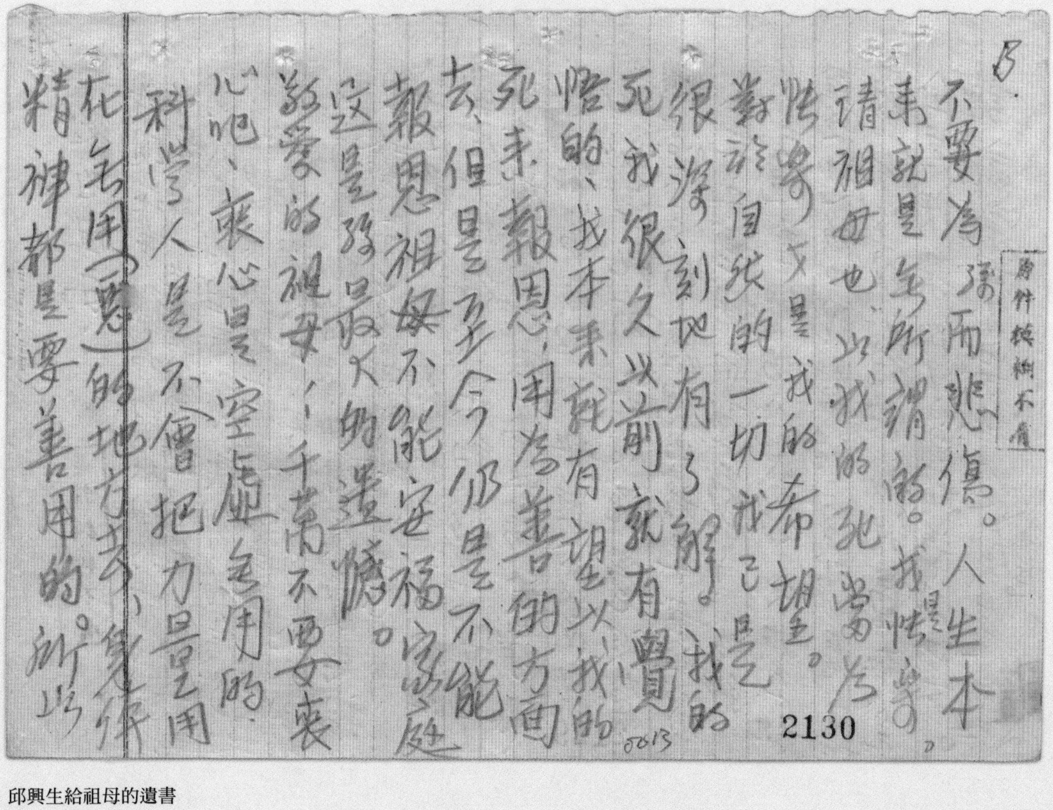

邱興生給祖母的遺書

C.

衷心這是不科學，也是不好的祖母！你愛了一個這樣、年青而死的，而是背著疾病的痛命的孫，我要如何去安慰祖母才好，我真想不出來。我只是想說我是最愛慕祖母的也一直渴望孝順而想望幸福祖母的，我只以識未深諒而已。並且鄭告我是不是糊塗人，我做了沒有深刻地了解以前我絕對不做的，所以我一生是良的。因此特請祖母安心就是。

為什姨姆不寫

我們中壢的四個人都是很愉快地讀活所以現在一面讀一面寫，因此寫得很亂

80

2131

0014

D

雜請原諒吧，現在已是十二点多，再六時後我就會變成鮮血淋漓之死物，但是我仍是高興，而鎮靜，不懂我心的人，他一定不會了解我為何如此快樂。

敬愛的祖母！安靜吧！靜看吧！自然之懷是合著無限的愛的！希望祖母心安情清快活安寧，不要憂愁，得從自然中發見美，要之要素，過清安的日子。我是個科學家，我從是真知道從自然中造出快樂的幸福，更善的結果，也是相信，好善的方法，絕不能成的，所以我對於祖母的身體也這樣看法，祖母的心腸也一定可用科學的方法去全癒的。尤其是心靜安寧，是最要緊的。

2132

0015

曰

我是祈着祖母得從自然之愛中得到人生之趣義、祖母我現在想不出說什么好了。但是我的滿腔滿肚都是記滿着想說的話了。但是這裏時不得說了，此後總是大家會了解的。人生總須有自然的活力，向自己的幸福邁進自然是進步的積極的，我們人生也應該有如此的力氣才是，所以我當然也祈禱祖母有自然性的力氣對於自己的美滿幸福的，邁進。享盡人生之意義。我不再多說了，只祈請祖母保重身体進取幸福。

2134

0002

17

NO1.

親愛的爸媽：

蒙您們養育了我這二十四年的深恩未報，可是現在我竟與您們永遠的分別了。我真對不起您們，請爸媽多多的原諒！

我死後請爸媽可不必為我過份的悲傷，過份的難過。反正人的一生，遲早都免不了一死，不過死的不同而已。所以請爸媽盡可放寬心懷，順其自然。

至於我死時所着的衣服我死後請爸媽也千萬不必為我更換。因為人死了無謂的浪費財力，浪費物力，這是沒有意義的。所以最好請爸媽把我在家所存的衣服全部都分給哥々們去穿。而葬費方面，也請爸媽盡量的節省。

現在兄妹等我不擬另再分開寫信給他們，所以就趁此帶上幾句，請爸媽讓他們看看吧！

212

199

0461 0008

231

曹賜讓給家人的遺書

18 No2.

「三位親愛的哥々及親愛的妹々：從此我已與你們永別了。我死之後你們盡可不必為我傷心、[redacted]為我痛哭。不過我希望你們好々的替我孝順爸媽安慰爸媽使年老的爸媽，今後仍能快活的過日，這是我最大的希望」。

爸媽：我為了愛您們為了愛兄妹為了愛天下人此刻我的心已亂極了，我要說的話也多透了，可是我再也無法往下寫了。就讓我們在此絕談了吧！敬祝爸媽身体健康、

兒賜讓謹寫 一九五二年三月二十六日

182 0462 0009 200 213

16

√B.1

面臨永離之際，敘一敘衷心，也是夫妻情分上所應當。「人之將死其言也善」，
請你欣然領受我這至誠而高潔的最後的贈言吧！謹陳如次：
1.我一直到最後的今天都是很磊落很愉快！什么使我這樣有造化的呢？可
有兩方面的原由可舉：①今世能得與你們結成眷屬的也許是蒙上代餘慶所
庇蔭？虧你們的溫柔、与体貼，使我物質上一無所缺，精神上也得到一無所牽
掛，這真我应要深深感謝你們，尤其是你！②我細細的想，一而再的檢討的結
果，我敢這样說：我生來從沒做過虧心事！對兄弟、對父母、对你、对我的孩子、对
長輩朋友以至於任何人我都对得起！這是我常引為是個驕傲，同時也是我最
感快慰的一樁事。一言以蔽之，我這造化實出於「你」「我」各各善尽了人事使然的！
2.誰能跳得出「生者必滅會者必離」的圈套？誰得不死誰得永聚？且偏生
在浩劫大動盪的此時此地，有什么法子躲閃得？在目前這样的死，也算不得
什么稀奇，還是想得開要緊！死者是一切不知且不管長休息去了，為牠

(18)

1677 0003

邱連球給妻子的遺書

悶胸熱腸滴淚是無益的，淚水也不能當着飯．理智些！理智些！千萬理智些！勇敢地背起你的重任，面对現實活下去要緊！

3.「否極泰來」，苦樂、禍福是交互循環而來的，同時兩者永遠是相比例，苦透了的我從沒享受過，应留着有餘福等着你們去消受，且，我雖死也留下有五个二去，孩子个个都比我強！我相信他們將会把你的空虛填，得滿滿的，你可儘管安心去期待！

4.鄉下人的心目裡，都認為耕田人，女人（尤其是婦人）或年紀多的，這些人用不着讀的了，這是太錯特錯的想頭．不時常裝進新氣象，新知識，怎跟得上迅速遷轉的時潮？想要改進自己的生活，提高自己的水準等等，更是談不上，婦！你唯一的缺憾是少讀書，少讀而缺乏知識是你唯一的美中不足處，無論如何讀些些吧，对你的前程定然有很大的幫助的．

5.自嘆自卑是「歪命」，或把歪命為藉口，事事仰賴於人乞憐於人，這是

17

No. 2

最卑鄙最丟臉不過的，獨立自尊自食其力要緊！一面穩健地籌劃竪立自己的經濟基礎找个恆業，另方加倍努力耐心勤奮於百般工作時，小小的生活維持是絕不致成問題的．

6.「結婚」是男女双方共同生活的約束態，誰也不得有所拘束或侵犯对方；死夫之婦的再婚是理所當然的，理論且擱不談，為什么我要苦口婆心地奉勸的呢？所因，我太愛了你，太痛愛到你們之故！我不忍還年青的你無夫，更不忍一群的嬰孩無父：招夫養子要緊，切記着勿重踏覆轍！

7.小菊的數學，過分的吃苦，是千不該萬不該的，我太委曲了她！請你贖（贖）些我的罪過，而更加痛惜她吧！不幸，哪再有絲毫的差池時，（差別看待）咱們的損德就無法挽救了．「親生過眷一律，男丁女兒同待」，請牢記着吧！

8.死骷髏要它何用？反而引人迴腸盪氣倒有，豈是有人会收拾的．葬祭諸儀切該免掉！千万不要被拘於世俗，羞慚於衆口，而有所破費，你們再也不能啜更稀的粥水的呀！精神記念為上，桌上供着的一塊「相片」或貼着的一張遺筆：這些比修「墳墓」建「風水」設「靈位」還要富有意義！

話長而紙短，寫是寫不盡的，我過去所說的所作的，或信裡所告訴你們的都不致於有錯！那些些一不可以當着我的囑咐！靜者，唯有讓你們去推量推量罷了！娣，我的重担都卸給你了！請你更加的保重身体，更加的看重自己，倍加努力早日去完成你的神聖任務吧！

母親伏爸爸以及朋親面前請恕不另，請你替我致致意吧！

祝你們大家永遠的康壯与快活！

再見吧，娣！我願去去能見你！！

一九五三年五月十九日　下午十時

你親愛的丈夫　連球　上

多難的賢妻　讓娣　收鑑

我的生日和死日正好在一起，這正是適合我「視死如歸」的心境

親愛なる紋秋紋遷紋英等よ　いとしい子供達よ　お前達は確かに初子よりも
幸福と思ふ、即ち二重に三重にも圧迫を加へられた女性の内で初子より
一重、圧迫が減じたわけである　恐らくお前が嫁に往け結婚する時は社
会環境が大分よくなるであらふ　少くとも生活來源を男子に依頼しなくて
もよいと思ふ　生活の独立出来て始めて男子と対等の地位に置かれるのであ
る　だが現在としてはお前達はまだ幾重にも圧迫を加へられ居るお前
達は無意識にも此の環境から脱し得度いとして日常生活に現れ
て来る。此の次の社会に於てお前達は遠慮えしなくこの重圧を押のけ
て、男子と対等に進み給へ、これは己がお前達に遺す唯一の紀念品だ此の旨を忘
れずに次の社会に飛び込み給へ、そしてほんとうの人生らしい人生を営め己は此
の世になくともお前達の後から守護して上げると想へそして己の死に対して
て悲観するなかれ、己の死はあたかも竹筍が皮を剥ぐ如くお前達の生長の前
途兆である又社会進化の揺籃である。己の死は厳寒の冬と例へれば此
の次に来るものは春であらねばならぬ此の事理解出来れば己も安心して
お別れする　賢明な我が子供等よ　いざさらば、幸多かれと祈る。はるか
馬場町に於てお前達の幸福を祈る　汝の父より

一九五七年十月廿五日上午五時於世界拘守
黃天

紋秋
紋英
紋遷　児留念

黃天給女兒們的遺書

親愛的秋爽、秋遷、秋絨，我可愛的孩子們。

我想妳們的確比初子幸福很多。也就是說，在遭受雙重及三重的壓迫的女性之中，妳們比初子少受了一層的迫害。我猜想，等到妳們要結婚的時候，社會環境應該會改善了很多。到那時候至少生活的來源不必再依賴男人。唯有生活上能夠獨立自主，才能和男人站在對等的地位，可是現在妳們還是受到好多層的壓迫，而潛意識裡在日常生活中出現意欲擺脫這種環境的意願。在次一個社會裡，妳們應該毫不客氣地甩脫這種沉重壓力，與男人對等地並駕齊驅。這是我能夠留給妳們的唯一的紀念品。妳們要切記這句話而躍入未來的社會，並去過貨真價實的真正的人生。請妳們相信，我雖然已不在人世，一定會在妳們後面呵護妳們！請妳們不必因為我的死而陷入悲觀。我之死恰如竹筍剝皮一般，是妳們成長的前兆，也是社會進化的搖籃。如將我的死亡比喻為極寒冷的冬天，接著要來的應該是春天。只要妳們能理解這件道理，那麼我也可以安心離開。聰明賢慧的我的孩子們，再見吧。我為妳們祈福，就在那遙遠的馬場町祈求著妳們的幸福。妳們的父親寄

秋爽、秋遷、秋絨兒留念

一九五〇年十月廿五日上午一點於廿號押房

黃天

（由政治受難者蔡焜霖先生翻譯）

記憶的艱難

林傳凱

一九九八年春天，在太平洋一隅的火燒島，豎起一座巨大的「人權紀念碑」（別名垂淚碑）。碑文上刻著柏楊的話：「在那個時代／有多少母親／爲她們／囚禁在這個島上的孩子／長夜哭泣」碑文周圍則刻上許多政治受難者的名字——日後，隨著檔案與研究陸續面世，碑上的名字也愈來愈多。

這塊碑文之所以誕生，必須追溯到一九九八年臺灣通過《戒嚴時期不當叛亂暨匪諜審判案件補償條例》。一九八七年臺灣解嚴，希望揭開戒嚴時期政治暴力的民間聲浪，日益強烈。在二二八與白色恐怖相關者陸續提出平反訴求，以及民間力量與國會結盟的推動，終於在「有條件」的前提下，立法對戒嚴時期以「叛亂」之名遭受軍事審判的受難者進行「補償」。自一九九八年成立「補償基金會」，到二〇一四年爲止，一共有八千多名當事者或家屬申請到金錢補償與頒發「回復名譽證書」。不過，必須細究，是怎麼樣的人才能通過補償？在當年補償基金會官網上，淸楚地交代了一切的前提——「戒嚴……固有其時空背景，但對在戒嚴期間之叛亂及匪諜案件中，所發生冤、錯、假之個案受裁判者而言，卻是永遠難以忘懷的傷痛。」「本會……就申請之個案事實逐一審認，以認定其是否爲叛亂犯或匪諜確有實據。」

換言之，一九九八年後的補償，是以所謂的「冤、錯、假案」爲對象。這可以視爲當年時空必須權衡、妥協下的「不得不然」，又或是表明臺灣社會對於那段歷史的整體反思並未抵達更深層的思索。總之，事後來看，當年的補償條例，尚未質問國民黨政府於戒嚴時期對叛亂的定義與正當性，而是以肯定前述定義的情況下，找出「不適者」進行補償。不過，在所謂「以非法之方法顚覆政府者」的定義下，其實涵蓋了不同思想光譜、行動強度的抗爭者——從思想倡議、訴求體制內改革，到策動在政府眼皮下隱匿的群衆抗爭……。無論如何，按照當年的理論，一旦被軍事法庭認爲「確有實據」，亦即有不滿現實的不同程度抗爭，就應該排除在補償的範圍外。實際上，當年使用的「冤、錯、假案」一詞，承繼了一九九〇年代以來建構的一種「無辜者」想像——被捕者壓根對政治毫無興趣、沒有想法，遑論採取行動。他們在當年廣泛整肅的背景下，或因爲殺雞儆猴，或因爲陰錯陽差，最終被錯戴了叛亂的罪名，因此國家才需要補償、反省、道歉。

另一方面，二〇一三年十二月，中華人民共和國則於北京西山蓋了另一座「無名英雄紀念廣場」。他們從臺灣公開的檔案與紀念碑的碑文整匯，把判死刑的政治犯名字，盡可能全部刻在這座廣場。當時提出的新聞稿，聲稱這些人是一九五〇年代赴臺，並於臺灣白色恐怖下犧牲的一千多名地下黨員。[1]對岸提出的「無名英雄」一詞，爲這些犧牲者勾勒了另一種不同形象——他們有明確的思想與行動，潛伏臺灣，默默奮鬥與犧牲，只爲了搏倒當時的國民黨政府，更爲長年未竟的「統一大業」獻上血肉。這座廣場似乎指責著臺灣當局或臺灣社會對歷史的錯誤詮釋——隱沒他們的思想、隱沒他們的黨籍、隱沒他們是直到今天都會跟對岸站在一起奮鬥的「愛國臺灣人／中國人」。這樣的說法也在臺灣引起輿論喧騰。擁護戒嚴正當性的陣營，便抓著這些碑文，主張當年的國民黨政府正是爲臺灣「清除匪諜、保家衛國」，臺灣人應該要感謝兩蔣領導下的「護臺保臺」；或是，基於臺灣民族主義的立場，指責名單上的死者「缺乏臺灣主體意識」，並且認爲當前的轉型正義「不應該平反危害臺灣獨立的匪諜」。兩個陣營，竟然弔詭地成爲了「統一戰線」的奇特盟友。

尷尬的是，無論是立了西山碑的寫手，或是在臺灣急於投入對此碑文指點的各種輿論，恰恰都顯示了我們對於一九四九年後發生在臺灣的這段約四十年的戒嚴歷史，所知多麼有限，並且對這種無知不自覺而洋洋得意。實際上，自西山碑公布後不久，就陸續有人發現，所刻的文字不但有許多姓名錯誤、重複的情況，甚至連一群因爲泰源事件犧牲且與中共立場截然不同的臺獨政治犯、乃至於貪汙等刑事案件的槍決者，都一併計算在文宣中所稱的「一千一百名中共地下黨員」裡面。對照更多確切的證據，這份名單很可能是潦草抄襲下的產物——裡面包括了大量白色恐怖時期因國民黨內派系鬥爭下的犧牲者，有專抓「地下黨員」的國民黨特務，[2]在獄中擔任線民卻反過來「兔死狗烹」者，[3]或是循「非共」、「反共」等路線對抗國民黨的犧牲者。[4]在不求甚解的「臨摹」下，不同背景的遇害者，竟然全被算進「中共地下黨員」的範疇。甚至，新聞稿對於當年地下黨員的身分，也出現顯見的錯誤，聲稱「白色恐怖」鎮壓的地下黨員多是「從對岸派來」。實際上，一九四五至一九五五年間活躍於臺灣的「中共臺灣省工作委員會」相關人士，有超過百分之九十的成員是「土生土長」的本省籍，而非戰後由對岸「派來臺灣」。令人哀傷的是，在許多正面、反面的討論中，死者都只作爲純粹的「數字」或「符號」，鮮少能有空間細緻凝望他們的背景、生命軌跡，以及在那個時代爲何投入反抗陣營的思想與行動史。

從這些時間點以後，時間又推進了許多年。當年的爭執，也隨著社會對相關議題的反覆思索，有了一點點改變。往後的日子，包括各種試著跳脫上述意識形態框架去重建歷史的努力、通過「模擬憲法法庭」探討中共地下黨員李媽兜（臺南大內人）的平反，乃至於更多「正面直擊」闡述一九四七年二二八血腥鎮壓，如何導致臺灣各地憤怒青年在世界史與國共鬥爭史的角度下投入地下黨的論述，終於使得過去由國民黨政府版本的「反共教育」或「民族線性史」所綁架的視野局限逐漸鬆綁，社會愈來愈能接受——百年以來，臺灣歷史中存在各式各樣的反抗者。他們的思想與行動，是屬於所處時代條件下孕育出的特殊產物，因此，也必須試著由他們的時空背景來理解與評價他們作爲的合理性，而非以今日對於認同的情感，或對時局的焦慮而錯置地評價政治犯。而在二〇二二年春天，也傳來了官方爲李媽兜「除罪」的消息。回首看來，自一九九八年走過的歷史，雖然曲折、雖然有時面對著一片荒蕪與絕望，民間不斷的努力，終究得到了一點點正面的成果。

至此，我們才稍稍擴展了一些新的想像。首先，對於「受害者」的想像，我們終於擺脫將「可以平反的『好』政治犯」局限於「幼體化」的無知者——缺乏思想與行動，或停留在「書生論政」的純思想探索層次。臺灣社會開始認識到，被鎮壓的人們，確實有一部分是不滿時局而試圖抗爭的行動者，其中橫跨自社會主義至臺灣獨立的複雜光譜。接著，也愈來愈多人警覺到，如果只是堅持以一九九〇年代的「冤、錯、假」來界定平反運動的目標，經常會無意識地再次肯定了戒嚴時國家聲稱政治暴力必要性的邏輯——臺灣島內有許多匪諜，匪諜會顛覆與破壞社會美好，國家必須強力鎮壓才能保衛社會。在這種邏輯下，白色恐怖是保護臺灣社會的義舉而非政治暴力。甚至，臺灣社會也逐漸重構了對於「冤」的想像，除了九〇年代以來強調法學上所謂的「眞實無辜」——「不能證明被告犯罪而判罪者」，「冤」的定義也拓展了一些新層次。舉例來說，當一位民衆在一九四七年經歷二二八的鎮壓，有自己的親友在事件遇害，他憤怒、絕望，並且因當時缺乏要求平反／追究責任／阻止暴行再次發生的體制內管道，他選擇投入激進化抗爭，乃至於反政府的地下組織，卻因此遭遇白色恐怖。這確實是許多於一九四七年後投入地下黨的臺籍人士的生命路徑。愈來愈多輿論認爲，這也該視爲「冤」的平反範圍。這個「冤」的新定義是什麼？——因爲反抗暴政的不義而投入抗爭，卻又招致政治暴力鎮壓。

不過，回望九〇年代至今，包括兩岸兩座紀念碑的「一份名單，兩種表述」，或是臺灣社會一度對「冤、錯、假案」的偏執、對「抗爭者」角色定位的掙扎，仍然透露了戒嚴時期留下的一系列症狀，表明在臺灣社會探究白色恐怖，注定要面對一連串「記憶的艱難」。

這些艱難包括什麼？第一，環繞兩岸各自表述所形成的對立敘事，是一種模糊了衆多個案輪廓、或只凸顯部分個案才得以成形的大敘事（grand narratives），藉此把環繞異質受難者的多重記憶，盡可能壓縮化約到單一形象，才能夠以「冤、錯、假案的人權受害者」或「投身革命的烈士英雄」來全稱。但是這樣的大敘事，必然先化約與壓抑了多重的詮釋版本，也會導致在大敘事外的個案被視爲「異質」，進而斥爲毋須平反、毋須評價、甚至毋須記憶的「異例」。

第二，過去的檔案，當然是國家視角下的書寫。即便不需要過於極端地認爲這些檔案必定屬於「全然的虛構」——畢竟建立在偵防、保防、訊問、自新、自首等制度下而破獲的案件，經常怵目驚心地掌握了許多當事者無法想像的日常言行等「證據」——但終究必須意識到仍舊存在國家的編碼系統、辦案旨趣，勢必與當事者的主觀體驗與詮釋有所出入。至於一九九〇年代後的口述歷史、回憶錄，當政治犯開始「說話」時，難道國家的影響就不存在嗎？不，影響依舊在。一九九〇年代後，臺灣社會一度受限於以平反「冤、錯、假案」爲目標的「補償制度」。在當時未根本地評價戒嚴時期的「叛亂」定義是否合宜下，導致當事者在自述時，若要對抗國家長年的「叛亂敘事」，只能援引當時最具正當性的冤、錯、假案敘事自我描繪，或是選擇繼續沉默，因而左右了敘事的走向。國家，在不同時空中，仍以不同方式影響著記憶。

第三、許多渴望「歷史眞相」的人們，經常在「眞相／實然」與「倫理／應然」的面向間感到掙扎。例如，早年的許多歷史書寫，很渴望藉由「政治犯當年的理想」來證明今日特定「政治主張」或「政治計畫」的正當性——當年的政治犯支持左翼或共黨，我們今天也該支持左翼或共黨；當年的政治犯支持臺灣民族主義，我們今天也應該支持臺灣民族主義。首先，過去的人們的信念，與今日人們的信念該是什麼關係？從來就不該是如此簡化的機械論或決定論的因果推導。甚至，這裡面有一種怠於思索或刻舟求劍的傾向。當年的人們在當時的時空奮力找到政治行動的解答；今天的人們，卻以數十年前人們的思考，跳過當前積累的複雜思辨，直接拿死者的信念作爲自我信念的擔保與指南。恰恰是這種欲望，導致當前的敘事者，經常有意無意地修剪或嫁接歷史敘事的內容——少一點雜質、多一點純粹的連續性，也許會讓自己當前的政治關懷更有「正當性」。這種「以死者爲生者理想背書」的做法，在今日臺灣仍很常見。這可能導致一種危險——我們的政治理想愈純粹，允許「被記憶」的政治犯形象，也就愈單一。

第四，也是本書最深刻的關懷，即便是一九五〇或六〇年代白色恐怖同一事件的直接或間接經歷者，他們對事件的記憶與詮釋也未必相同。本書可以看見，當年地下活動中同一支部或小組的當事者，對於活動情況的瞭解、經歷，乃至於事隔五、六十年後的詮釋都經常呈現分歧。同時，由於許多抗爭當時採取祕密組織的型態，親友也未必瞭解政治犯究竟參與了什麼。但是當政治犯死去，爲了塡補悲傷而沒有明確資訊的「空白」，家屬經常也發展出各自不同的記憶版本。這樣的情況，導致在當代重建記憶的過程更常陷入眞相的迷霧。本書的某些章節就可見，倖存的難友與家屬、同一家族的後代之間，對「事件的眞相究竟是什麼？」常常有截然不同的分歧記憶。

◇

本書的誕生，便是從這種「記憶的艱難」爲起點。

起初，我們手中唯一的材料，便是一九五〇至一九七〇年間政治犯遭槍決前寫下的遺書與書信。當年，政治犯於等候判決時所寫的書信，大多能寄回家中。唯獨槍決前夕寫的遺書，卻被國家系統性地沒收，從此塵封爲「檔案」。一直到一甲子後，有政治犯家屬偶然發現囚禁在檔案櫃中的遺書，並在家屬與民間推動的「歸還遺書運動」下，國家才勉強將遺書複本或原件歸還家族。不過，時間已經相隔一甲子，當年的收信者不是早已辭世，就是垂垂老矣。此時，無論是那些殞命在新店溪畔或安坑山腳的政治犯，或曾經對此惦念不已的倖存者，泰半老邁而無語。這些遺書，也就成爲了無法送達、也無處送達的孤本。遺書無語，卻成爲我們這群後人理解他們生前朦朧面容的少數材料。

當然，國家所累積的檔案中，還包括當年審訊、判決、執行過程中留下的各種資料。隨著政治檔案徵集的推進，這些資料的規模日益龐大，尚稱完整。爲數衆多的政治案件，也成爲重建當時事件「圖像」的另一種主要資訊。一九四九年宣布戒嚴後，剛敗退到臺灣的國民黨中央，就開始以殘存的情治、警政、戶政制度，試圖在島內各地搜捕可能的反抗分子。到了一九五〇年夏天韓戰發生後，美國決定重新奧援國民黨政府，派第七艦隊進到臺灣海峽，使其統治日益穩固。此後，無論是真心想改革家鄉處境的抗爭者，或純粹被國家羅織罪名而入獄者，一律冠上叛亂罪名，透過監控、祕密審訊、誘使被捕者相互出賣或以「求生欲」爲餌等手段，形成以筆錄爲中心的各類「證據」，進而轉化成一張張奪人性命的判決書。以各類口供、自白爲中心的檔案，是國家視角所建構的「犯罪實據」，不但是判決的根本，也是證成約四十年的白色恐怖必要性的正當性基礎。

實際上，在檔案並存的這兩類文書——被沒收的遺書，與國家書寫的判決資料間，存在不易跨越的鴻溝。一邊是當事者留下的訊息，有理想的餘音，也有對家人的難捨愧歉；一邊是當局的紀錄，藉此證明這些人如何罪大惡極，須以極刑懲治。當年的兩種對立位置——抗爭者與執政者、無力者與掌權者，其相對的視野與價值觀，就透過這兩類文書，複雜而矛盾地揭露在今日的讀者眼前。

◇

如果政治案件發生之初，並存於檔案中的文本，就存在彼此視野上的對立或矛盾。那麼，當槍聲響起、政治犯仆倒刑場後，記憶並未因此中止，依然有許多不同版本的記憶，繼續在往後的數十年間不斷滋生、分岔、迴響，並在滯悶的戒嚴年代中，寂寞地在時間長流中反覆刮寫、增補、刪減、扭曲，甚至添加了「想像」的元素。這些記憶的分娩者，包括政治犯同案而倖存的難友，以及他們未能告別的家屬、親友們。

遺書既然被沒收，對親友來說，這就是一場突如其來、沒有告別或沒有畫上句點的莫名悲劇，並成爲往後人生中反覆追問並試圖解答的謎題——他爲什麼被抓？爲什麼槍殺？有人陷害他嗎？背後的黑手是誰？在一切資料都是禁忌的年代，這些提問注定是沒有回聲的自問自答，只能以囚禁於恐懼心靈中的猜想來進行推斷。另一方面，家屬自身的苦難，也成爲這些記憶版本的重要養分。作爲「匪諜家屬」的汙名、長期的監控／排除／打壓，這些存活者的受害經驗，同樣滲進了對於記憶版本的建構。只要受難家屬還在世間、還在呼吸，這些記憶便會隨之牽動，具有與時俱變的特質。

必須強調，對於政治犯家屬來說，「詮釋空白」是極痛苦的歷程。重視的人莫名死去，甚至連屍體也下落不明，更不曾知曉最後的訣別也被國家沒收。一切的記憶，就只能從有限的、禁忌的、公共拒斥的、街坊流傳的碎片中，盡量組構出自己能理解、也能勉強說服自己的「來龍去脈」，好讓「莫名」的悲劇變成「可理解」的悲劇。這些故事，甚至潛藏在一種抵禦汙名的渴望——「國家說我的親人是叛國的『匪諜』」，「不是、不是、不是，我的親人怎麼可能是恐怖的『匪諜』？這麼好的人，一定不可能沾到國家口中禍國殃民的共產黨」，「因爲他不是共產黨，所以他不該死，家人也不該承受這樣的痛苦，這就是國家犯的極大錯誤。」藉此，家屬對於悲劇的凶手是誰？意圖爲何？如何評價凶手？都可以立基於這樣的記憶版本，作爲支持自我的支柱，並且讓所有在公開場合無法表達的悲傷與憤怒，能在最私密的心靈世界中稍稍得到宣洩。

不過，也是因爲這樣，在一些情況中，死去的政治犯與他們摯愛親友的距離，便隨著時間流轉而愈來愈遙遠。當年，許多參與抗爭者，多少預料到可能帶來的風險，因此決心一己承擔，絕不願拖家人捲入白色的渦流。當歷史走向悲觀的方向——抗爭沒有成功，革命被全面鎮壓，那些不曾對家人吐露過的理想與心跡，也就隨著槍聲成了永恆的祕密。於是，他們——被國家宣稱爲叛亂——的思想，便成了家屬感覺陌生、也日益想擺脫的汙名。與最親近的人們在思想上的鴻溝，也在戰後歷史的嘲弄下，距離更加拉大。

本書的書寫，宛若不同記憶版本的相會之旅。遺書，是由一九五〇至一九七〇年代被槍決的白色恐怖受難者寫下；交錯的記憶版本則包括：同時誕生的國家檔案、與政治犯一同判決卻倖免死刑的難友追憶、親人／愛侶／好友在往後數十年形成的記憶。本書宛若一處讓多種版本的記憶彼此交會的舞臺，環繞著早殞的星子，使不同時間的記憶彼此相遇、碰撞、反響、辯證，甚至難以取得共識。

◇

許多人都說，面對政治暴力的歷史，是一場「記憶與遺忘的鬥爭」。此言不虛，我們必須牢記當權者經常「不讓我們記憶」，或「只允許我們以特定方式記憶」的事實。不過，除了與「國家版本的記憶」搏鬥外，也必須誠實提醒，在其他類型的記憶版本間，也經常出現不一致的情況。

那麼，倘若我們將當事者的遺書／判決資料／難友見證／親友見證，都視爲不同質地、分娩於不同時空條件的「第一手見證」，乃至於「第二手／三手／四手……的間接詮釋」；也同意轉手愈多次的詮釋，失眞的機率就更高。那麼，我們爲何還要寫如此艱難的一本書？同時在方法論上，這本書的完稿又如何可能？

理由之一是：因爲我們是離當年的事件更「遠」的，因此對於不同的版本歧異，可以採取較開放、疏離與後見之明的一些反省。如上所述，不同記憶的生產者，在事件中有不同位置，有著直接或間接的經驗與連結。因此，他們不但更靠近當年的事件，這些記憶也與他們的認同與存在有更強烈的關聯。但也恰恰是因爲這樣的連結，使得不同位置的記憶者，未必就能對不同版本的記憶，抱持更冷靜、開放的態度，去理解與聆聽其中的矛盾或歧異。本書作者們若有什麼勉強稱爲「優勢」的地方，不在於「知道的更多」，而是基於「知道的太少」所產生的警覺，能以懷疑的姿態，對於任何過於直率、穩固、自信的記憶，抱持反思與開放的態度。

「歷史眞相」是什麼？作者們絕對同意，絕不是直觀意義上那種「百分百眞相」——早在政治暴力碾碎許多人命時，「眞相」注定會殘缺不全。譬如我們可以看見一紙政治犯於一九五〇年代留下的遺書，卻無法眞正知曉他在書寫當下，每一分、每一秒的心境轉折。對於何謂「眞相」？我們傾向詮釋人類學大家紀爾茲（Clifford Geertz）的看法——「眞正的無菌空間並不存在。但是，不代表在醫院中的無菌空間（實際上仍存在有限細菌）與在地下水道動手術，就毫無差別。」所謂追求眞相的旅程，原本就是在一片荒蕪中「相對逼近」的過程。即便我們永遠得不到完整的眞相，但基於更多證據所建立的詮釋，比起憑空的臆測，還是「相對」逼近了那個永不可企及的完整眞相。

回到記憶的版本分歧。古老的寓言告訴我們，盲人們摸著大象，會因爲各自所站的位置，從有限的觸感貿然斷定「大象是什麼」。面對持續約四十年、錯綜複雜的白色恐怖，它就是我們眼前的一頭頭巨象群。我們當然可以把盡可能追求完整的「眞相」，視爲理想上追求的目標，但也必須覺察到，與我們相遇的各種記憶版本，都是其客觀位置與主觀經驗下交織的產物。因此在部分章節中，當我們想釐清逝去者曾經可能的政治行動與思想狀態時，也許同案難友的見證、國家檔案中的部分紀錄，會有相對較高的參考價值，但這些很可能是家屬的記憶版本所堅定反對的。不過，關於逝去者的成長軌跡、家庭狀況等輪廓，親友的見證又可能比前述的記憶版本更爲重要。即便是一起歷經生死關頭的難友，卻也未必對其成長過程、家庭生活、情愛欲念能有全面的瞭解。

其中還有個關鍵的環節，是本書極力有別於一九九〇年代「記憶工程」的重大差異。我們不將家屬視爲「對死者從旁見證的人們」，純粹只關切他們如何補充「與死者有關的各類訊息」。相反的，我們必須意識到，家屬本身就是一群隱性、沉默、卻確實存在的受難者，他們就是受難者「本身」。他們不但歷經與深愛之人的別離，也在往後數十年間承受了國家的監控、打壓、汙名。換言之，家屬本身就是自己生命故事的主角，他們的記憶版本，也銘刻了包括他們自身的生命經驗在內。本書所採訪的許多家屬，他們未必用各種流行的大敘事去理解政治犯，卻流露出更複雜、綿密、深刻的情感。實際上，當政治犯隨槍聲死去時，他就完全失去了作爲替自己發言的主體的可能性。在本書的許多章節中，我們雖然以「政治犯之名」作爲篇名，實際上，我們能做的卻是以留下來的家屬們爲主角。也就是說，本書的旨趣，不（只）在於描繪一九五〇至一九七〇年代幾位死刑政治犯的輪廓，更想要記錄這群「沒有收到遺書的家屬們」在後來的漫長歲月中，究竟經歷了什麼。

因此，本書的用意，不是對每一位遺書／書信的主人，提出一套全知、宏大、絕對客觀、斬釘截鐵的敘事。爲各位展示的，是從這些遺書開啓的記憶旅程。這段旅程從殘簡出發，路經了對反的檔案敘事，再通向五、六十年後生者對逝去者的各種詮釋與情緒，交織出一個複雜、間雜「空缺」或「矛盾」的記憶空間。這樣的敘事，更阻止了我們自溺於「已經得到真相」的幻覺。這是史學的空間，也是文學的空間。在這裡面，不一致與一致同樣常見，記憶與空白也始終相隨。畢竟，當一九四九年後的槍聲響起後，穿過的不只是政治犯的身體，也鑿破了後人堅實記憶的基礎。

總結地說，本書想要超越「無辜受害者」與「抗爭英雄」兩種常見形象，但並沒有想提供任何一種替代的大敘事。我們也不僅僅從政治面去詮釋與追憶政治犯的死亡，更想同時呈現政治犯生前關係的綿密交織，與政治暴力的創傷，如何同樣深刻地撕裂了親友的生命軌跡，構成了倖存者數十年間未能完全化解的課題。至於敘事本身的空白、遲疑、停頓、矛盾、猶豫處，反映的正是「國家暴力確實來過」——暴力奪去了人們的性命，也奪去了某些記憶的可能。因此，往昔的殘缺，今日的刻版印象，朝向未來的空白與沉默，都是這趟書寫之旅中，讓我們銘記在心的教訓。

在面對「記憶的艱難」後，我們敬畏而誠懇地寫下這些文字。多年後，隨著臺灣社會對於相關議題的思考持續深化，我們保留了原本的章節、修改了部分章節，並增加了一些新的內容。無論如何，我們可以確定的是——政治暴力曾經來過。追求真相，不一定能帶來和解。但面對和解的道路上，對真相與記憶保持虔敬，卻是始終要堅守的義務。因此，本文絕非結語，而是另一次在探索「過往」道路上的階段注記。

1 當時的新聞稿，說明槍決者有一千一百多名，但碑文上目前收錄名字只有八百四十六名。

2 如一九五七年槍決的情報局膠濟兗軍事聯絡組組長曲超，一九七一年槍決的調查局特務郭子淵。

3 例如在「新店軍人監獄再叛亂案」中處決的馬時彥、祝英傑等人。從檔案中可以清楚看到，他們原先是被官方利用，指控監獄中的左傾政治犯，最後卻又「兔死狗烹」被處決。兩人的情況，也是許多一九五〇年代囚禁於軍人監獄的政治犯經常提及的事情。

4 如一九五一年槍決的貝萊，一九六四年槍決的胡克飛。

白色恐怖年代的審訊過程

林傳凱

關於一九五〇年代的白色恐怖審訊過程，大致可分爲四個階段：（一）審訊；（二）判決；（三）刑場；（四）或監獄。以下爲各階段的簡介。

審訊階段

審訊，顧名思義，是特務體系對被捕者的訊問。在此階段中，如何從被捕者口中，釐清抗爭活動的成員、規模與活動目標，是訊問的首要任務。因此，在此階段中，嚴格奉行「雙重隔離」的規則，也就是禁止被捕者對外聯絡、禁止同案相互聯絡形成串供，因此同案通常不同房。同時，也經常安排特務僞裝成「被捕者」進入監房，或由被捕者中選擇願意「轉向」

協助官方以換取輕判或「自新」者，在牢房中成爲官方的眼線，協助刺探尚未曝光的案情，以加速偵訊。

在審訊階段，特務爲了逼問各種可能的情報，除了利用言語脅迫或誘使，也不時使用折磨肉身的刑求，使被捕者苦不堪言，供出官方期望的資訊。

審訊階段的空間，可概分成兩大類：（一）偵破案件初期，有時特務或警察系統會先利用該城市或鄉鎮的室內空間，例如學校、警局、倉庫，乃至於較具規模的三合院，進行初步訊問。這些場所多爲隨機、臨時徵用，有時審訊完單一案件後就不再啟用，也非專門用於審問政治犯的空間。由於這類空間的分布極爲零散，又非專屬空間，在此便不一一說明。

（二）無論是否歷經初步的「就近審問」，所有的政治犯都必須送往臺北市的幾處訊問機構，進一步審問案情。當時，臺北市有幾處重要的訊問地點：1.國防部保密局北所，常簡稱「北所」，位於臺北市延平北路，靠近臺北橋頭的位置。這處監獄前身是「高砂鐵工廠」，由戰後因「資助匪諜」而成爲政治犯的辜顏碧霞的家族所經營。辜顏碧霞遭判決後，官方將鐵工廠依照《懲治叛亂條例》沒收，改建成訊問政治犯的監獄。此處牢房空間較大，同房囚禁的人數也較多。2.國防部保密局南所，常簡稱爲「南所」，位於今日延平南路，靠近總統府後方的位置。南所在日本殖民時期是日本臺灣軍司令部軍官監獄，性質亦偏向情治單位，戰後則用來訊問政治犯。根據口述，南所有較多獨房或空間較小的房間，因此案情上較爲嚴重者常送往南所隔離審訊。3.臺灣省保安司令部情報處，位於西門町獅子林大樓一帶，常稱爲「情報處」或「大廟」。稱爲大廟是因爲日本殖民時期該處是佛教淨土眞宗的東本願寺，爲禮佛與供奉骨灰的地點，戰後則爲國民黨政府接收，改造成囚禁政治犯的訊問場所，此處也有不少獨房。4.憲兵司令部看守所，位於涼州街，少數政治犯亦送到此處訊問。5.刑警總隊拘留所，位於寧夏路，爲日本殖民時期臺北警察署的北所，亦有部分政治犯送到此處訊問。6.有一類比較特殊的地點，如軍隊內部的叛亂案件，常送往各軍種散布於各地的訊問機構，像是高雄左營大街「三樓」訊問室、臺北內湖的空軍總司令部看守所，或陸軍第一軍團看守所、陸軍第二軍團看守所，甚至金馬「前線」簡易軍事法庭的訊問室。

審問階段的終結，通常意味著官方對於案情已經有相當掌握，接下來便將編爲同案的被捕者，集中送往判決機構。

判決階段

經歷了審訊階段，被捕者會被集中移送到判決所，等待官方最終的判決。

這個階段，在官方認知中案情已經釐清，因此「雙重隔離」的限制也無必要，管制開始放寬。對外，官方允許被捕者與外界的親友通信，也允許家屬前來探監送飯，或送來其他物資。對內，同案的當事人也不再避諱同房，許多自被捕後未再見面的同案們，至此得以交換這段時間以來的經歷與感受。

但是，判決空間的氣氛，卻未因管制放寬而顯得輕鬆。相反，這些判決空間是許多政治犯回憶中最黑暗、沉重、痛苦的地方。當時判決定讞後，並不會直接將判決書送到當事者手上，許多案例是宣判前的清晨（約一九五二年後，改成前一天的傍晚），管理人員先到牢房中將判處死刑者叫出牢房，直接送往刑場。他們當下才知道自己遭判死刑，卻在未看過判決書的情況下就仆倒於新店溪畔。另一方面，倖存或尚未判決者，則日復一日地看著這些生離死別的場面，看著同房或鄰房的難友們前往赴死。

死刑執行後，當天或隔天中午則會傳該案未判處死刑者前往法庭，聆聽軍法官宣判，並給予判決書。但也有不少當事者根本未經法庭宣判的程序，甚至未給予判決書，就由獄方簡單告知「刑期幾年」，接下來便展開漫長的牢獄歲月。

從一九四九年開始，一直到一九六八年軍法處遷至景美秀朗橋頭爲止，全臺灣政治案件的宣判幾乎都集中在臺北市青島東路的兩處機構：（一）保安司令部軍法處看守所，位於青島東路三號，常簡稱爲「軍法處」，凡涉及叛亂的政治案件都在此宣判。（二）國防部軍法局看守所，位於青島東路一號，緊鄰軍法處，常簡稱爲「軍法局」，多爲處理軍隊中的叛亂案件。（三）此外，如同審訊階段，也有少部分案件是由各軍種的軍法處自行宣判，地點分布於全臺各地。

刑場

保安司令部軍法處、國防部軍法局宣判後，判處死刑的當事者——如本書的幾位主人公——就被送往臺北市郊的幾處刑場，交由憲兵執行槍決。一九五〇年代初期，臺北市的刑場主要集中於新店溪畔，除了較為著名的馬場町刑場外，還包括水源地刑場（靠近今日臺北公館客家文化園區的樹林處）、川端橋南端刑場（中正橋永和端河堤）等。這些刑場離市區較近，民眾常抱怨槍決現場與槍聲易造成恐慌，因此官方於一九五四年後在新店另建安坑刑場，近今日的安華路底山腳處。

死刑執行前後，軍法處或軍法局的攝影師會拍攝下受刑者的生前與死後照。執刑完畢後，除了上報公文給主管機關外，也會將死刑執行的消息、照片公布於報紙上，並以大字報張貼於火車站、公所或其他人潮密集的空間。同時，死者的遺體，官方規定有數天的招領期，並交由臺北市內當時唯一的殯儀館極樂殯儀館，進行整理儀容、保存遺體、與親友認領的收費及交付事項。這段期間若有家屬或友人前來領屍，必須先繳交一筆領屍費用，數目隨不同時期而異，自二百元至八百元均有。

若屍體無人招領，則委託極樂殯儀館進一步處置。目前對於屍體的具體處置流程，還有一些待釐清的謎團，不過照現有的資料與口述來看，主要有兩種處理方式：（一）部分政治犯的遺體若無人認領，會直接送往臺北市六張犁山坡處，極樂殯儀館所有的墓地埋葬。墓地的形制，均設有一個簡單的石碑，上面記載死者的姓名與槍決或下葬時間。（二）部分政治犯的遺體則送往國防醫學院等醫院，作爲大體教學之用。歷經大體教學後的遺體，再另外以火化的方式處理，並將骨灰安置於寫有姓名的骨灰罈中，這些骨灰罈現在也存放於六張犁的靈骨塔中。

不過六張犁現有的墓地中，只有約在一九四九至一九五四年初遭槍決、無人招領的兩百多座墓碑（該地有其他墓碑，但多屬於外省籍軍人、無人收屍的遊民或災害死者，或其他緣由葬於此地者）。至於一九五四年後無人招領者去向何方？我們拜訪前極樂殯儀館員工錢德榮時，他表示可能改往新店碧潭溪畔空軍公墓一帶的亂葬崗安葬，但該處地貌歷經劇烈變動，口傳的位置已不可尋。

監獄

至於未判處死刑者，則被送往分布臺灣各地的監獄服刑。白色恐怖年代最重要的幾處監獄，分別是火燒島（綠島）的臺灣省保安司令部新生訓導處（一九五一至一九六五年）、國防部新店軍人監獄（一九五二年啟用）、土城清水坑的臺灣省生產教育實驗所（一九五四年啟用）、國防部泰源感訓監獄（一九六二至一九七二年）。以下分別簡介幾個監獄的狀況。

火燒島的新生訓導處，屬於半開放式的「勞動農莊」型態，政治犯在此並非囚禁於封閉的牢房中。新生訓導處的管理，一方面讓政治犯接受帶有「洗腦」性質的政治課程，另一方面則讓政治犯從事各類勞動，以供給生活所需的資源，不時能與綠島居民接觸互動。因此政治犯一天內的活動較爲多變，通常是半日上課，半日種田或從事各種生產，夜間則有相對空閒的時間。即使如此，在新生訓導處依舊存在著高壓管制的面向，如不服從者會送回臺灣再審，甚至判處死刑。

位於新店安坑的軍人監獄，則屬於封閉的監房型態。安坑監獄四周都是圍牆，嚴格限制政治犯與居民接觸。內部的空間則分成仁、義、禮、智、信五棟監舍，監舍內都是密閉式的房間。關在軍人監獄的政治犯除了短暫放封時間外，幾乎全都待在牢房內，包括飲食、睡眠、排泄都於房內進行，空氣汙濁難耐。牢房內的環境惡劣，尤其後排的房間，由於水壓關係，供水經常不足。此外，軍人監獄還設有多處獨房，不服管教者，加上手銬腳鐐，於獨房內囚禁數週到數個月的時間。同樣的，軍人監獄也曾發生將不服管教者冠上「再叛亂」罪名，送往軍法處再審槍決的事件。

土城生產教育實驗所則是收容刑期較輕或感訓者、女性政治犯或服刑到尾聲者。此處的設計偏向軍事學校的理念，房間類似宿舍，而日常活動多爲思想改造，傳授政治課程，並有必修學分的設計。但另一方面，生教所亦設計具技藝性質的課程，像是裁縫、烹飪、會計等，並聘請外界的老師前來授課。已故政治犯游嫦娥曾表示，平心而論，這些課程對於出獄後的謀生有一定程度的幫助。但是生教所同時有嚴格的分數考核，成績未達標準者，即使刑期已滿也不允許出獄，甚至還將部分成績較低者送往小琉球警備總部職訓第三總隊，進一步進行嚴苛的體力勞動作爲懲罰。

白色恐怖年代最晚啟用的監獄之一，是臺東縣東河鄉的泰源監獄。此處的監獄形制與安坑軍人監獄頗爲類似，分爲兩棟大型監舍。但在管理方面卻較軍人監獄寬鬆，部分政治犯允許到監獄附近的農場、田地外役勞動，甚至得以和居民接觸。這成爲一九七〇年「泰源事件」發生的背景之一。泰源事件發生後監獄管理趨於嚴格，並於一九七二年將政治犯移回火燒島新建的封閉式監獄「綠洲山莊」中。

延伸閱讀（按書名筆畫順序）

白色恐怖歷史背景

- 人權之路（人權之路編輯小組主編、撰文），二〇〇八，臺北市：陳文成基金會。
- 天未亮：追憶一九四九年四六事件（師院部分）（藍博洲），二〇〇〇，臺中市：晨星。
- 四六事件與臺灣大學（陳翠蓮、李鎧揚），二〇一八，臺北市：國立臺灣大學出版中心。
- 白色恐怖（藍博洲），一九九三，臺北市：揚智。
- 台灣人權報告書（一九四九—一九九六）（魏廷朝），一九九七，臺北市：文英堂。
- 回首我們的時代（尉天驄），二〇一一，新北市。印刻。
- 自治之夢：日治時期到二二八的臺灣民主運動（陳翠蓮），二〇二〇，臺北市：春山。
- 政治檔案會說話：自由時代公民指南（陳進金、陳翠蓮、蘇慶軒、吳俊瑩、林正慧），二〇二一，臺北市：春山、國家人權博物館。
- 記憶與遺忘的鬥爭：臺灣轉型正義階段報告（臺灣民間真相與和解促進會），二〇一五，新北市：衛城。
- 南瀛白色恐怖誌（姜天陸），二〇〇二，臺南縣：臺南縣文化局。
- 重構二二八：戰後美中體制、中國統治模式與臺灣（陳翠蓮），二〇一七，新北市：衛城。
- 島嶼軌跡（葉怡君），二〇〇四，臺北市：遠流。
- 終戰那一天：臺灣戰爭世代的故事（蘇碩斌、江昺崙、吳嘉浤、馬翊航、楊美紅、蔡旻軒、張琬琳、周聖凱、蕭智帆、盛浩偉），二〇一七，新北市：衛城。

- 愛憎二二八（戴國煇、葉芸芸），一九九三，臺北市：遠流。
- 臺灣之春：解嚴前的臺灣民主運動（胡慧玲），二〇二〇，臺北市：春山。
- 臺灣最好的時刻，一九七七—一九八七：民族記憶美麗島（吳乃德），二〇二〇，臺北市：春山。
- 戰後臺灣人權史（薛化元等），二〇〇三，臺北市：國家人權紀念館籌備處。

回憶錄．日記

- 一名白色恐怖受難者的手記（陳紹英），二〇〇五，臺北市：玉山社。
- 天鵝悲歌：崔小萍的天堂與煉獄（崔小萍），二〇〇一，臺北市：天下文化。
- 再說白色恐怖（陳英泰），二〇〇九，臺北市：唐山。
- 回憶，見證白色恐怖（陳英泰），二〇〇五，臺北市：唐山。
- 青島東路三號：我的百年之憶及台灣的荒謬年代（顏世鴻），二〇一二，臺北市：啟動。
- 叛逆的天空——黃華昌回憶錄（黃華昌），二〇〇四，臺北市：前衛。
- 逃亡（彭明敏），二〇一七，臺北市：玉山社。
- 高一生獄中家書（高一生著，周婉窈編注，高英傑、蔡焜霖譯），二〇二〇，新北市：國家人權博物館。
- 馬鞍藤的春天（陳新吉），二〇一三，新北市：國家人權博物館籌備處。
- 鹿窟寒村餘生：陳皆得回憶錄（陳皆得），二〇一八，臺北市：吳三連台灣史料基金會。
- 鹿窟風雲．八十憶往：李石城回憶錄（增訂版）（李石城），二〇一七，臺中市：白象。
- 無奈的山頂人（鍾興福口述，曹欽榮等採訪整理），二〇一〇，臺北市：書林。

- 無悔：陳明忠回憶錄（呂正惠、李娜），二〇一四，臺北市：人間。
- 葉盛吉日記（一）至（八）（葉盛吉著，許雪姬、王麗蕉編），二〇一七至二〇一九，新北市：國家人權博物館。
- 撲火飛蛾：一個美國傳教士親歷的台灣白色恐怖（唐培禮著，賴秀如譯），二〇一一，臺北市：允晨。
- 蕃薯人的故事（張光直），一九九八，臺北市：聯經。
- 蕃薯仔悲歌（蔡德本），二〇〇八，臺北市：草根。
- 臺灣監獄島：柯旗化回憶錄（柯旗化），二〇〇二，高雄市：第一。
- 霧航：媽媽不要哭（馮馮），二〇〇三，臺北市：文史哲。

傳記．報導文學．口述

- 台共黨人的悲歌：張志忠、季澐、楊揚（藍博洲），二〇一二，臺北市：印刻。
- 台灣好女人（藍博洲），二〇〇一，臺北市：聯合文學。
- 來自清水的孩子（游珮芸、周見信），二〇二一，臺北市：慢工。
- 春天：許金玉和辜金良的路（藍博洲），二〇一七，新北市：印刻。
- 紅色客家庄：大河底的政治風暴（藍博洲），二〇〇四，臺北縣：印刻。
- 流麻溝十五號：綠島女生分隊及其他（曹欽榮、鄭南榕基金會），二〇一二，臺北市：書林。
- 幌馬車之歌（藍博洲），二〇〇四，臺北市：時報。
- 雙鄉記——葉盛吉傳：台灣知識分子的青春、徬徨、探索、實踐與悲劇（楊威理著，陳映眞譯），二〇〇九，臺北市：人間。

受難者家屬

- 一甲子的未亡人：王培五與她的六個子女（呂培苓），二〇一五，臺北市：文經社。
- 行走的樹：追懷我與「民主台灣聯盟」案的時代（增訂版）（季季），二〇一五，新北市：印刻。
- 走出白色恐怖（孫康宜），二〇〇七，臺北市：允晨。
- 拉拉庫斯回憶：我的父親高一生與那段歲月（高英傑），二〇一八，臺北市：玉山社。
- 長歌行過美麗島：寫給年輕的你（唐香燕），二〇一三，新北市：無限。
- 時光悠悠美麗島：我所經歷與珍藏的時代（唐香燕），二〇一九，臺北市：春山。
- 話當年父兄蒙難：受難者家屬記憶中的白色恐怖（鄭海樹部分，許雪姬、楊麗祝訪問，林建廷等記錄），二〇二〇，臺北市：中央研究院臺灣史研究所、國家人權博物館。
- 獄外之囚：白色恐怖受難者女性家屬訪問紀錄三冊（許雪姬編），二〇一五，新北市：國家人權博物館。

研究報告

- 一九六〇年代的獨立運動：全國青年團結促進會事件訪談錄（林水泉等口述，曾品滄、許瑞浩訪問，曾品滄記錄），二〇〇四，臺北縣：國史館。
- 口述歷史第十期：蘇東啟政治案件專輯（陳儀深彙編），二〇〇〇，臺北市：中央研究院近代史研究所。

- 口述歷史第十一期：泰源監獄事件專輯（陳儀深彙編），二〇〇二，臺北市：中央研究院近代史研究所。
- 白色封印：白色恐怖一九五〇（盧兆麟等口述，林世煜、胡慧玲採訪整理），二〇〇三，臺北市：國家人權紀念館籌備處。
- 走過長夜：政治受難者的生命故事　輯一秋蟬的悲鳴／輯二看到陽光的時候（黃溫恭、劉耀廷、邱興生等），二〇一五，新北市：國家人權博物館。
- 戒嚴時期臺北地區政治案件口述歷史一至三輯（呂芳上計劃主持），一九九九，臺北市：中央研究院近代史研究所。
- 風中的哭泣：五〇年代白色恐怖政治案件（張炎憲等），二〇〇二，新竹市：新竹市政府文化局。
- 戰後臺灣政治案件檔案：學生工作委員會案史料彙編（許進發編），二〇〇八，臺北縣：國史館。

文學

- 二二八臺灣小說選（林雙不編選），一九八九，臺北市：自立晚報。
- 小數點之歌（曹開著，呂興昌譯），二〇〇五，臺北市：書林。
- 大學女生莊南安（林雙不），一九九一，臺北市：前衛。
- 火燒島風情系列（梅濟民），一九九三，臺北市：當代文學。
- 太陽的血是黑的（胡淑雯），二〇一一，新北市，印刻。
- 白色畫像（賴香吟），二〇二二，新北市，印刻。

- 呂赫若小說全集（呂赫若著，林至潔譯），二〇〇六，臺北縣：印刻。
- 忠孝公園（陳映真），二〇〇一，臺北市：洪範。
- 裡面的裡面（朱嘉漢），二〇二〇，臺北市：時報。
- 鈴璫花（陳映真），二〇〇一，臺北市：洪範。
- 臺灣男子簡阿淘（葉石濤），一九九六，臺北市：草根。
- 餘地（顧玉玲），二〇二二，新北市：印刻。
- 藤纏樹（藍博洲），二〇〇二，臺北縣：印刻。
- 躊躇之歌（陳列），二〇一三，新北市：印刻。
- 讓過去成為此刻：臺灣白色恐怖小說選（胡淑雯、童偉格編），二〇二〇，臺北市：春山、國家人權博物館。
- 靈魂與灰燼：臺灣白色恐怖散文選（胡淑雯、童偉格編），二〇二一，臺北市：春山、國家人權博物館。

外文書

- 二手時代：追求自由的烏托邦之路（斯維拉娜・亞歷賽維奇著，呂寧思譯），二〇一六，臺北市：貓頭鷹。
- 如果這是一個人（普利摩・李維著，吳若楠譯），二〇一九，臺北市：啟明。
- 夜：納粹集中營回憶錄（埃利・維瑟爾著，陳蓁美譯），二〇一一，臺北市：左岸。
- 呼吸鞦韆（荷塔・慕勒著，吳克希譯），二〇一一，臺北市：時報。
- 滅頂與生還（普利摩・李維著，倪安宇譯），二〇二〇，臺北市：時報。

檔案來源

郭慶遺書及照片／郭素貞提供
黃溫恭遺書及照片／黃春蘭與張旖容提供
劉耀廷書信、照片及相簿、施月霞書信與日記／劉美蜺提供
曾錦堂書信、照片及相簿／曾麗香提供
王文培遺書、書信及照片／黃王素貞提供
鄭金河遺書／鄭建國提供
陳良遺書及照片／陳老定提供
詹天增遺書／陳櫻井提供
謝東榮遺書及照片／謝東隆提供
江炳興遺書／江月璋提供
黃賢忠遺書及書信／黃新華提供
邱興生遺書／黃崇一與黃邵儒提供
曹賜讓遺書／曹耀東與曹素雲提供
邱連球遺書／邱沛群提供
黃天遺書／黃秋爽提供
所有受難者槍決前的照片／調閱自檔案管理局

Voice

春山之聲 037

無法送達的遺書：
記那些在恐怖年代失落的人（增訂版）

策畫　臺灣民間真相與和解促進會
主編　胡淑雯
作者　林易澄、林傳凱、胡淑雯、楊美紅、羅毓嘉
總編輯　莊瑞琳
責任編輯　莊舒晴
行政協力　蔡喻安
行銷企畫　甘彩蓉
美術設計　王小美
內頁排版　張瑜卿
法律顧問　鵬耀法律事務所戴智權律師

出版　春山出版有限公司
地址　116臺北市文山區羅斯福路六段297號10樓
電話　(02) 2931-8171
傳真　(02) 8663-8233

總經銷　時報文化出版企業股份有限公司
地址　桃園市龜山區萬壽路二段351號
電話　(02) 2306-6842

製版　瑞豐電腦製版印刷股份有限公司
印刷　搖籃本文化事業有限公司
初版一刷　2022年6月
初版三刷　2024年3月
定價　520元

本書新版與舊版承蒙季季老師校正，特此感謝。

國家圖書館出版品預行編目（CIP）資料

無法送達的遺書：記那些在恐怖年代失落的人
林易澄，林傳凱，胡淑雯，楊美紅，羅毓嘉作
—初版．—臺北市：春山出版有限公司，2022.06
—面；公分．—（春山之聲；37）
ISBN 978-626-95991-4-1（平裝）

1. CST：白色恐怖　2. CST：書信

733.2931　　111005973

春山出版　填寫本書線上回函

EMAIL SpringHillPublishing@gmail.com
FACEBOOK www.facebook.com/springhillpublishing/

All Voices from the Island

島嶼湧現的聲音